会计专业硕士(MPAcc)
教学案例集(Ⅱ)

上海大学管理学院 MPAcc 案例编写委员会 编著

上海大学出版社
·上海·

图书在版编目(CIP)数据

会计专业硕士(MPAcc)教学案例集.Ⅱ/上海大学管理学院 MPAcc 案例编写委员会编著.—上海:上海大学出版社,2017.6(2020.7重印)
 ISBN 978-7-5671-2838-5

Ⅰ.①会… Ⅱ.①上… Ⅲ.①会计学-研究生-教学参考资料 Ⅳ.①F230

中国版本图书馆 CIP 数据核字(2017)第 099895 号

策　　划	农雪玲
责任编辑	农雪玲
封面设计	缪炎栩
技术编辑	金　鑫　钱宇坤

会计专业硕士(MPAcc)教学案例集(Ⅱ)

上海大学管理学院 MPAcc 案例编写委员会　编著

上海大学出版社出版发行
(上海市上大路99号　邮政编码200444)
(http://www.shupress.cn　发行热线 021-66135112)
出版人　戴骏豪

*

南京展望文化发展有限公司排版
江苏凤凰数码印务有限公司印刷　各地新华书店经销
开本 787mm×1092mm　1/16　印张 21　字数 363 千
2017 年 5 月第 1 版　2020 年 7 月第 2 次印刷
ISBN 978-7-5671-2838-5/F·164　定价 48.00 元

上海大学管理学院 APAcc 案例编写委员会名单

(按姓氏拼音顺序排列)

陈可喜　陈　溪　戴书松　方　宗　李建华
李寿喜　卢新生　吕怀立　任永平　邵建军
王晶晶　徐宗宇　许金叶

前　言

2014年我系组织硕士生导师指导MPAcc学员开发教学型案例，并结集出版了《会计专业硕士(MPAcc)教学案例集(Ⅰ)》。案例集出版后得到了良好的反响，被一些兄弟院校采用作为课程教材或教辅资料。这是对我们工作的肯定和鼓励。

也正是从2014年开始，我系将教学案例开发工作作为MPAcc学生培养的重要内容，所有MPAcc学生必须在导师的指导下开发完成一个教学型案例并取得相应的学分方可毕业。迄今为止，2014级、2015级的MPAcc学员已经完成数百篇的教学型案例开发，其中不乏一些优秀的案例。自2014年以来，我系共有3篇案例获得全国MBA百优案例，1篇案例入选MPAcc优秀教学案例，更有数十篇案例入选上海MBA案例库。这些成绩的取得与各位指导老师和同学长期以来的努力是分不开的。

为了更好地与国内同行沟通交流案例开发心得，我系对2015级MPAcc学员开发的案例进行遴选，从中选择一批新颖的、有代表性的会计案例结集出版，作为《会计专业硕士(MPAcc)教学案例集(Ⅰ)》的续篇。本次出版的《会计专业硕士(MPAcc)教学案例集(Ⅱ)》既是对MPAcc案例开发工作的一个阶段性的总结，也是对MPAcc案例后续开发的促进。

本书共收录案例36篇，涉及"财务会计理论与实务""财务管理理论与实务""管理会计理论与实务""审计理论与实务""企业并购""内部控制理论与实务"等6门课程，可作为MPAcc案例课程教材或配套辅助教材，也可作为高年级本科生相关课程的辅助教材。

上海大学管理学院MPAcc案例编写委员会

目　录

财务会计理论与实务

被"忽略"的三包费用——基于风神股份的案例 ……………………………… 3
康达新材财务舞弊案剖析 …………………………………………………… 10
立信会计师事务所审计失败解析 …………………………………………… 20
百视通并购东方明珠的短期市场绩效分析 ………………………………… 32
华录百纳收购蓝色火焰：传媒企业的强强联手 …………………………… 44
投资性房地产会计政策变更的决策及对财务状况的影响 ………………… 55

财务管理理论与实务

二三四五价值评估研究 ……………………………………………………… 67
新浪管理层收购案（MBO）研究 …………………………………………… 77
先导智能企业价值评估案例分析 …………………………………………… 86
协鑫有限借壳上市案例分析 ………………………………………………… 91
海澜之家逆势增长的背后 …………………………………………………… 99
多伦股份实际控制人资本运作和违规研究 ………………………………… 108
山水水泥股权争夺案例 ……………………………………………………… 123
张兰与俏江南的坎坷命运 …………………………………………………… 131

管理会计理论与实务

基于价值链的全方位成本管理——以京东为例 …………………………… 139
基于复杂性成本角度看中国铝业巨亏中企业经营风险管理的问题 ……… 144
冷眼看冰泉 …………………………………………………………………… 159

"营改增"真的能提高航空公司的绩效吗？——以南航为例 …………… 166

成也萧何，败也萧何——探寻铁狮门与财务杠杆的不解之缘 ………… 175

审计理论与实务

德国大众集团舞弊问题研究 ………………………………………………… 183

跨国公司商业行贿如何治理？——基于法国阿尔斯通的案例研究 …… 192

迪威视讯财务报告造假案分析 …………………………………………… 201

中国恒大集团公司负面问题研究 ………………………………………… 212

中科云网：餐饮大佬转型中的重大违规解密 …………………………… 218

瑞士信贷集团：天价罚单的背后故事 …………………………………… 228

安达信：国际审计巨头因何陨落？ ……………………………………… 237

青鸟华光公司财务舞弊案例 ……………………………………………… 249

企业并购

天使还是魔鬼？别让对赌协议忽悠了自己 ……………………………… 257

蛇吞象：吞得下，吃得消吗？——吉利并购沃尔沃的并购风险研究 … 263

天融信"嫁给"南洋股份，成功上市 …………………………………… 268

内部控制理论与实务

海航资本游戏：关联交易掏空子公司 …………………………………… 277

蓝色光标并购"后遗症"原因何在？ …………………………………… 286

赣州稀土借壳重组何去何从？ …………………………………………… 296

"中江系"资金崩盘背后的拷问 ………………………………………… 304

风险管理与内部控制案例分析——以中原高速为例 …………………… 311

超日太阳的"陨落"与"重升" ………………………………………… 317

后　记 ……………………………………………………………………… 327

财务会计理论与实务

CAIWU KUAIJI LILUN YU SHIWU

被"忽略"的三包费用
——基于风神股份的案例*

适用课程： 财务会计理论与实务　审计理论与实务

编写目的： 结合"财务会计理论与实务"和"审计理论与实务"等课程,利用上市公司披露的财务报告、报表附注及其他相关资料对上市公司的财务状况、盈利能力、营运能力进行分析,进而判断上市公司是否利用相关会计科目进行了利润操纵或虚假陈述。近年来,随着我国资本市场的发展,上市公司财务舞弊越来越受到人们的关注。信息披露是上市公司与投资者全面沟通信息的桥梁,投资者作出投资决策很大程度上依赖于上市公司的信息披露。为了获取投资者的青睐,上市公司很可能会利用会计手段操纵利润。尤其是上市公司经营不稳定时,无论是出于业绩压力还是经营压力,其管理层都很可能会利用自己的权力影响会计人员的判断,进而为自己、为公司谋取不正当的利益。风神股份 2010 年以来净利润持续增长,2014 年更被新华社评为"2014 中国最受尊敬投资价值上市公司",然而旋即陷入"财务造假"风波,让人唏嘘不已。本案例为课程教学目的提供了很好的素材,可以为分析上市公司舞弊动机、舞弊手段提供参考。

知 识 点： 利润操纵　舞弊动机

关 键 词： 风神股份　舞弊动机　舞弊手段

案例摘要： 本案例以风神股份为背景,重点介绍了风神股份与证监会就风神股份信息披露违规所展开的争论,并介绍了风神股份的经营状况、财务数据、并购重组计划等其他相关资料,进而讨论其是否进行了财务舞弊。由此,可以了解上市公司财务舞弊的动机和手段,并就如何识别、治理上市公司舞弊进行讨论。

---

* 本案例只供课堂讨论之用,并无意说明或暗示某种管理情况是否有效。

2014年,在新华社主办的"第二届中国财经领袖年会"上,风神轮胎股份有限公司(以下称为"风神股份")当选"2014中国最受尊敬投资价值上市公司",董事长王锋更是获选"中国最受尊敬上市公司领袖"。2011—2014年,风神股份在营业收入持续下降的不利情况下,净利润持续增长,由2011年的2.34亿元增长到了2014年的3.32亿元。在中国轮胎行业整体低迷的情况下,风神股份可谓是占尽风头。然而2014年12月18日证监会的一纸公文却几乎令风神股份颜面扫地,公司一度面临被退市的风险。到底是什么原因让这家明星企业在风头正劲时遭到当头一棒?

一、风神股份简介

风神股份是一家位于河南省焦作市的大型轮胎上市公司,实际控制人为中国化工集团。风神股份是国内重点轮企之一,不仅在国内而且在全球尤其是在欧洲轮胎市场有着巨大的影响力。

2012年以来,风神股份经营形势不断好转,利润持续增长,盈利能力持续位于轮胎行业上市公司前列。2014年,风神股份实现净利润3.32亿元,刷新了公司成立以来的净利润最高纪录。2013—2015年,公司共计创造利税20多亿元,2015年进出口交货值更是达到了10亿美元,几乎占当年焦作市进出口交货值的一半。一时间风神股份成为资本市场的宠儿,股价持续上涨。

2014年6月,因为同业竞争问题,风神股份的实际控制人中国化工橡胶宣布其将在2017年年底之前以风神股份为主体整合中国化工集团旗下的部分轮胎资产。目前中国化工集团旗下有4家轮胎企业,这其中包括风神股份、黄海橡胶、中车双喜轮胎、中化桂林轮胎,其中风神轮胎、中车双喜轮胎、黄海橡胶分列2015年全球轮胎企业排名第26、44、75名。

2015年3月23日风神股份发布公告称,公司控股股东中国化工橡胶有限公司计划收购意大利上市轮企Pirelli & C. S.p.A.(简称"倍耐力")26.2%的股权。为便于操作,公司计划在意大利成立一家子公司(简称"Bidco")作为购买方向倍耐力发出收购邀请。倍耐力是一家具有百年历史的世界顶级轮胎制造公司,总部位于意大利,其在全球范围内有着完善的生产和销售系统,2015年为世界第六大轮胎生产商。初步步骤完成后,Bidco将正式完成对倍耐力的收购。而后,双方将展开进一步的合作:以风神股份为平台重组倍耐力和中国化工橡胶旗下的部分轮胎资产。两次重组之后,风神股份将有望成为我国轮胎制造业的龙头并挤进世界轮胎前五强,左右我国轮胎制造业的发展。

根据风神股份 2016 年 6 月公布的资产重组方案,风神股份将吸收合并中车双喜和黄海橡胶,同时以现金购买倍耐力 10%的股权。其中中车双喜是国内一家位于山西太原的大型轮胎制造企业,控股股东为中国化工橡胶有限公司。其生产的商用车轮胎产品深受国内大型车企欢迎,目前已建成覆盖国内 31 个省、市、自治区的销售网络,在国外轮胎市场也占有一席之地。中车双喜 2015 年实现营业收入 11.61 亿元,实现净利润－4 979.48 万元。黄海橡胶是国内一家位于山东青岛的大型轮胎制造企业,控股股东为中国化工橡胶有限公司,主要产品为全钢子午胎。黄海橡胶自 2005 年上市以来几乎连年亏损,"ST"的帽子一直挥之不去,2011 年更是亏损 3.19 亿元。其2015 年实现营业收入 6.57 亿元,实现净利润－5 671.17 万元。

本次交易完成后,风神股份的轮胎产能将大幅增加,并将与黄海橡胶、中车双喜在生产经营的各个环节形成广泛的协同效应,公司将成为国内最大的工业轮胎生产和销售企业。此外,本次交易也在一定程度上解决了中国化工旗下轮企的同业竞争问题。

二、风神股份"惹上"了证监会

2014 年的风神股份可谓是风头正劲,俨然成了股民眼中的"绩优股"。然而证监会却并不这么认为,2013 年证监会现场查账时发现风神股份三包费用内部核算存在重大漏洞,致使三包费用异常增长。而且中国化工可以实时控制和监督风神股份的部分财务活动,公司投融资等重大决策均须由中国化工集团公司批准,违背了上市公司独立性原则。除此之外,风神股份还存在着严重的同业竞争问题。风神股份、黄海橡胶、中车双喜、中化桂林的实际控制人均为中国化工集团公司,它们所从事的业务部分相同,不符合《上市公司治理准则》的相关规定。

2015 年 3 月 9 日,河南证监局宣布了对风神股份的处罚决定,同时也公布了对风神股份的调查结果。调查报告称风神股份 2011—2012 年连续两个会计年度存在对部分会计科目跨期处理的问题,导致当期实际发生金额与账面金额不符。其中通过提前确认三包费用分别虚减当期利润 759.31 万元、2 212.47 万元,通过提前确认收入虚增 2012 年度利润 2 002.32 万元。与此同时,证监会公布了对风神股份的处罚结果,对风神股份及其相关责任人员处以共计 111 万元的罚款。

面对河南证监局的处理,风神股份表示承认其在会计处理上的错误,但不接受证监会的处罚,希望能够得到证监会的公平对待。公司管理层一致认为其违法行为不存在主观故意,并且已经得到了及时纠正,对当期几乎没有影响,依法应不予处罚。理由是:① 公司年报中的虚假记载属于对会计准则的理解出现偏差所致,并不是故意粉饰报表。公司一直存在三包费用跨期处理问题,这是由轮胎行业的销售惯例等客观因素所致,在以前年度的审计中,相关责任人员也从未对此提出异议。公司销售收入的确认遵循实质重于形式的会计处理原则。销售收入是真实存在的,提前确认主要是考虑到公司的市场营销政策,年底订单集中导致发货延迟,提前确认收入是客观而合理的。而且公司2011、2012年度的业绩良好,完全没有必要冒着巨大的风险调节利润。② 公司2012年度存在的利润核算差额,应该按合并计算的结果评估其影响。合并后的金额占当期主营业务收入和利润的比重均低于3%,低于10%的披露标准,不属于重大会计差错。而且低于5%的立案标准,不应给予行政处罚。③ 公司公告会计差错更正及行政处罚通知后,公司股价并未下跌而且持续上涨,无法判断对公司股价及投资者决策造成的影响。

为此,风神股份向证监会提出了行政复议。2015年8月证监会向风神股份作出了行政复议决定,认为河南证监局的行政处罚是公正合理的。证监会对风神股份的观点进行了反驳:① 风神股份会计核算和信息披露不符合相关规定,信息披露不实,依法应予处罚。其所声称行业惯例等因素并不能免除其责任。不存在主观故意并不能说明其信息披露没有违法。② 风神股份2012年度年报中存在的虚增、虚减利润金额对当期会计科目影响较大,是否给予行政处罚与立案标准无关,是否属于重大会计差错与是否构成虚假记载的判定标准并不相同。而且相关虚增、虚减金额不仅影响当期利润,还影响财务报表中销售费用、存货、营业收入、营业成本等多个会计科目,不应合并计算。③ 风神股份相关责任人并不具备免于行政处罚的条件。信息披露是上市公司与投资者沟通交流的基本途径,也是投资者作出投资决策的重要参考。重大遗漏、虚假记载等违法行为均会对投资者作出决策产生实质影响。风神股份2011、2012年度均存在对费用和销售收入的跨期确认,致使信息披露失真,对投资者的判断产生了实质影响。而且相关会计差错并没有得到及时纠正,河南证监局于2013年现场查账时发现风神股份三包费用核算内部控制存在重大缺陷,并于当年12月16日责令其作出改正,而后风神股份2014年在披露2013年度的年报时才对前期差错进行了追溯调整。

证监会的行政复议决定显然无法使风神股份满意,该案件还远没有结束。2015

年9月,风神股份向郑州市中级人民法院提起诉讼,要求河南监管局撤销行政处罚。2016年6月郑州市中院宣布风神股份胜诉,其认为河南证监局作出的行政处罚、证监会作出的行政复议决定缺乏事实依据,相关的利润虚增虚减对投资者判断造成的影响尚无法确定,不应予以行政处罚。

该案件貌似已经尘埃落定,然而证监会并不认输。2016年7月,证监会表示其不会接受郑州中院的一审判决,将依法向河南省高级人民法院提起上诉。风神股份与证监会的"纠缠"还在继续,那么,风神股份究竟是有意虚假记载还是无意疏漏呢?

三、相关财务数据

(一)利润表相关数据

为了更详细地了解风神股份的财务状况,表1给出了风神股份2006—2014年度的利润表相关数据。

表1　风神股份2006—2014年度利润表相关科目　　　　单位:亿元

年度项目	2006	2007	2008	2009	2010	2011	2012	2013	2014
营业收入	50.77	60.19	60.95	56.22	81.22	102.3	90.23	85.38	81.67
营业成本	45.25	52.58	54.94	42.87	70.13	86.08	73.34	68.08	63.64
销售费用	1.79	2.22	2.15	3.09	2.84	3.43	4.65	5.8	6.15
营业利润	0.39	1.68	−1.29	3.47	1.64	2.63	3.16	3.71	3.98
净利润	0.173 9	1.06	−0.971 4	3.1	1.53	2.34	2.75	3.13	3.32

对于2009—2011年度营业收入和营业成本的增加,风神股份的解释为:生产轮胎的主要原料是天然橡胶,天然橡胶属于大宗商品,其价格受国际局势影响波动较大。2009年以来以天然橡胶为代表的主要原材料价格不断飙升,公司轮胎的生产成本和销售价格也不断提高。与此同时,公司2009—2011年度大力拓宽销售渠道,轮胎销量持续大幅上升。在这两种因素的共同推动下,2009—2011年度公司的营业收入和营业成本大幅提高。

2011年之后,风神股份的营业收入和营业成本不断下降,与此同时其净利润却在不断上升。对此,风神股份的解释为:2011—2014年度,受轮胎市场竞争日趋激烈、天然橡胶等主要原材料价格不断下降的双重影响,公司产品销售价格下降,致使销售收入出现下滑。

(二)三包费用情况

三包费用一直是风神股份与证监会争论的焦点,证监会的调查也正是通过三包费用着手的。风神股份认为其2011、2012年度轮胎销售三包业务是真实存在的,其金额也是真实发生的。而证监会则坚持认为其2011、2012年度三包业务金额事实上并不存在。风神股份对于2009—2012年度之间利润表其他项目的变动都给出了解释,但对三包费用的剧烈波动却视而不见。由于风神股份2012年度之后的财报中不再设三包费用明细科目,而是把三包费用和其他相关费用一起归入销售费用下的"售后相关费用"进行核算,所以风神股份2012年度之后三包费用科目的具体数据无法获取,如表2所示。为了便于分析,表1给出的数据已把2012年度之前归入管理费用的三包费用转入了当期销售费用中。

表2 风神股份2009—2012年度三包费用   单位:元

年度 项目	2009	2010	2011	2012
三包费用	75 783 628.97	2 424 010.45	55 504 146.08	141 650 626.11

四、同行业上市公司情况

赛轮金宇(股票代码:601058)和青岛双星(股票代码:000599)均为我国大型上市轮胎企业,主营业务均为轮胎产品,轮胎收入均占其收入总额的90%以上,与风神股份有较强的可比性。由于赛轮金宇和青岛双星均没有设置三包费用明细科目,所以无法获取其三包费用的具体数额。表3及表4仅给出了青岛双星和赛轮金宇2009—2014年度利润表的相关数据。

表3 青岛双星2009—2014年度利润表相关科目   单位:亿元

年度 项目	2009	2010	2011	2012	2013	2014
营业收入	42	57.8	63.2	59.1	52.7	39.8
营业成本	36	53.3	58.2	53.8	47.4	34
销售费用	1.62	1.93	1.97	2.26	1.96	1.87
营业利润	2.49	0.14	0.2	0.14	0.28	0.51
利润总额	2.7	0.41	0.4	0.38	0.5	0.79

表4 赛轮金宇2009—2014年度利润表相关科目　　　　单位：亿元

年度 项目	2009	2010	2011	2012	2013	2014
营业收入	25.5	40.5	63.9	70.7	80.2	111
营业成本	22.2	37.1	59.5	63.8	69.9	90.8
销售费用	0.72	0.96	1.17	2.29	4.44	7.67
营业利润	1.42	1.24	1.16	1.71	2.63	4.3
利润总额	1.47	1.3	1.29	1.84	2.88	4.81

（执笔人：王琨，指导老师：徐宗宇）

康达新材财务舞弊案剖析

适用课程：财务会计理论与实务　审计理论与实务

编写目的：本案例旨在分析产生财务舞弊的公司存在舞弊的动因及采用的舞弊手段。根据所提供的案例资料，学生可以了解产生财务舞弊的公司采用的虚增利润的舞弊手段，并应用GONE理论对舞弊动机进行分析，为防止上市公司进行财务舞弊找到对策。

知 识 点：财务舞弊

关 键 词：康达新材　虚增利润　财务舞弊

案例摘要：中国资本市场近些年来发展迅速，然而上市公司的财务舞弊问题也随之发展而倍受关注，本案例研究康达新材的财务舞弊问题，具有一定的现实意义。本案例首先介绍了康达新材的公司背景、主营业务和成长史；其次探讨了公司财务舞弊的动机、虚增利润的手段及其后果，并应用了GONE理论对舞弊动机进行分析；最后为上市公司财务舞弊的防范带来一些启示。

近年来频频出现上市公司财务舞弊、操纵利润、信息违规披露等问题，上海康达化工新材料股份有限公司（以下称为"康达新材"，股票代码：002669.SZ）财务舞弊案就是一例虚增利润、违规上市的案件。

康达新材自2011年后至2012年4月上市前，企业盈利情况开始明显呈现下滑的颓势，而且并未及时向证监会提交书面说明。之后康达新材于2014年4月13日公布了《首次公开发行股票上市公告书》，在公告书中附了2012年度一季度财务报告，在此财务报告中，康达新材虚增营业利润300多万元。

2013年7月5日,康达新材接到证监会《立案调查通知书》,次年9月28日证监会发布《行政处罚决定书》,判定其已构成违法。

为此,11名因此次康达新材违规上市而受损失的中小投资者委托中证中小投资者服务中心有限责任公司,将该公司的董事长陆企亭和康达新材作为被告,并正式向法院提起诉讼。这一诉讼,将康达新材违规上市、虚增利润事件带入公众视野。

一、康达新材概况

(一) 公司简介

1988年,陆企亭创立了上海康达公司。其前身仅仅是一个"上海康达化工实验厂",1993—2002年期间,先后通过两次改制,由实验厂改制为股份制企业,后改制为民营股份制企业。在其走过的18年时间中,康达新材一直高速又稳健地发展着,年平均增长率可达到30%。公司也由创建初期的一个产品发展到现在的八大类200多个产品,年销售收入超亿元,已成功屹立于中国胶粘剂行业的前列。

可惜的是,在公司上市初期,康达新材在明知公司业绩大幅下降的情况下却作出了"不存在重大会后事项"的不实承诺,之后又在发布的《上市公告书》中为了粉饰业绩而大幅虚增利润,由此在上市欺诈的道路上越走越远。

(二) 公司市场情况简介

自2013年6月起,康达新材得益于下游应用领域经济形势的逐渐好转,其主营业务中的新能源产品销售量与往年同期对比出现大幅增长,但其销售价格较之去年同期却有所下降。康达新材采取了一系列措施来降低成本提高效率,但是公司产品的盈利水平还是不如以往。至今康达新材主营业务构成呈现大体稳定的趋势,形成以环氧胶为主的主营利润构成,如图1所示。

从图2可以看出,在康达新材上市后出现过明显的业绩大幅下跌情况。尤其是2012年上半年,下游风电行业持续受到行业政策调控影响,风机整体的需求量大幅减少,下游一些风电客户纷纷选择减少生产量达到消化库存的目的,所以,康达新材的环氧树脂结构胶的销售量对比往年同期有很大跌幅;再则受到国家上半年总体经济增速的放缓影响,公司常规胶粘剂产品的销售量较之上年同期也有所回落。

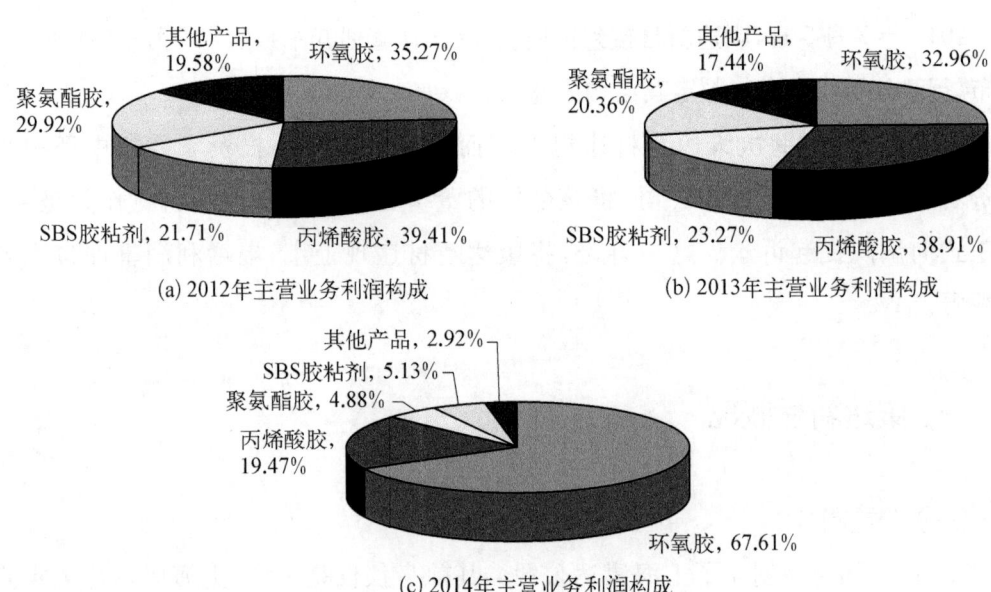

(a) 2012年主营业务利润构成　　(b) 2013年主营业务利润构成

(c) 2014年主营业务利润构成

图1　上市至今康达新材主营业务利润构成

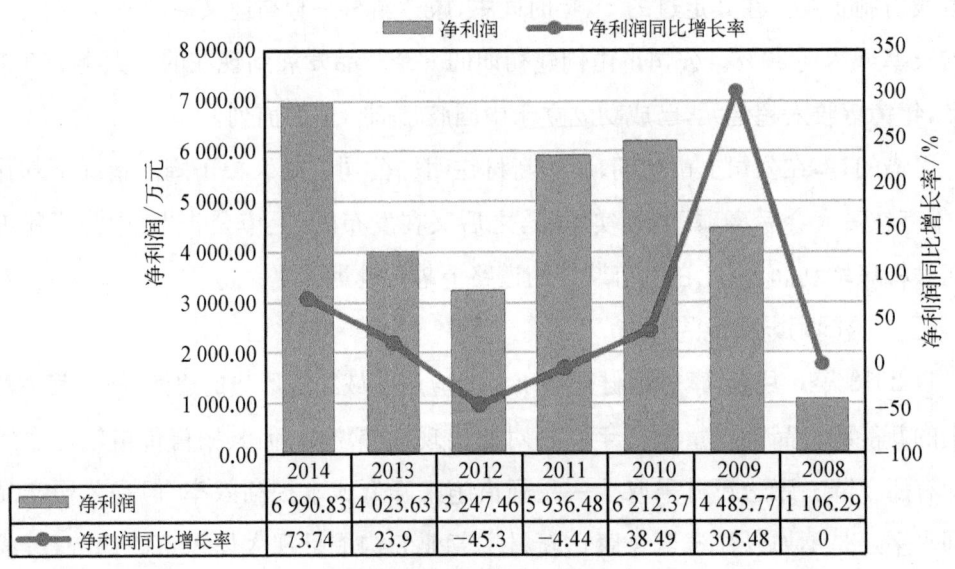

图2　康达新材净利润趋势

二、康达新材财务舞弊的表现

（一）上市公告书虚假记载——虚增利润

2012年4月13日，康达新材公布了2012年度一季度财务报告。在此财报中，康达新材虚增了营业利润371万元，粉饰后营业利润竟高达817万元，虚增比例达到了

83.18%。

1. 虚增利润给康达新材带来的利益

虚增利润,对于上市公司的经营管理者,可以自身报酬最大化;对于上市公司的所有者,可以获得公司上市的资格。

上市发行股票是公司筹集大量资金谋求快速发展中至关重要的一步,所以很多公司都希望能发行股票。《证券法》规定:发行或上市流通股票的公司必须具备连续3年经营盈利的条件。然而,部分公司为达到这一硬性指标,采取了一系列不合法的手段来粉饰公司的业绩。再者,我国目前发行新股的方式是采取溢价发行,股票的市盈率等于每股市场价格与平均每股税后利润的比值,由此可以得知业绩、股票发行价还有市场价之间有着很大的关联。部分公司在粉饰经营业绩上可谓绞尽脑汁,即便这样需要多交所得税,也想方设法地提高经营业绩从而抬高股票的发行价格。康达新材 2010—2012 年基本每股收益变化如图 3 所示。

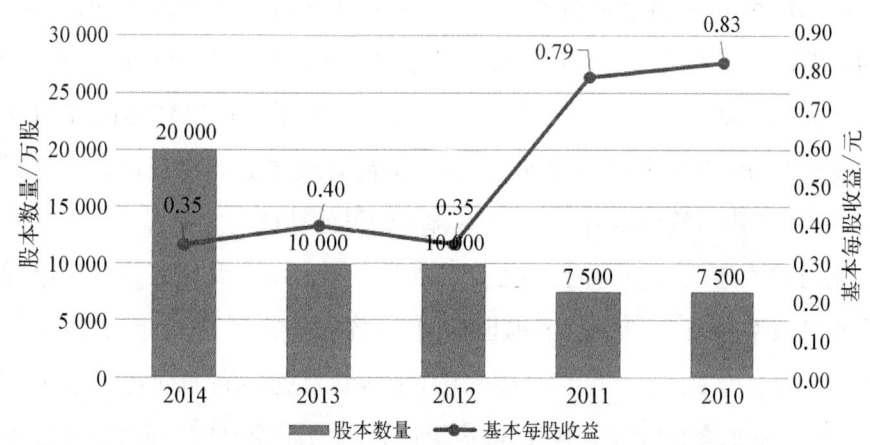

图 3　康达新材 2010—2012 年基本每股收益变化

2. 虚增利润给社会带来的危害

上市公司虚增经营业绩,造成信息披露失真,这种不道德的行为会严重削弱政府宏观调控的效力和市场资源配置的功能,从而对整个资本市场产生一系列不良的影响。康达新材虚增利润违规上市之后,受此影响,公司股价迅速下跌,给中小投资者带来的损失不可估量。

(二)未按规定报告会后事项——隐瞒

康达新材的营业利润在 2011—2012 年公司股票上市前出现了较大幅度下滑,2012 年 1、2 月的营业利润较之上年同期下滑比率竟高达 99.7%。康达新材明知公司业绩大幅下降的情况下却作出了"不存在重大会后事项"的不实承诺,之后又在发布的公告中为了粉饰业绩而在财务报告的数据上做文章。

三、运用 GONE 理论分析康达新材的财务舞弊表现

1993 年,Bologua 在其 GONE 理论中首次提出了"暴露"这一外部环境因子,初次实现舞弊内外因子的划分。GONE 理论包含舞弊发生的 4 个因子,分别是贪婪(Greed)、机会(Opportunity)、需要(Need)和暴露(Exposure),GONE 理论认为这 4 个因子对于真正形成企业舞弊是不可或缺的。相比于舞弊三角理论,GONE 理论进一步细化了外因和内因的不同作用,更具有指导意义。下面就运用舞弊因子对康达新材的舞弊行为进行具体研究。

(一)康达新材舞弊因子——贪婪

"贪婪"指的是,道德素质不佳并对财富或者收益过度地追求或向往,它表现为一种个体价值判断。据研究,管理层的风险偏好和持股比例这两个指标是非财务指标中与贪婪因素联系最紧密的。公司中的职位和股权给了管理层较强的控制权,管理层的风险偏好会使得管理层的决策更加激进,提高管理层的期望值,当现实与其期望值不符时,在其贪婪心理的作用下,管理层舞弊的可能性就会大大提高。

康达新材侥幸地认为,公司上市之前业绩上虽然出现了大幅下降的问题,但是公司在一季度陆续与主要客户签订了销售合同,合同履行之后盈利情况肯定会有所好转。然而事实并未如此,在上市首个年头中,康达新材的净利润同比下滑了 45.3%,被称为"新股业绩变脸的典型案例"。虽然康达新材的高管层回应称"公司 2012 年半年报之后的报告均不再有虚假成分",但是实际上,公司 2012 年半年报业绩大幅度下滑的原因就在于公司试图把虚增的资产逐步"冲回"。康达新材披露业绩预测当日,公司股价重挫。

(二)康达新材舞弊因子——机会

"机会"指的是舞弊行为人认为可以躲过财务舞弊惩罚的最好时机。机会是实现一切贪婪和需要的必要条件。根据我国目前上市公司的财务舞弊情况,我们认为 GONE 理论中最不可或缺的一个因素是机会,所以下文中将会对"机会"这个因子对舞弊行为的影响进行重点描述。内部组织控制不善、外部监管不严、政府的职能未能完全发挥以及证券市场相关法律法规的欠缺,会导致本就存在的贪婪和需要更加突出明显,从而为

舞弊行为的发生提供滋养的温床。其中内部组织控制不善是重要因素：

1. 内部控制的削弱

从康达新材的《上市公告书》中，可以发现该公司的董事长和总经理由一人兼任，常务副总经理也是由一名董事兼任，这种现象违背了"两职分离"的原则，不容忽视。公司的治理层与管理层高度重合并凌驾于内部控制之上，从而使内控没能得到有效发挥。此外证监会有规定："上市公司董事会成员中至少包括1/3的独立董事，其中至少包括一位会计专业人士"，可是，康达新材并没有做到。

2. 相关管理规章制度不完善

查询有关资料可以得知康达新材的相关内部控制制度并不完善，公司的内控制度于2012年4月中旬发布，而舞弊行为却发生在此之前。由此可以得知，相关制度完全是个摆设，并没能起到任何约束的作用。

(三) 康达新材舞弊因子——需要

需要是一切行为的基础。需要也是促使舞弊行为发生的内部因素，它从个人、组织两个方面对舞弊行为进行了阐述。站在康达新材的立场上，公司的主要需求是保牌、融资、保增长。公司想要完成这些目标，首先必须要达到外部监管部门设定的关于保牌、融资、保增长的硬性指标。但是不排除当公司的财务状况和非财务指标与设定的这些条件不相同时，企业采取舞弊行为的可能性。

1. 迫于上市的需要

公司之所以谋求上市，无非是为了筹措更多资金来加强企业资金的流通和缓解资金压力，另一方面上市也是提高企业知名度使企业更上一个台阶的机遇。康达新材自2012年一季度起，其经营业绩持续大幅下滑。然而，公司上市又必须保证"开业时间在3年以上及最近3年连续盈利"，这让康达新材为上市而作的数年筹备尽数付诸东流。此外受宏观环境拖累，康达新材甚至有破产的危险。在康达新材面对这样的困境的情况下，公司管理层选择铤而走险地粉饰公司经营业绩从而为公司上市铺路，我们可以想象得到这几乎是条必经之路。

2. 谋求与军工合作的需要

供求关系的转变使得新材料市场早已成为一片"红海"。为此，康达新材寻求转型，积极开拓另一片市场，成为军用胶粘剂供应商是其目前重点发展的方向之一。但是，由于这拿不出手的经营业绩，康达新材想要获得军工订单的可能性似乎不容乐观。2012年中旬，康达新材通过认证，成功跻身为军用材料供应商之一。不可否认，粉饰业绩为康达新材谋求军工合作起了很重要的作用。

（四）康达新材舞弊因子——暴露

舞弊行为被发现的可能性大小以及行为受到惩罚的强弱就是暴露。暴露因素的作用主要还是体现在发现机制，并且与组织环境有关。但是在审计实务中，注册会计师会受到上市公司的影响，这很可能大大降低舞弊行为人暴露的概率。

1. IPO 审计监管机制不健全

康达新材 2012 年在公告书中附的第一季度财报，并不是必须由注册会计师给出审计意见的财报。这种制度的不完善使得康达新材的舞弊行为在上市时未被揭穿，所以康达新材并没有因"信息披露不全"而受到任何惩处。另一方面，由于对保荐机构责任的不够重视，使得投资者的判断也受到了一定的影响，从而进一步干涉了投资者的投资决断。

2. 惩罚不够及时、不够严厉

直到 2014 年 9 月 28 日，证监会才发布了处罚决定——仅仅只是"给予警告，并处以 60 万元罚款"。造假成本实在偏低，与欺诈上市带来的经济利益不成正比。媒体批评道，"对于粉饰业绩圈钱数亿元给投资者带来的巨大损失而言，几十万元的处罚显得不足挂齿"。

四、康达新材财务舞弊案曝光后的市场反应

（一）虚增利润曝光

2014 年 10 月 17 日，康达新材收到证监会行政处罚书之后，表示将接受中国证监会的行政处罚，并于 10 月 23 日举行公开致歉会，向投资者致歉。同时，康达新材表示，公司在以后的发展道路上将不断提高规范运作意识，完善公司治理和内部控制体系建设，并按照相关法规做好信息披露工作。至此康达新材虚增利润、造假上市的行为曝光在公众眼中。

（二）曝光后影响

1. 康达新材方面

受虚增利润、违规上市的影响，曝光当天康达新材股票报收 16.02 元/股，跌幅达 5.76%。在此之前，康达新材的股价已经历了三连跌。由于 10 月 24 号公司发布公告《关于子公司获得发明专利证书的公告》，放出利好消息，股价逐渐回升。但股价从 17

元/股跳水后,一直低迷不振,一直到 2015 年 3 月 16 日才重新回升至 17 元/股以上,可见该事件对公司的影响。其股价变化如图 4 所示。

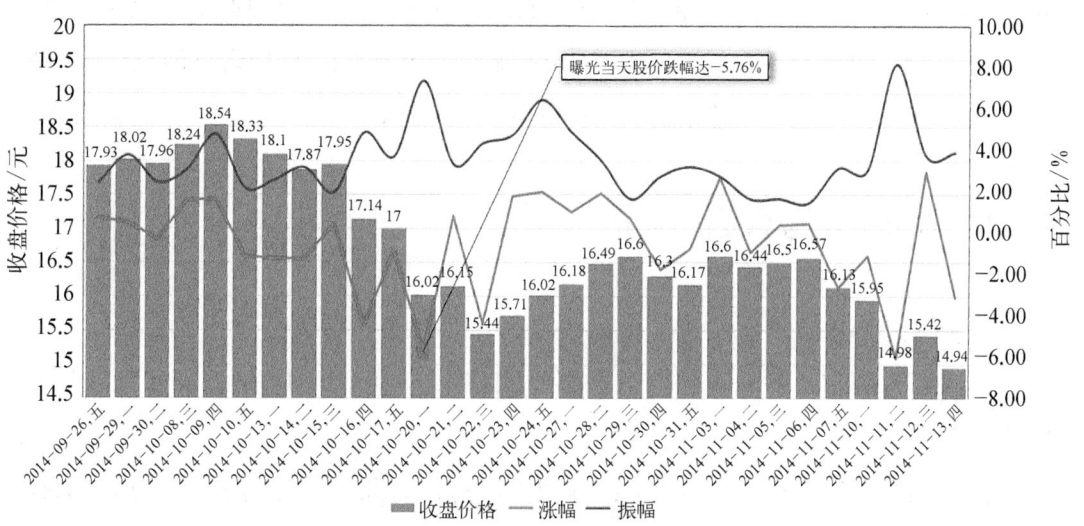

图 4 康达新材虚增利润曝光后股价变化(股本数量未变)

早在证监会下发此通知书前,康达新材董事会秘书及副总经理储文斌就已宣布离职。康达新材表示,储文斌辞职的原因是自身的身体原因。姑且不论这是否是事实,但就算此时储文斌不辞职,一旦证监会的处罚书下达之后,他也是不得不提出辞职。但是储文斌的辞职并不会影响到证监会对其作出的处罚。

2. 社会媒体、舆论方面

康达新材事件曝光后,市场普遍反映对此处罚过轻。上市筹资了几个亿,证监会却只罚了寥寥的几十万元,这难免会让人怀疑这究竟是惩罚还是奖励。许多投资者纷纷表示了不满。虚增利润是上市公司财务舞弊中比较常见的一种手段,近来也有许多上市公司因为粉饰业绩被证监会处罚,但对于上市公司来说舞弊的成本还是相对较低,而违法后带来的经济利益又是巨大的。所以康达新材选择违规上市,舞弊之后不仅发行了新股成功圈到 3 亿元,而且公司市值也扩张到 31 亿元;违法后所承担的后果也仅仅只是被罚了 60 万元,再加上责任人被处以的 65 万元罚金,合计不过 125 万元,外加一些无伤大雅的"警告"。这样一比较来看,上市公司财务舞弊、违规上市给人的感觉就是铤而无险,赢者通吃,这不得不说是对上市公司欺诈上市的变相奖励。

2014 年 10 月 15 日,证监会发布了《关于改革完善并严格实施上市公司退市制度的若干意见》,俨然一副铁腕实行退市新政的样子。然而此时康达新材却出现了虚增利润、违规上市的事件。据市场评论,这两个事件同时发生并非偶然,或许意味深长。康达新材违规上市事件发生在前,加之处罚完毕,因此并不会受到退市新政影响,康达新材恰好避过了这一劫,但是这巧合的背后谁又知道这是不是刻意的"凑巧"呢?从这里也可以看出退市新政的软肋,这不得不引人深思。

五、研究结论与启示

(一) 研究结论

本案例采用了 GONE 理论来对康达新材上市虚增利润舞弊案件进行了深入的分析,并得到以下结论:

第一,康达新材管理层的虚增利润虚假上市的行为源于贪婪因素;而公司内部控制的削弱与相关管理规章制度不完善成为康达新材财务舞弊的机会因素;基于迫切需要上市与谋求军工合作的关系,形成了康达新材财务舞弊的需要因素;IPO 审计监管机制的不健全,造假舞弊成本太低,惩罚不够严厉,形成了暴露因素。这 4 个因素推动着康达新材财务舞弊上市的最终结局。

第二,康达新材在虚假上市过程中,主要采取了虚增利润与隐瞒问题的手段进行舞弊。

第三,由于虚假上市,康达新材的股价大跌,大量中小投资者损失惨重。

第四,随着中国证监会的介入与立案调查,最终康达新材没能逃过"法网",但惩罚过轻引发社会讨论。

第五,审计失败的主要原因在于康达新材公司隐瞒事实,但审计事务所依旧带有连带责任。

(二) 研究启示

GONE 理论认为,若是不同时对 4 个舞弊因子加以控制的话,那么有极大的可能发生财务舞弊。我国上市公司虚增利润的案件屡见不鲜,康达新材的案例非常具有典型性,为了防止上市公司重蹈覆辙,我们列述一些启示如下:

第一,加强职业道德建设,健全企业内部制度。

加强企业职业道德建设,可以帮助企业维护和提高其自身的信誉,也有利于降低企业违规的风险,促进企业持续稳定又快速地发展。要行之有效地防范上市公司财务风险,就应该设法完善企业的内部控制。上市公司想要实行有效的内部控制并使其发挥出效应,那么就需要严格执行会计轮岗制度,充分重视票据管理,定期清查核对账簿等。

第二,发挥监管威慑作用,提高违规的成本。

从大量案例中得知,现有的《证券法》中对于财务舞弊的处罚太轻,对于虚假陈述、信息披露重大遗漏所设定的处罚金限额又过低,其违法成本相对于舞弊所带来的好处来说简直就是微不足道的。所以,监管部门的威慑作用急需提高,外部控制不能只是个摆设,要能发挥出其真正的作用。

六、问题讨论

(1)康达新材在上市时的财务舞弊动机是什么?
(2)康达新材在上市时进行财务舞弊的手段有哪些?
(3)对于监管层来说,可以从哪些方面加强对公司上市时财务舞弊的监管?

(执笔人:张媛媛　指导老师:李建华)

立信会计师事务所审计失败解析

适用课程： 财务会计理论与实务　审计理论与实务　舞弊检查与防范
选用课程： 审计理论与实务
编写目的： 要求学生通过立信会计师事务所的审计失败案例，了解公司财务造假的手段和不良影响，并对审计失败的原因进行分析，由此掌握公司财务舞弊的审计方法。
知 识 点： 收入　关联交易　存货　对外投资　函证　审计工作底稿　财务报表审计中对舞弊的考虑
关 键 词： 立信会计师事务所　财务舞弊　审计失败
中文摘要： 立信会计师事务所是中国国内知名大所，其品牌和审计业绩一直在国内审计行业名列前茅，但近年也因为审计失败，受到一系列处罚。本案例分别探讨了立信所在审计上海爱建公司和南京中北集团公司时审计失败的原因及后果，揭示了中国审计行业普遍存在的"囚徒困境"。

一、立信会计师事务所概况

（一）立信会计师事务所简介

立信会计师事务所（以下称为"立信所"）是国内会计师事务所中最早创立并获得业界与社会认可的事务所之一，由"中国会计之父"潘序伦创立。立信所虽在新中国成立之后遭遇业务危机导致停业，但于1986年重新设立。立信所规模不断扩大的同时，审计水平也不断提高，顺利通过中国证监会的审核，获得证券期货相关业务从业资格。2010年，立信所进一步通过中国证监会的审核，成为大陆第一批审计在港上市公司的事务所。

(二)立信所发展历程

1. 20世纪90年代前(1927—2000)

立信所成立于1927年。在1949年以后,国家实行计划经济,立信所注册会计师业务逐渐减少,最后被迫破产清算。1986年,随着中国政府实施改革开放政策,民间审计业务和咨询服务需求大量出现,立信所依托立信会计学院重新设立,随着中国资本市场和审计事业的发展,立信所的审计业务和人员规模也不断扩大。

2. 21世纪后

2000年11月,立信所经过多次并购,在审计行业成为事务所巨头,并获准审计银行、证券、保险和信托等金融类企业。2000年12月,立信所进一步拓展西部边疆市场,正式成立立信新疆分所。2001年7月,立信所不断发展建设,正式成立江苏分所。2001年11月,立信业务不断发展壮大,推动了海南分所的建设。

立信所2003—2007年连续5年在中注协百家事务所排名中位于国内所第一名,年营业收入分别为1亿、1.13亿、1.53亿、1.83亿、2.2亿元。2008年因中瑞岳华事务所合并成为国内第一大所,立信所屈居第二,但年营业收入达到3.71亿元。立信所业绩排名如表1所示。

表1 立信会计师事务所的业绩排名①

年度	年度总收入(万元)	注册会计师人数(人)	综合得分(分)	综合得分名次
2006	21 983	361	212.97	5
2007	37 140	417	268.97	6
2008	66 639	679	344.24	6
2009	66 266	674	292.01	6
2010	81 725	832	193.14	6
2011	150 418	1 431	222.53	6
2012	177 357	1 612	214.55	5
2013	250 911	1 811	2 368.65	4
2014	290 696	1 920	1 648.38	5

经过逾80年的不断发展,立信所不仅在业务质量和公司规模上取得显著成就,其

---

① 中国注册会计师协会.事务所综合评价[EB/OL].http://www.cicpa.org.cn/Registration/pingjia.

执业道德和社会形象都得到了社会认可。公司注册地点位于上海市,内部管理规范,并设立多个专业委员会。经过多年的耕耘,立信所的足迹遍布祖国大江南北,各行各业都有大批龙头企业成为立信所的客户。[①] 2009 年,立信所前瞻性地加入 BDO 国际,朱建弟作为立信所首席合伙人成为 BDO 全球董事会成员,为立信所走向国际化奠定了良好基础。

为了提高审计质量,立信所强化了审计责任追究机制和风险管理意识。事务所领导高度重视审计前的风险识别、审计中的风险评估和审计后的风险应对。在审计工作底稿复核中要求审计流程各环节负责人建立严格的责任追究机制。一级审核的部门经理(或项目经理)审核审计人员是否准确评估被审计单位的固有风险和控制风险,并采取有效的审计措施;要求承担二级复核的审核部门根据审计对象的重大错报风险和审计人员的专业胜任能力,推算审计底稿中所存在的重大风险。立信所根据多年的审计经验,提出以下要求:① 在签发审计报告前对所有重大问题必须建立完整的证据链。② 凡是可能导致会计报表出现重大错报的审计金额与原账面金额的差异坚持要求被审单位予以调整。③ 对首次承接的客户,把控制审计风险放在第一位,并进行持续的监控。④ 对标准无保留意见的出具进行严格审核,必须有完整的证据链确保财务报告的公允性与合法性;对于带强调事项段无保留意见的出具建立严格的审批流程;对于保留意见、无法表示意见和否定意见的出具建立层层审核和责任追究机制。立信所还广泛与国内外一流事务所进行技术合作与交流,大力加强审计人员的岗前培训,以不断提高审计人员的专业胜任能力:一是在审计前做好上市公司重大风险预评估,确定审计的重点领域;二是在审计中对公司的固有风险和控制风险建立完整的证据链,并在审计工作底稿中建立显著的关联路线;三是借鉴国际一流审计机构的成功经验,设计和实施审计业务流程操作指南;四是在审计业务中实施风险管理,对重大风险、重要风险和一般风险采取不同的应对策略;五是对审计工作底稿的质量建立责任追究机制,实施责任、权利、利益和其他奖惩措施相结合的考核。

立信所对审计质量的重视及中国资本市场的发展为其提供了充分的发展空间,立信所发展很快,到了 2011 年已设立 21 家全国分支机构及香港成员所;从 2000 年的不到 200 名注册会计师到 2011 年拥有 1 000 多名注册会计师的高水平审计力量;

---

① 好搜百科.立信会计师事务所[EB/OL].http://baike.haosou.com/doc/5430223-5668478.html.

2000年立信和长江两家证券资格会计师事务所合并时业务收入不到5 000万元,而在2010年末业务收入竟达到了近10亿元;从上市公司客户不到40家到如今拥有200多家上市公司及100多家IPO公司、央企及国有大型集团等客户;从原在上海市审计行业排名第五到2002年后多次在全国会计师事务所百强排名中名列本土所第一名。

(三)立信事务所2009—2013年审计失败数量统计

由表2可知,自2009年以来,立信所审计的公司违规数量呈不断上升趋势,尤其是2013年违规公司数量是2012年的2倍以上,表明立信所面临越来越多的审计风险。

表2 立信会计师事务所2009—2013年审计失败数量统计表　　单位:家

处罚年份	违规公司数量	违规买卖股票	虚假记载	推迟披露	重大遗漏	内幕交易	占用公司资产	披露不实	会计处理不当	违规担保	其他	被中国证监会处罚
2009	17	8	3	5	0	1	0	0	0	1	3	2
2010	21	6	4	3	1	1	3	1	2	1	3	4
2011	21	5	4	6	1	1	1	0	3	1	8	3
2012	36	2	10	10	14	6	3	0	7	0	25	1
2013	79	15	24	23	12	0	0	4	11	0	39	6
总计	174	36	35	47	34	9	7	5	23	3	78	16

二、立信所审计失败案——以上海爱建股份有限公司为例

(一)上海爱建股份有限公司简介

上海爱建股份有限公司(以下称为"爱建股份")成立于20世纪70年代末。爱建股份的成立资本为5 700多万元,是由当时上海的资深工商业从业者和千余名海外成功人士共同筹集资金设立的。在党和政府的关注与支持下,爱建股份不断发展。在创建过程中,爱建股份敢为人先,勇争一流企业:最先成立我国第一家民营非银行金融机构;1992年公司正式更名为上海爱建股份有限公司,第二年在上海证券交易所上市。通过不断发展,爱建股份不仅在金融领域实现不断发展,还实现了房地产、实业、进出口等多种业务板块平行发展,公司规模和声誉不断发展壮大。但是,爱建证券、爱建信托在2004年被爆出公司高管舞弊,爱建股份的经济发展遭到重创,产生了不良

的社会影响。为此,公司发展如履薄冰,开始对资产进行追索,不断进行资产重组以维系公司进一步的发展建设。

(二)参与舞弊的相关高管

参与舞弊的相关高管如表 3 所示。

表 3　参与舞弊的相关高管

公司高管	身　　份	相　关　事　件
刘顺新	①爱建股份董事、副总经理 ②爱建进出口有限公司董事长兼总经理,爱建证券董事长	在国中控股中任执行董事,但在 2003 年 9 月后辞职。① 2009 年 5 月,被上海公安人员抓捕,2010 年 2 月被以"挪用资金"和"合同诈骗"两罪起诉,2011 年 6 月被判 13 年徒刑
张扬	上海第二职工大学工业自动化专业毕业,曾列"中国富人榜"第 70 多名	1989 年前后,张扬前往香港通过轮胎贸易拿到创业资本,创立国中控股有限公司,随后通过借壳上市。虽然国中控股与爱建事件息息相关,但张扬作为国中控股的最大股东仍旧顺利抽身
马建平	原为中国农行上海某支行经理,1995 年任上海商业网点公司总裁,1998 年任爱建信托公司总裁	2009 年 5 月,被上海公安人员抓捕,2010 年 2 月被以"挪用资金"和"合同诈骗"两罪起诉,2011 年 6 月被判 12 年半徒刑
颜立燕	男,生于 1962 年,老家在江苏建湖,在上拥有多家公司,2006 年名列全国富豪第 50 多位	2009 年 6 月,颜立燕被抓。2010 年 2 月以"挪用资金"和"合同诈骗"两罪受审,2011 年 6 月 17 日,颜立燕因以 19 亿元个人资产抵偿爱建公司的损失,被从轻判处 3 年徒刑,缓刑 5 年,处罚金 20 万元,追缴违法所得

(三)爱建舞弊过程

爱建公司舞弊过程如图 1 所示。

1989 年,26 岁的张扬离开家乡上海到香港去淘金。当时与他同年龄的贺学初 1983 年从安徽财贸学院会计专业毕业后,先后在国家商务部和华润集团公司财务部工作,1997 年辞去内地的工作,也来香港淘金。1997 年亚洲金融危机重创香港股市和楼市,他们发现香港股票市场有只垃圾股票——柏宁顿公司(股票代码:00202)股价长期在 0.2 港元徘徊,因为其负债高达 11.48 亿港元,年度亏损达 9.44 亿港元。1999 年张扬和贺学初分别以其在海外避税天堂注册的 WLDC 公司和 CJRL 公司共同组建 NEWCO(张持股 42%和贺持股 32%),向柏宁顿注资 3 亿港元,获得 79%的股权,其

---

① 汤涵婷.刘顺新案愈演愈烈　爱建股份总经理顾青"下课"[EB/OL]. http://finance.sina.com.cn/s/20040304/1228656436.shtml.

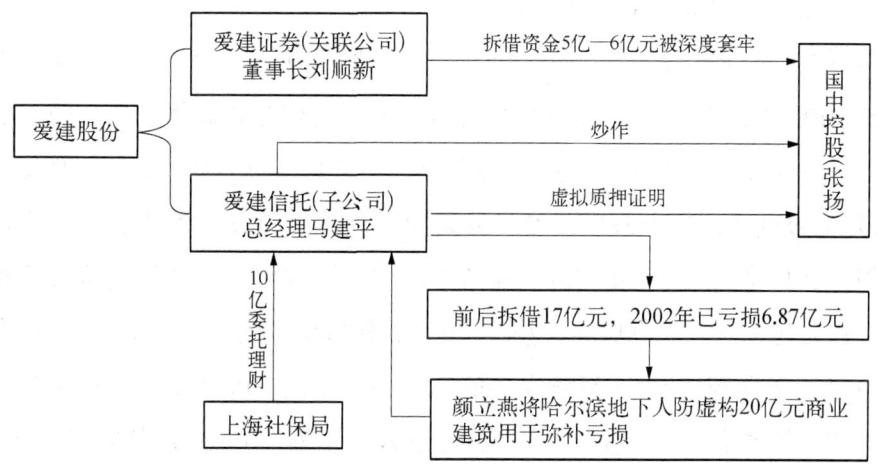

图 1 爱建公司高管舞弊过程

中张扬投入资本 2 亿港元,贺学初则投入资本 1 亿港元,结果是柏宁顿董事会原主席邓崇光辞职,张扬成为柏宁顿公司的董事长。对柏宁顿公司所欠的 11 亿多港元债务,张扬想办法使债权免去 25%,部分由柏宁顿旗下物业公司代为清偿,贺学初投入 1 亿港元也用于还债,剩下的债务增发股票来筹资偿还。张扬随后将柏宁顿公司改名国中控股公司,股票代码仍是 00202.HK。在张扬等人一系列眼花缭乱的资本运作下,国中控股的股价开始暴涨,在 2001 年 4 月股价还不断在 0.2 港元/股附近反复徘徊,可到了 8 月就已经涨到 0.7 港元/股,到 9 月中旬,股价竟然上升到 1.67 港元/股,大升 735%,在股价达到最高点时国中控股公司总市值达到 74 亿港元,香港股票市场大为震惊。

一个烂壳公司为何能在不到半年的时间内股价暴涨近 8 倍?据香港联交所资料显示,2001 年 4 月张扬持有国中控股 36.46% 股份,其余 53.77% 股份集中在其他股东,公司的社会公众持股远低于 25% 的上市要求。国中控股的股价暴涨,主要是公司自己人之间相互买卖、轮流拉升所致。1998—1999 年,张扬为了炒作国中控股的股票,从爱建证券公司挪用了 5 亿—6 亿元。但当时国中控股的股价一直是在低位震荡,导致张扬的投资出现大幅亏损。此后一年间,为了挽回大额亏损,爱建证券董事长刘顺新伪造了一份质押证明,将爱建信托的一部分资金转移到张扬旗下。为了弥补投资巨亏,马建平利用担任爱建信托总经理的优势,从上海市社会保障局申请到 10 亿元的社保资金用于委托理财,其实是为了到香港去炒作张扬控制的国中控股的股票。在整个事件中,爱建集团共转移资产 17 亿元左右,其间损失 6.87 亿元,但这部分亏损并没有在2002年的年报中得以披露。

立信所的审计人员审计上海爱建集团公司（股票代码：600643）的2002年年报时，发现存在巨额资金挪用并出现巨大亏损，迅速与爱建公司高管沟通。爱建公司高管担心这一巨大亏损在年报中披露后会造成公司股价暴跌，经过公司内部高管反复商议，决定通过爱建信托虚假投资哈尔滨爱建新城地下商业服务建筑的方式来掩盖投资亏损，同时，将此次会议的时间调整为2002年第四季度，用这种违法方式粉饰企业账目。正是这一系列暗中操纵，构成了颜立燕幕后操作的有力证据，上海检察院分院对此事进行了调查，最后在对颜立燕的起诉书中指出：10万平方米的哈尔滨地下商业服务建筑纯属虚构，其实质为哈尔滨地下人防工程，颜立燕将其以2万元/平方米的价格，虚构购房款20亿元，粉饰爱建信托的账务窟窿。①

（四）立信合伙人不承认审计失败

立信所首席合伙人朱建弟表示立信所是清白的，立信注册会计师是按照审计准则来做的，并没有什么问题。立信所使用的审计程序是必要且正确的，对爱建信托的拆借资金进行必要的审核之后，完全可以确定该笔资金已准确拆借给借款人，但是审计方无权干涉借款人对资金的使用情况。立信所在整个过程中已经严格按照审计准则实施了审计程序，也进行了必要的披露。社会公众普遍认为注册会计师应该并且能够审计出公司存在的问题，但是因为公司高管相互串通故意造假，可能造成注册会计师也会被蒙蔽，这也是审计行业的无奈之处。②

（五）立信所的审计失败

据报道，上海立信所1998—2003年一直审计爱建集团公司。而爱建公司高管1998—2002年挪用十几亿元资金炒作香港和内地公司的股票，造成巨额亏损，后来公司高管和上海富豪颜立燕以投资哈尔滨爱建新城地下商业服务建筑的名义来掩盖投资窟窿。立信审计师从头到尾都对其进行了审计，但没有在2002年年报的审计报告中指出上述重大亏损和漏洞，而是在1998—2002年所有的年报审计报告中都出具了标准无保留的审计意见，认为其所有年报都不存在重大漏洞和错报。到了2003年年底，爱建股份副总经理兼爱建证券董事长刘顺新因挪用巨额资金炒作香港和内地股票造成巨额亏损被逮捕，上海立信所才在公司年报的审计报告中发表了保留意见。

---

① 高改芳.爱建股份巨亏案落槌 22亿元资产或填资金漏洞[EB/OL]. http://finance.sina.com.cn/stock/s/20110622/005610026510.shtml.

② 贾丽娟.爱建窝案：注册会计师冤不冤？[EB/OL]. http://news.esnai.com/33/2010/0319/51276.shtml.

但是立信所的审计师仍未对外披露爱建股份公司高管所存在的重大舞弊行为,并且仍然认为,公司的年度报告公允反映了爱建公司 2003 年度的财务状况、经营成果和现金流量。

记者就立信审计的问题采访了审计行业的专家。专家表示,如果检察院调查发现,立信所在审计中已经发现上市公司高管实施了重大舞弊,但知情不报,就不仅仅是审计失败的责任,而是包庇犯罪行为,其最终将面临巨额民事赔偿甚至刑事责任。来自北京的中银律师事务所高管董正伟认为,如果立信所在审计中包庇犯罪行为,一旦调查属实,即使该事情发生在 10 年前,因爱建股份隐瞒挪用 17 亿元资金炒作香港和内地股票导致巨亏,因此,利益受损的投资者,仍然可以对上市公司高管和审计师提起民事诉讼,要求相关高管和立信所予以赔偿。因为民事诉讼的赔偿的追索时效是以被发现之日起两年内有效。这就表明即使是 10 年前的审计问题,但一旦查实立信所在审计中包庇公司高管舞弊,也将承担民事赔偿责任。

上海新望闻达律师事务所主任宋一欣律师接受记者采访时表示,立信所 1998—2003 年一直审计爱建股份,并出具了标准的审计报告,未能对外披露公司高管的舞弊行为和公司存在的投资巨亏,未能尽到审计师的审慎职责,应该承担相应的法律责任。因为立信未能对外揭示爱建股份高管挪用近 20 亿元资金炒作香港和内地股票,造成巨额亏损后又以投资哈尔滨地下商业服务建筑来掩人耳目,如果审计师没有发现,属于重大审计失职行为;如果审计师发现了其中的重大问题,但知情不报,包庇舞弊,那是欺诈行为。①

三、立信审计失败案——以南京中北集团股份有限公司为例

(一)南京中北集团股份有限公司简介

南京中北集团股份有限公司(以下称为"南京中北")成立于 1979 年。1992 年 6 月,南京中北开始股份制改革进程。1996 年 8 月,南京中北公司股票在深圳证券交易所挂牌(股票代码:000421)。该公司以江苏省为主要业务市场,主要经营公用事业类客运交通业务,具有充分的市场占有率,并在 1999 年通过 ISO9000 质量标准认证。经过多年的不断成长与发展,其主营业务不断发展壮大,经营业务拓展到交通、旅游、

---

① 张景宇.国内最大会计师事务所上海立信卷入造假丑闻[EB/OL]. https://www.chinaventure.com.cn/cmsmodel/news/detail/156675.shtml.

房地产、物业、广告、培训教育等多个领域。

(二) 南京中北 2003 年年报信息披露中的违法行为

1. 银行借款披露虚假

南京中北有 2.1 亿元的银行借款没有在年报中列示,掩饰了集团大量借款的事实。

2. 应付票据披露虚假

南京中北在 2003 年曾经多次在不同银行机构开具价值 3 亿多元的银行承兑汇票,但在年报中的应付票据金额显示为 0,极大地虚假粉饰了公司的财务状况及经营实力。

3. 关联方占用披露虚假

如图 2 所示,南京中北暗中转移资产至南京万众的账户未予以披露,主要表现在:南京中北直接通过本票以及转账支票的方式将资金转移给南京万众,或者南京中北通过中间企业将资金转移给南京万众,中间企业主要涉及南京中北企业销售分公司、苏桑汽配、南大科技园股份有限公司,在企业间通过银行承兑汇票贴现,将资金打入南京万众的账户。涉及关联交易逾 10 亿元未在当年年报中披露。①

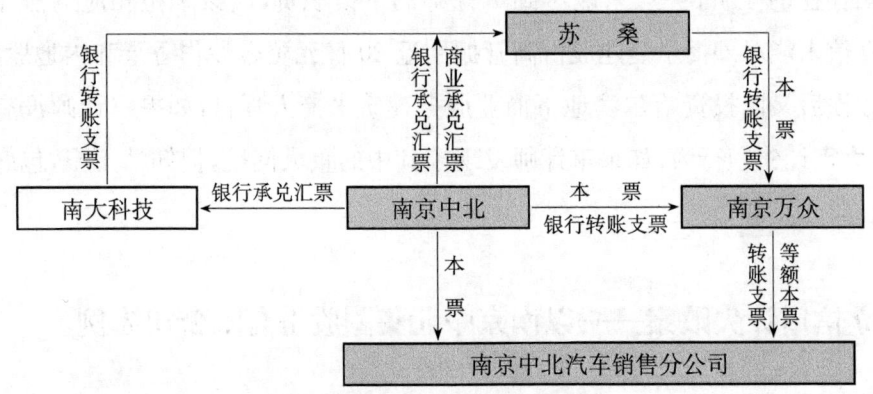

图 2　南京中北关联方占用披露虚假图例分析

4. 对关联方担保披露虚假

当年,南京中北将价值 600 多万元的银行承兑汇票作为对南京万众的担保金额,但其在年报中未予以列示。

(三) 南京中北 2004 年年报信息披露中的违法行为

南京中北年报信息披露违法行为如图 3 所示。

---

① 于海涛.南京中北虚假披露案起底[N].21 世纪经济报道,2010 - 05 - 07.

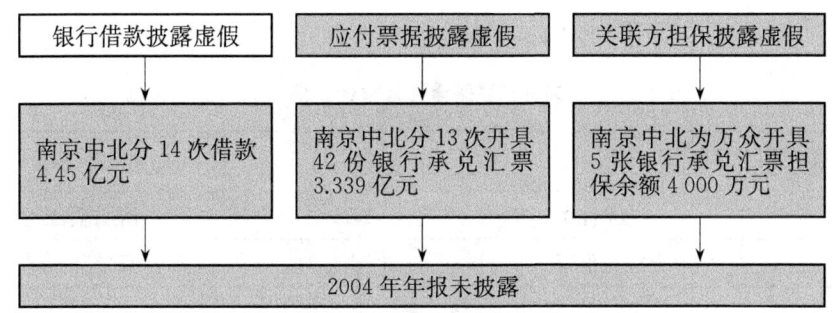

图 3　2004 年年报信息披露违法图例分析

1. 银行借款披露虚假

在该年的年报中可以发现,南京中北的银行借款金额为 4.3 亿元,但有 4.45 亿元的银行借款没有入账,掩饰了中北集团多次向银行机构借款的事实,银行借款披露虚假。

2. 应付票据披露虚假

南京中北的高管在当年年报的资产负债表中所揭示的应付票据根本没有,但是后来的调查发现,南京中北公司相关人员在 2004 年中,曾经分 13 次在南京市不同金融机构开具了总金额达 3 亿多元的 42 份商业汇票,以达到其粉饰其经营状况的目的。①

3. 关联方占用披露虚假

南京中北 2004 年年报披露与南京万众的关联交易借方、贷方余额的金额均为 0 元。但是,南京中北有大量关联交易没有在年报中提及,涉及金额逾 12 亿元。具体交易方式如下:南京中北直接将资金转移给南京万众,途径主要通过本票或者银行转账支票;南京中北高管还挪用大量资金支付给南京中北汽车销售分公司和苏桑汽配等一批中间企业,然后上述中间企业再将大量资产通过各种关联交易向南京万众注入。在资产转移的过程中,南京中北多次在银行取得不同金额的贷款,直接将贷款转移给南京万众,实现暗中操纵的关联交易。②

4. 对关联方担保披露虚假

南京中北在年报中列示的 4 300 万元担保金额并不准确。其间南京中北对南京万众提供 5 份、每份 800 万元的银行承兑汇票作为担保金并没有在年报中披露。

---

① 于海涛.南京中北虚假披露案起底[N].21 世纪经济报道,2010-05-07.
② 谢岚.南京中北虚假披露遭证监会重罚　年报隐瞒数十亿资金去向何方?[N].证券日报,2010-04-08.

（四）注册会计师审计失败的后果

表4　注册会计师审计结果

年　份	审计意见	审计费用（万元）	签字注册会计师
2003	标准无保留	17.5	诸旭敏、张爱国
2004	标准无保留	20（未付）	张爱国、孙晓爽

2010年，南京中北公司信息披露违规丑闻爆发后，南京立信永华会计师事务所因审计失败受到政府监管部门的警告，被罚款20万元，原获得的审计收入17.5万元也被没收（其注册会计师审计结果如表4所示）。同时，对3位审计师诸旭敏、张爱国和孙晓爽分别给予警告处分，并对诸旭敏、张爱国各罚款8万元，对孙晓爽罚款4万元。

（五）立信会计师事务所审计失败的原因

1. 未按规定执行函证控制程序

审计师在审计公司银行存款和相关结算业务时，应当直接向相关银行发函询证。但在立信所审计南京中北年报过程中，询证函是由南京中北公司财务所填写，并且发给银行进行确认的，这严重违反了中国注册会计师独立审计准则关于对外函证的审计要求。按照规定，一张函证填列一家银行贷款，而在对中北集团的审计底稿中，却发现是各项贷款分别填列的。①

2. 未按规定审计短期借款科目

在2003年及2004年的审计程序中发现，在执行短期借款利息测试时，注册会计师并没有针对测试结果出现的巨大偏差进行下一步测试，没有能够对其给予更多关注；未能追加适当的审计程序，致使没能发现南京中北部分短时间借款未入账的情况。

3. 未按规定审计货币资金科目

南京中北的银行存款违反规章制度规定，银行账户记账混乱，多家银行糅杂在一起，审计人员对此审计风险没有合理评估和规避；审计人员未根据审计程序表执行审计程序；未抽查对账单将其与银行日记账核对并确认入账情况；中北集团的关联交易很多都没有被会计师发现，也没有发现巨额资金未入账的情况。

4. 未按规定审计内部往来科目

中国证监会调查发现，在2003年南京中北公司与相关商业公司之间的内部资金

---

① 中国证券监督管理委员会官网.中国证监会行政处罚决定书（永华所、诸旭敏、孙晓爽、张爱国）[EB/OL]. http://www.csrc.gov.cn/pub/zjhpublic/G00306212/201005/t20100506_180072.htm.

流转,其累计的发生额只有 3 700 多万元。但是,南京中北年报显示的两者之间的发生额竟然超过 9 亿元。对于上述差异,南京立信永华事务所理应给予重视并尽可能拓展审计范围,但其审计过程中对于内部往来发生额的检查力度不足以及测试程序的缺失,直接导致了审计失败。

(执笔人:朱彦霏,指导老师:李寿喜)

百视通并购东方明珠的短期市场绩效分析

适用课程： 财务会计理论与实务　财务管理理论与实务

编写目的： 通过本案例的教学和讨论，帮助学生了解和掌握上市公司换股吸收合并的短期市场绩效的分析。

知 识 点： 企业合并　换股吸收合并　短期市场绩效分析

关 键 词： 百视通　东方明珠　换股吸收合并　短期市场绩效分析

案例摘要： 2014年3月31日，"大小文广"合并重组并正式挂牌，而百视通和东方明珠的重组则是其中重要的一环。这是A股首度两家文化传媒类上市公司实现换股合并，为资本市场后续的产业整合创造了先例；同时地方广电实现了政策范围内最大限度的资源整合上市，意味着新产业生态下政府运营传媒集团的思路出现了一定程度的导向性变化；从规模上看，本次重组为中国传媒行业史上最大规模的并购交易。本案例以百视通换股吸收并购东方明珠为切入点，以事件研究法即累计超额收益率为研究方法，分析了百视通并购东方明珠的短期绩效。

一、上市公司并购的方式

上市公司并购重组，一般通过定向增发、资产置换、换股吸收合并和以现金收购股权的方式完成。非上市公司并购一般参照上市公司并购进行，其原因是法律法规对非上市公司并购的要求少，且大量并购行为不能通过证券市场来进行。

（一）定向增发

有时上市公司在合并、收购中可能无法筹集到足够的资金用于支付所并购的资产,就会在法律的框架内向被并购方新发行一些股份,这些新发行的股份将用于换取被合并方的资产,由于不需要动用很多现金用于并购,因此这种方法受到大量上市公司的青睐。

（二）资产置换

当一家上市企业的经营出现问题时,其股价就会下跌,造成股东的市值缩水,也使上市企业本身难以在市场上再融资,这时,如果想较快地使企业的报表数据发生根本性的好转,资产置换是比较有效的方法。置换时,控股股东把优质资产放入上市公司,上市公司的不良资产转入控股股东的账面。这样就使上市公司的财务数据迅速转好,由于控股股东的财务数据不一定要严格披露,所以上市公司的风险就被降低了。

（三）换股吸收合并

企业进行并购时,计算一个换股比例,并购企业按照此比例把被并购企业的股票置换成自己公司的股票。换股吸收合并由于不需要在并购过程中支付现金,因而具备了其他合并方式所没有的以下优势:

（1）通过换股合并,合并方避免了债务过多、利息过重而对企业财务状况造成的不利影响;

（2）如果被合并方规模很大将更倾向采取换股方式,因为合并方通常难以筹集自有资金,或者大规模发行新股和债务融资取得资金;

（3）被合并方递延了新进交易造成的税务支出。

（四）以现金收购股权

如果实施并购的企业资金充足,就可以以现金购买所需要的全部股权,这种方式简单明了,易于操作,但对资金量要求比较苛刻。如果企业可以筹集到足够的现金,现金收购可以使并购方达到迅速并购的目标。

二、百视通和东方明珠的背景

（一）百视通的背景

百视通（股票代码：600637）是一家主营媒体业务的上市公司,其在并购之前控股股东的情况如图1所示。

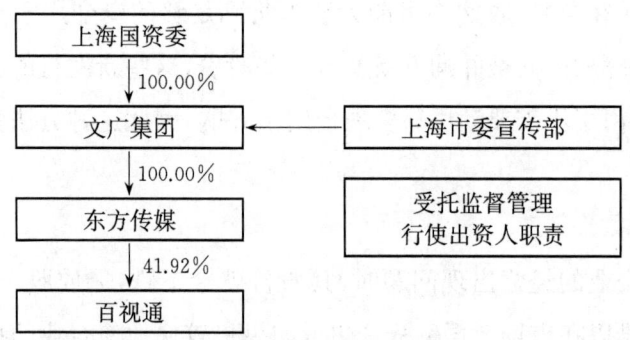

图1 并购前百视通的股权结构

(二)东方明珠的背景

上海东方明珠(集团)股份有限公司(股票代码:600832)(以下称为"东方明珠")也是上海市著名的媒体企业,拥有东方明珠电视塔和东方电视台等诸多知名度很高的资产。东方明珠在并购前的控股权情况如图2所示。

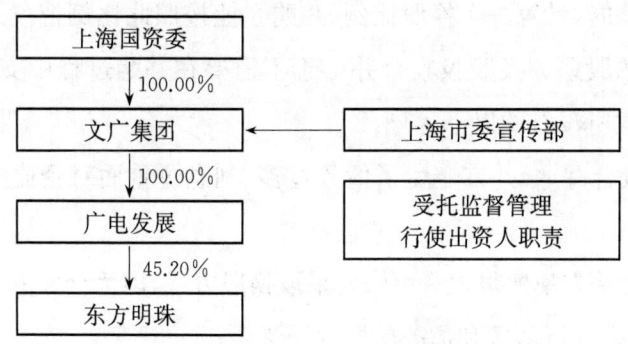

图2 并购前东方明珠的股权结构

三、百视通并购东方明珠的目的

作为两家都很庞大的媒体上市公司,两家公司的合并是有多方面的考虑的。虽然百视通的规模和盈利能力都不及东方明珠,但最后却是百视通并购东方明珠。这当中的原因不仅涉及上海市的国资改革的需要,而且也有未来企业的定位上的考虑。

实际上,东方明珠的盈利能力远远好于百视通,但百视通拥有东方明珠没有的潜在盈利武器——牌照。百视通拥有IPTV牌照、互联网电视以及3G手机电视牌照,在众多的媒体企业中，只有百视通拥有这些全牌照，许多企业都是因为没有这些牌照而无法进入这些行业，所以牌照的潜在价值是难以估计的。百视通的业务和资源更符合上海市发展的需要，也更具有竞争力。因此，最终是百视通并购东方明珠而不是东方明珠并购百视通。

并购有利于百视通将东方明珠的传统媒体业务转化成数字化的新兴媒体业务，为文广集团带来很高的预期收益，并可以消除原来上海两家大型媒体企业的竞争，以一个巨人的身份进入新媒体的全产业链布局。新上市公司将在内容、平台与渠道、服务上进行多媒体的产业布局。实现产业与资本的对接，提高上海文化传媒产业的整体竞争力。

百视通并购东方明珠帮助提升了文广集团对市场的控制力，有望成为我国媒体业务最全面、规模最大的传媒上市企业。

四、百视通并购东方明珠的方案

本次并购的总交易额为 492.42 亿元，全部新发行的股份用于 3 个方面：
(1) 换股收购东方明珠；
(2) 通过发行股份购买尚世影业等；
(3) 为补充新公司的业务发展的资金需求而定向发行股份。

（一）换股吸收合并

1. 吸收合并的双方以及方式

本次合并采用吸收合并方式。百视通是合并方，东方明珠是被合并方。百视通通过发行新股份换股吸收合并东方明珠。合并后保留百视通，东方明珠被注销法人资格。

2. 换股价格和比例

换股的价格根据百视通和东方明珠审议本次交易的首次董事会决议公告日前 20 个交易日的股票交易均价经除权除息调整后确定。

百视通的换股价确定为 32.58 元/股。2014 年 7 月，百视通 2013 年度每 10 股分派现金红利 0.4 元，除息后，百视通换股价格确定为 32.54 元/股。

东方明珠的换股价确定为 10.75 元/股。2014 年 8 月，东方明珠 2013 年度每 10 股分派现金红利 0.65 元，除息后，东方明珠换股价格为 10.69 元/股。

根据以上换股价格,每1股百视通新增发行股票可以换取3.04股东方明珠股份。

3. 换股吸收合并的对价

根据前面计算,百视通的换股价格为32.54元/股,因此本次发行的A股的发行价格为32.54元/股。根据东方明珠已发行股票总数及换股比例,百视通新发行股票数量为1 048 136 470股。

(二)发行股份购买资产

百视通向文广集团等机构定向发行股份,用于购买这些机构共持有的尚世影业100%股权;向文广集团发行股份购买其持有的五岸传播100%股权;向文广集团发行股份购买其持有的文广互动68.067 2%股权;向文广集团、亿友商贸、同方创投、同利创投发行股份购买其持有的东方希杰45.211 8%股权;以部分配套募集资金购买东方希杰38.944 2%股权。股票发行价格也是32.54元/股。

(三)募集配套资金

百视通还向文广投资中心等10家投资者定向发行不超过100亿元的股票。募集资金用于支付部分购买资产的现金和企业未来发展。发行股份发行价格亦为32.54元/股。募投资金用途如表1所示。

表1 募投资金用途

	用途	项目总投资(亿元)	募集资金(亿元)
1	全媒体云平台项目	9.86	9.86
2	互联网电视及网络视频项目	17.00	17.00
3	新媒体购物平台建设项目	4.18	2.95
4	版权在线交易平台项目	2.00	2.00
5	扩大电影电视剧制作产能	5.00	5.00
6	优质版权购买项目	20.00	20.00
7	补充流动资金	17.49	17.49
8	支付东方希杰原有股份现金对价	25.70	25.70
	合计	101.23	100.00

交易完成后,文广集团仍是控股股东和实际控制人,持有百视通约45.07%股份,上海市国资委仍为重组后新上市公司的最终控制人。并购完成后百视通的股权结构如图3所示。

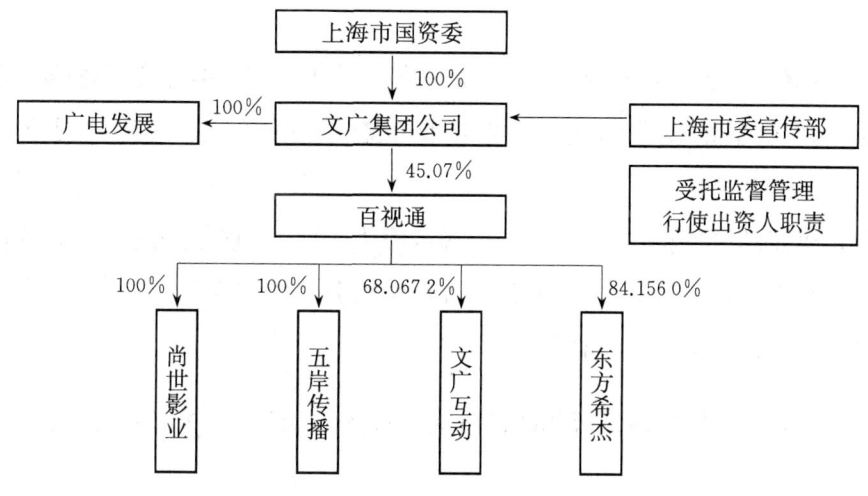

图3　并购完成后百视通的股权结构

五、短期市场绩效分析

并购绩效分析方法及选择如下。

1. 并购绩效分析方法

并购绩效分析的方法主要有3种：

（1）事件研究法。评价时，以并购宣告日为中心，在该日期前后各确定一个时间段，合并构成事件期，利用累计超常收益法检验并购交易公布后对企业股票价格的波动影响。

（2）会计研究法。并购前后，公司股价发生变动，财务指标也必然发生变动，因此可以比较并购宣告日前后财务指标来判断业绩的变化。

（3）个案研究法。通过分析每个案例的绩效波动情况来分析并购的最终影响。

2. 短期绩效分析方法选择

本案例希望研究百视通并购东方明珠的短期市场绩效，不涉及中长期绩效，因此不适用会计研究法。由于个案的内部数据资料很难获得，因而个案研究法也不适用。我们认为事件研究法是比较适合本案例的短期绩效分析方法。

六、累计超额收益率的理论计算方法

事件研究法利用累计收益 CAR 和超额收益 AR 对股票价值进行衡量。具体步骤如下：

第一步：确定事件窗口和事件期。一般选择以公告日作为中心,选择公告日前后的一段时期研究收益的变化情况。日期选择没有统一的标准,一般情况下会选择$(-1,+1)$、$(-2,+2)$、$(-5,+5)$、$(-10,+10)$、$(-20,+20)$、$(-30,+30)$等窗口。

本分析确定的事件窗口是$(-20,+20)$,因为20天能够很好地显示并购前后信息对市场的扰动,且一般不会由于其他事件而影响分析的准确性。

第二步：计算预期正常收益率。

第三步：计算事件期内每天的超额收益的总额,$CAR_n = \sum_{t=1}^{T} AR_{n,t}$。

七、百视通并购东方明珠的短期绩效分析

(一)百视通的短期绩效分析

百视通和东方明珠 2014 年 5 月 29 日—11 月 21 日停牌,2014 年 11 月 24 日复牌。

因此,选择2014年11月24日为事件日比较合适。以这一天为中心,2014年4月29日—5月28日为事件的前20天,2014年11月25日—12月22日为事件的后20天,一共40天。

由表2和图4可以看出,在百视通5月28日停牌前10个交易日即$(-9,-1)$日超额收益率开始出现正值且略微上升,可能已经出现信息泄露。11月24日复牌后,百视通出现非正常的正收益,一直至复牌公告日后股价都在上涨,最高值为11月25日的0.086 3,说明资本市场对于百视通并购东方明珠的反应比较正面且及时;但是从11月27日起,日超额收益率开始出现负值且持续,说明市场对百视通并购东方明珠的消息有所消化,或有少许担忧。

表2 百视通超额收益率和累计超额收益率一览表

指标 日期	百视通 日收益率	上证综合指数 日收益率	日超额 收益率	累计日超额 收益率
2014 - 04 - 29	0.022 3	0.008 4	0.013 9	0.013 9
2014 - 04 - 30	-0.003 5	0.003	-0.006 5	0.007 4
2014 - 05 - 05	-0.023 9	0.000 5	-0.024 4	-0.017 0

(续表)

日期\指标	百视通日收益率	上证综合指数日收益率	日超额收益率	累计日超额收益率
2014-05-06	-0.014 8	0.000 3	-0.015 1	-0.032 1
2014-05-07	0.004 9	-0.008 9	0.013 8	-0.018 3
2014-05-08	0.015 3	0.002 6	0.012 7	-0.005 6
2014-05-09	-0.011 8	-0.002 1	-0.009 7	-0.015 3
2014-05-12	0.013 4	0.020 8	-0.007 4	-0.022 7
2014-05-13	0.004 2	-0.001	0.005 2	-0.017 5
2014-05-14	-0.015	-0.001 4	-0.013 6	-0.031 1
2014-05-15	-0.023 1	-0.011 2	-0.011 9	-0.043 0
2014-05-16	0.004 7	0.000 8	0.003 9	-0.039 1
2014-05-19	-0.013 3	-0.010 5	-0.002 8	-0.041 9
2014-05-20	-0.000 3	0.001 5	-0.001 8	-0.043 7
2014-05-21	-0.004 7	0.008 4	-0.013 1	-0.056 8
2014-05-22	0.005 4	-0.001 8	0.007 2	-0.049 6
2014-05-23	0.013 8	0.006 6	0.007 2	-0.042 4
2014-05-26	0.007 7	0.003 4	0.004 3	-0.038 1
2014-05-27	-0.016 6	-0.003 4	-0.013 2	-0.051 3
2014-05-28	0.000 9	0.007 7	-0.006 8	-0.058 1
2014-11-24	0.1	0.018 5	0.081 5	0.023 4
2014-11-25	0.1	0.013 7	0.086 3	0.109 7
2014-11-26	0.082 7	0.014 3	0.068 4	0.178 1
2014-11-27	-0.038 9	0.01	-0.048 9	0.129 2
2014-11-28	0.005 7	0.019 9	-0.014 2	0.115 0
2014-12-01	-0.035 3	-0.001	-0.034 3	0.080 7
2014-12-02	0.005 4	0.031 1	-0.025 7	0.055 0
2014-12-03	0.013 2	0.005 8	0.007 4	0.062 4
2014-12-04	0.003 5	0.043 1	-0.039 6	0.022 8
2014-12-05	-0.039 5	0.013 2	-0.052 7	-0.029 9
2014-12-08	0.005 7	0.028 1	-0.022 4	-0.052 3
2014-12-09	-0.008 6	-0.054 3	0.045 7	-0.006 6
2014-12-10	0.058 5	0.029 3	0.029 2	0.022 6

(续表)

日期\指标	百视通日收益率	上证综合指数日收益率	日超额收益率	累计日超额收益率
2014-12-11	-0.012 8	-0.004 9	-0.007 9	0.014 7
2014-12-12	-0.001 5	0.004 2	-0.005 7	0.009 0
2014-12-15	0.021 8	0.005 2	0.016 6	0.025 6
2014-12-16	-0.015	0.023 1	-0.038 1	-0.012 5
2014-12-17	-0.027 4	0.013 1	-0.040 5	-0.053 0
2014-12-18	0.003 3	-0.001 1	0.004 4	-0.048 6
2014-12-19	0.003 3	0.016 7	-0.013 4	-0.062 0
2014-12-22	-0.047 5	0.006 1	-0.053 6	-0.115 6

数据来源：网易财经

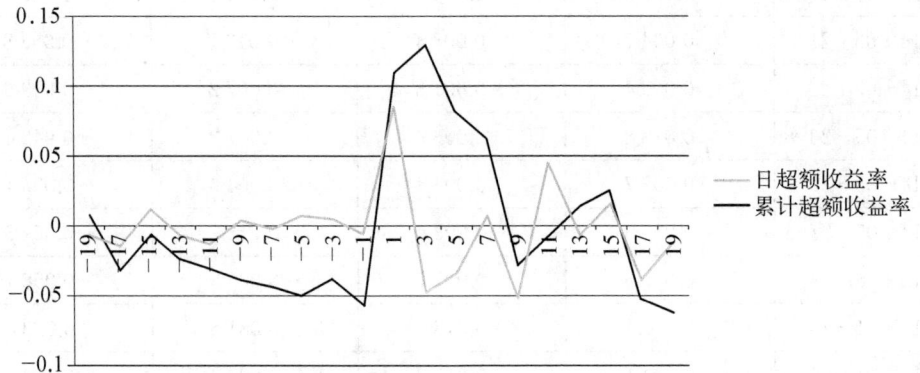

图 4　百视通日超额收益率和累计超额收益率趋势

百视通停牌前20日内累计超额收益率一直是负值且持续下降说明百视通的表现不如大盘；在并购后第三天，累计超额收益率达到了最大值0.178 1；但是11月26日之后，累计超额收益率持续下降，说明市场对百视通与东方明珠合并能否真正实现"协同效应"持谨慎态度。

（二）东方明珠的短期绩效分析

通过表3和图5可以看出，在并购日前(-9，-7)期间，东方明珠的股票的日超额收益率波动不大，但在并购前一日(-1，1)波动较大，并购后一日11月25日突然迅速拉升，达到最大值0.086 2，说明并购事件对企业影响显著，市场反应相当乐观。

表 3 东方明珠超额收益率和累计超额收益率一览表

指标 日期	东方明珠日收益率	上证综合指数日收益率	日超额收益率	累计日超额收益率
2014-04-29	0.023 2	0.008 4	0.014 8	0.014 8
2014-04-30	0.013 8	0.003	0.010 8	0.025 6
2014-05-05	0.005 8	0.000 5	0.005 3	0.030 9
2014-05-06	−0.006 8	0.000 3	−0.007 1	0.023 8
2014-05-07	−0.019 5	−0.008 9	−0.010 6	0.013 2
2014-05-08	−0.008 9	0.002 6	−0.011 5	0.001 7
2014-05-09	0.073 2	−0.002 1	0.075 3	0.077
2014-05-12	0.028	0.020 8	0.007 2	0.084 2
2014-05-13	−0.006 4	−0.001	−0.005 4	0.078 8
2014-05-14	0.008 2	−0.001 4	0.009 6	0.088 4
2014-05-15	−0.040 8	−0.011 2	−0.029 6	0.058 8
2014-05-16	0.039 7	0.000 8	0.038 9	0.097 7
2014-05-19	−0.016 4	−0.010 5	−0.005 9	0.091 8
2014-05-20	−0.011 1	0.001 5	−0.012 6	0.079 2
2014-05-21	0.003 7	0.008 4	−0.004 7	0.074 5
2014-05-22	−0.005 6	−0.001 8	−0.003 8	0.070 7
2014-05-23	0.046 9	0.006 6	0.040 3	0.111
2014-05-26	−0.005 4	0.003 4	−0.008 8	0.102 2
2014-05-27	−0.010 8	−0.003 4	−0.007 4	0.094 8
2014-05-28	−0.000 9	0.007 7	−0.008 6	0.086 2
2014-11-24	0.099 8	0.018 5	0.081 3	0.167 5
2014-11-25	0.099 9	0.013 7	0.086 2	0.253 7
2014-11-26	0.099 9	0.014 3	0.085 6	0.339 3
2014-11-27	−0.016 5	0.01	−0.026 5	0.312 8
2014-11-28	0.030 1	0.019 9	0.010 2	0.323
2014-12-01	−0.008 8	−0.001	−0.007 8	0.315 2
2014-12-02	0.003 4	0.031 1	−0.027 7	0.287 5
2014-12-03	0.027 3	0.005 8	0.021 5	0.309
2014-12-04	0.000 7	0.043 1	−0.042 4	0.266 6
2014-12-05	−0.044 5	0.013 2	−0.057 7	0.208 9
2014-12-08	0	0.028 1	−0.028 1	0.180 8
2014-12-09	0.012 5	−0.054 3	0.066 8	0.247 6

(续表)

日期 \ 指标	东方明珠日收益率	上证综合指数日收益率	日超额收益率	累计日超额收益率
2014-12-10	0.100 3	0.029 3	0.071	0.318 6
2014-12-11	−0.013 7	−0.004 9	−0.008 8	0.309 8
2014-12-12	−0.013 9	0.004 2	−0.018 1	0.291 7
2014-12-15	−0.008 3	0.005 2	−0.013 5	0.278 2
2014-12-16	−0.003 9	0.023 1	−0.027	0.251 2
2014-12-17	−0.035 1	0.013 1	−0.048 2	0.203
2014-12-18	0	−0.001 1	0.001 1	0.204 1
2014-12-19	0.007 4	0.016 7	−0.009 3	0.194 8
2014-12-22	−0.067 5	0.006 1	−0.073 6	0.121 2

数据来源：网易财经

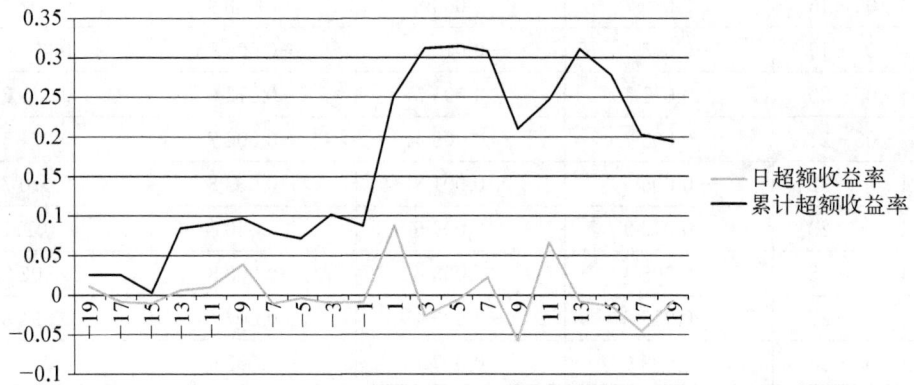

图 5　东方明珠日超额收益率和累计超额收益率趋势

并购前的累积超额收益在(−15, −13)增长速度较快，其余期间增长平缓。并购后的 20 天内，超额收益的波动较大，在 11 月 26 日达到最大值 0.339 3，随后迅速下降到 12 月 8 日的 0.180 8。并购后 20 天内的累积超额收益显著增加，特别是并购后第一天至第五天收益增长明显，说明市场对并购事件保持乐观，认为百事通并购东方明珠是有利于东方明珠的。

八、结论

通过以上对百视通和东方明珠的短期市场绩效的分析，可以看出此次并购对百视通和东方明珠的影响并不一样。对于东方明珠来说,投资者认为并购事件是利好消息,有利于公司的发展,其累计超额收益率不断上升;对于百视通来说,投资者的态度则比较谨慎,其累计超额收益率并不稳定。

然而百视通并购东方明珠后的新上市公司将是千亿市值的互联网新媒体龙头企业,符合中央对打造"新型主流媒体集团"的定位;新上市公司将是行业唯一全产业链的公司也是行业内唯一拥有全牌照的公司;同时新上市公司也是文广集团唯一上市公司平台和资本运作平台。因此长远来看,此次并购将是一个成功的案例。

九、问题讨论

(1)你认为东方明珠同意被百视通吸收合并是出于什么目的?

(2)百视通并购东方明珠后,对百视通的发展有何影响?

(3)利用累计超额收益率的方法来分析上市公司的短期绩效有什么不足?

参考文献

[1] 李琪.上市公司换股吸收合并对市场价值影响[D].济南:山东大学,2012.

[2] 王祎祯.上市公司并购的动因、模式、价值创造[D].开封:河南大学,2013.

[3] 周岳.我国资本市场上换股吸收合并中溢价率影响因素的研究——基于上海医药换股吸并上实医药和中西药业[D].天津:南开大学,2011.

[4] 徐明磊.换股吸收合并实现重组的策略和价值研究[D].上海:上海交通大学,2013.

[5] 百视通.百视通新媒体股份有限公司关于换股吸收合并上海东方明珠(集团)股份有限公司及发行股份和支付现金购买资产并募集配套资金暨关联交易行政许可项目审查一次反馈意见之回复说明[EB/OL].http://money.163.com/15/0304/02/AJR3CQ5R00253B0H.html.

(执笔人:潘秀苗,指导老师:陈溪)

华录百纳收购蓝色火焰：传媒企业的强强联手

适用课程： 财务会计理论与实务　企业并购

编写目的： 本案例旨在从2014年华录百纳对蓝色火焰的收购出发，引导学生了解和掌握企业的并购动因、被并方的价值评估，同时对并购支付的方式以及并购的后续影响等问题加以思考并加深理解。

知 识 点： 并购目的分析　企业价值评估　并购方案

关 键 词： 企业并购　价值评估　支付方式

案例摘要： 在传媒行业如火如荼的并购潮中，于2014年10月完成对蓝色火焰收购的华录百纳成功吸引了大众的眼球。本案例重点探讨在本次并购中，如何使用并购这种融资工具来实现华录百纳的产业链布局战略，如何进行企业的价值评估，并购支付方案如何确定，并购后的效果如何，试图通过这些研究对类似传媒企业的并购行为提供参考和借鉴意义。

　　随着国家政策对文化传媒产业的支持以及消费需求升级的刺激，文化传媒行业以其创意和内容的巨大成长空间成为资本追逐的热点，引发了文化传媒行业的并购热潮。根据投中研究院统计数据显示，仅2014年市场中文化传媒相关并购数量超过200起，可统计涉及金额超千亿元。在此背景下，北京华录百纳影视股份有限公司（以下称为"华录百纳"）于2014年10月27日通过发行股份及支付现金共计25亿元完成对广东百合蓝色火焰文化传媒股份有限公司（以下称为"蓝色火焰"）100%股份的收购，这是A股迄今为止传媒行业最大的并购案，也是创业板最大的并购案。

一、华录百纳简介

华录百纳成立于 2002 年,是一家从事影视策划、投资制作、发行及演艺经纪的上市文化传媒企业。2012 年 2 月 9 日,华录百纳正式在深圳证券交易所挂牌上市(股票代码:300291),成为注册地在北京的首家 A 股上市影视公司。华录百纳近年陆续成功出品《媳妇的美好时代》《建国大业》《建党伟业》《咱们结婚吧》等耳熟能详的影视作品,取得了良好的经济效益和社会效益,奠定了在行业内的领先地位。

华录百纳控股股东为华录文化,公司实际控制人为华录集团,系国务院国资委直属中央企业。华录集团持有华录文化 93.75% 的股权,总经理刘德宏持有公司 15% 的股份。截至 2014 年 3 月底,华录百纳的股权结构如图 1 所示。

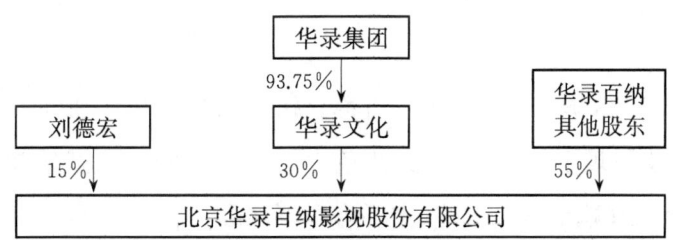

图 1 华录百纳股权结构(2014 年 3 月 31 日)

二、蓝色火焰简介

蓝色火焰创建于 1998 年,注册资本 9 000 万元人民币,法定代表人为胡刚。公司主营电视栏目、电视剧、电影等文化作品的制作、发行以及品牌内容整合营销服务,是中国最具影响力的综合性文化传媒公司之一。公司始终秉持"客户至上"的原则,先后运作了《快乐大本营》《天天向上》《非诚勿扰》《一站到底》《最强大脑》等多个重量级栏目的内容营销项目。2013 年开始,蓝色火焰先后出品电影《快乐大本营之快乐到家》《爸爸去哪儿》《爸爸的假期》和多部影视剧。

蓝色火焰 2006 年 1 月 1 日—2014 年 3 月 31 日共增资两次,其间发生 10 次股权变动。除 2012 年 9 月 26 日为整体改制变更为股份有限公司外,其余股权变动均为股权转让。

图 2 所示的是截至 2014 年 3 月底的蓝色火焰股权结构图,其中法定代表人胡刚与胡杰系兄弟关系,李慧珍与胡刚系母婿关系,师剑系胡刚配偶的胞弟,胡杰与李晖

系夫妻关系;蓝火投资系为激励蓝色火焰核心人员而设立的合伙企业,除持有蓝色火焰股份外,未从事其他业务;上海蓝火和喀什蓝火是蓝色火焰全资子公司。

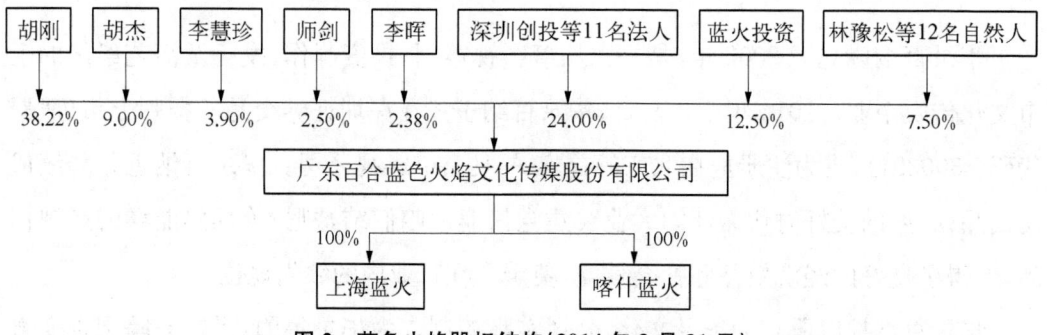

图2 蓝色火焰股权结构(2014年3月31日)

三、并购动因分析

2014年4月2日,华录百纳发出公告称公司拟以38.72元/股向蓝色火焰全体股东发行股份以及支付现金的方式,购买蓝色火焰100%股权,上述股权的交易价格为25亿元。为什么选择购买蓝色火焰,主要有以下原因:

(一)以构建综合性的文化传媒领军企业为并购目标

华录百纳的既定战略是利用资本市场优势,加强业内核心资源的整合,同时推进产业链上下游战略布局。华录百纳一直秉承"不盲目也不保守"的收购战略,在选择收购标的时,专注业务的协同与互补,强调并购本质优秀的企业。而蓝色火焰在电视媒体内容营销领域已经深耕数年,创造了众多品牌内容整合营销的经典案例,拥有特别优质和丰富的商业客户资源,已经形成了独特的商业运作模式。通过本次交易,华录百纳可以完成构建综合型文化传媒企业的布局,实现公司的初步战略目标。

(二)力图打通电视媒体产业链

华录百纳与蓝色火焰处于电视媒体产业链中的不同领域,但两者均是各自细分领域中的领先企业,且业务发展轨迹具有相似性:华录百纳以电视剧为中心,形成电影业务、经纪业务等多业务格局,而蓝色火焰以电视栏目为中心,兼顾电视媒介代理业务,兼营影视剧、互联网及户外纵向拓展。整合后,双方可以分享内容制作、媒体和客户资源,在电视媒体产业链纵深发展,优化两公司的产业结构,增强电视媒体竞争力,提升公司整体在电视媒体产业链中的重要地位。

（三）实现传媒产业链布局

华录百纳资产重组之后,主营业务领域的核心竞争优势被提升,为进军电影、新媒体等快速发展的业务领域提供良好支撑。在电影领域,华录百纳出品的《建国大业》《建党伟业》,蓝色火焰出品的《快乐大本营之快乐到家》《爸爸去哪儿》均取得了良好的经济和社会效益。华录百纳的精品内容和商业客户两大优势资源,将把合并后的企业从电视媒体领域延伸到新媒体领域,形成以电视媒体为核心、电影业务为创新点的新格局。

四、蓝色火焰的市场价值评估方法

本次企业价值评估的目的,是确定蓝色火焰的股东全部权益于评估基准日(2013年12月31日)的市场价值,为此次股权收购提供价值参考依据。

在此次收购中,华录百纳聘请了中联资产评估集团有限公司(以下称为中联评估)对蓝色火焰进行了评估。依据资产评估准则,企业价值评估可以采用收益法、市场法、资产基础法这3种方法。由于蓝色火焰为文化创意产业,属于轻资产企业,资产基础法是从企业购建角度反映了企业的价值,而没有考虑被评估企业的经营特点和企业运行效率,其资产规模与收益关联较小,所以本次评估不适宜选择资产基础法进行评估,最终中联评估确定在评估蓝色火焰时采用收益法和市场法。

（一）收益法

收益法,是指通过将被评估企业预期收益资本化或折现,以确定评估对象价值的方法。收益法是企业整体资产预期获利能力的量化与现值化,强调的是企业的整体预期盈利能力。蓝色火焰历史年度经营收益较为稳定,未来年度预期收益与风险可以合理地估计,故本次评估可以选择收益法进行评估。

收益法,首先按收益途径采用现金流折现方法(DCF)[①],对评估对象的经营性资产价值进行估算,再加上其长期股权投资和其折现基准时点的非经营性或溢余性资产(负债)的价值,获得评估对象的企业价值,并由企业价值扣减付息债务价值后,得出评估对象的股东全部权益价值。此次收益法的评估模型如下:

1. 基本模型

本次评估的基本模型为:企业所有者权益价值＝企业价值－付息债务价值

---

① 现金流折现方法(DCF)是通过将企业未来预期的现金流折算为现值,估计企业价值的一种方法,即通过估算企业未来预期现金流和采用适宜的折现率,将预期现金流折算成现值,得到企业的价值。

其中：企业价值＝经营性资产价值＋长期股权投资价值＋溢余或非经营性资产（负债）的价值

$$经营性资产价值 = \sum_{i=1}^{n} \frac{R_i}{(1+r)^i} + \frac{R_{n+1}}{r(1+r)^n}$$

式中：R_i：评估对象未来第 i 年的预期收益（自由现金流量）；r：折现率；n：评估对象的预测收益期。

2. 收益指标

本次评估，使用企业的自由现金流量作为评估对象经营性资产的收益指标，其基本定义为：自由现金流量＝净利润＋折旧摊销＋扣税后付息债务利息－追加资本

根据蓝色火焰的经营历史以及未来市场发展等，估算其未来预期的自由现金流量。将未来经营期内的自由现金流量进行折现处理并加和，测算得到企业的经营性资产价值。

3. 收益期和预测期的确定

根据蓝色火焰当前的发展进度、竞争环境及市场供需情况，预计其将在 2018 年后进入稳定阶段，故将 2014—2018 年作为本次评估的预测期。

4. 折现率

本次评估采用资本资产加权平均成本模型（WACC）确定折现率 r，从而计算上述的经营性资产价值。

蓝色火焰在评估基准日 2013 年 12 月 31 日的净资产账面值为 33 378.49 万元，采用上述方法评估后的股东全部权益价值（净资产价值）为 250 395.80 万元，评估值与账面价值比较增加 217 017.31 万元，增值率 650.17%。

（二）市场法

市场法，是以现实市场上的参照物来评价估值对象的现行公平市场价值，它的特点是估值数据直接取材于市场，估值结果说服力强。本次评估采用上市公司比较法，通过选取同行业可比上市公司，对被评估企业及各可比公司在运营能力、偿债能力、盈利能力、成长能力等方面的差异进行分析调整并考虑流动性折扣后，确定被评估企业在评估基准日的股东全部权益的市场价值。

市场法评估时，以沪深两市从事文化传媒业务的上市公司作为可比公司，剔除 ST 类、与蓝色火焰主营业务不相同等情况的上市公司，选择各业务板块的 10 家文化传媒

行业上市公司作为可比公司。

表 1 使用市场法评估

评估步骤	分析思路
可比公司的选取	沪深两市各业务板块的 10 家文化传媒行业上市公司
价值比率的确定	采用市盈率
与可比公司间的比较量化	对评估对象及各可比公司进行业绩评价,并通过相关指标进行量化对比
确定流动性折扣	参考上市公司股权分置改革中流动折扣统计资料,同时考虑蓝色火焰为非上市公司,确定流动性折扣为 50%
计算企业股东权益价值	评估值＝市盈率×归属于母公司净利润×(1－流动性折扣)

按照表 1 所示的市场法评估步骤进行评估后,企业股东全部权益价值为 342 023.46 万元,增值 308 644.97 万元,增值率 924.68%。

(三) 评估结果的确定

评估方认为收益法是根据企业本身的获利能力来预测企业的价值,而市场法从企业经营情况及整体市场的表现来评定企业的价值。对比收益法和市场法的评估结果,两者相差甚远。

考虑到我国股票市场尚不能完全反映真实的经济状况,采用市场法评估存在一定的局限性;而收益法评估中则结合了被评估企业业务版块及市场细分、市场需求、市场化的资产使用等变化因素对未来获利能力的影响,是对评估对象的企业价值的合理反映。

根据两种方法的适用性及评估对象的具体情况,最终采取了收益法评估结果作为蓝色火焰最终的评估结果。根据前文所述的收益方法,截至评估基准日 2013 年 12 月 31 日,在持续经营前提下,蓝色火焰采用收益法评估后蓝色火焰 100% 股权价值为 250 395.80 万元,较基准日蓝色火焰经审计净资产 33 378.49 万元,增值率 650.17%。依据蓝色火焰全部股权评估价值,经交易各方确认,蓝色火焰 100% 股权的交易作价为 250 000 万元。

五、并购支付方案

本次重大资产重组,华录百纳以现金和发行股份相结合的方式购买蓝色火焰

100%的股权,并募集配套资金。收购确认交易价格为25亿元,其中现金对价合计约8.11亿元,股权支付对价合计约16.89亿元。

并购方案之所以会如此设计,其原因如下:第一,由于华录百纳系轻资产公司,能否以自有资金或采用银行贷款等债务性融资方式完成现金支付存在不确定性,但如果以募集配套资金来支付现金就能降低不确定性导致的风险。第二,《中共中央关于全面深化改革若干重大问题的决定》中明确指出:"积极发展混合所有制经济",而华录百纳正是中央企业实施混合所有制改革的实践,因此具有风向标的意义。2002年,华录集团就已投资文化产业,与民营资本共同出资设立华录百纳,形成混合所有制的股权架构。

此次交易中,华录百纳通过发行股份购买资产并募集配套资金,吸收胡刚等民营股东成为公司的重要股东。华录集团通过认购配套融资实现增持,推动了混合所有制的发展。

考虑到交易完成后各交易对方所获对价的形式、未来承担的业绩承诺责任和补偿风险的不同,根据《购买资产协议》和《盈利补偿协议》,公司本次交易中存在下列情况:① 除蓝火投资外其他机构股东不参与业绩补偿承诺;② 胡刚及其亲属胡杰、李慧珍和管理层股东股份将分批解禁。

全部对价共计25亿元,经交易各方内部协商一致后,决定对不同股东采取不同的交易对价,分别如下:

(1) 以14.53亿元作价收购胡刚及其亲属持有的蓝色火焰56.00%股权;

(2) 以3.24亿元收购蓝火投资持有的12.5%股权;

(3) 以5.28亿元收购除蓝火投资外其他机构股东持有的24%股权;

(4) 以1.95亿元收购蓝色火焰管理层股东持有的7.5%股权。

(一) 发行股份购买资产

华录百纳发行股份并支付现金购买资产,资产的发行价格为公司第二届董事会第六次会议决议公告日前20个交易日公司A股股票均价,即38.72元/股。2014年5月8日,公司以现有总股本13 200万股为基数,向全体股东按每10股派1.70元(含税),合计派发现金股利2 244万元;同时,以资本公积金向全体股东每10股转增10股,利润分配后公司总股本增至26 400万股。除权除息后,本次发行价格调整为19.28元/股,向交易对方合计发行股份8 762.02万股。

(二) 募集配套资金支付现金对价

华录百纳通过锁价方式①向华录集团、李慧珍、苏州谦益非公开发行股份募集配套资金,且认购的公司股本锁定期为36个月。募集资金总额8.1亿元,不超过交易总额(交易标的成交价25亿元+配套募集资金8.1亿元=33.1亿元)的25%,募资全部用于支付现金对价。其发行价格为19.28元/股,不低于定价基准日前20个交易日公司股票除权除息后交易均价(19.28元/股),其中,华录集团承诺认购3.9亿元;李慧珍认购2.4亿元;苏州谦益认购1.8亿元;非公开发行的股份合计4 202.33万股。

本次交易完成后,华录百纳的总股本将增加至3.94亿股,其中,社会公众股不低于发行后总股本的25%。因此,本次发行完成后,不会导致上市公司不符合股票上市条件,公司的股权结构如图3所示。

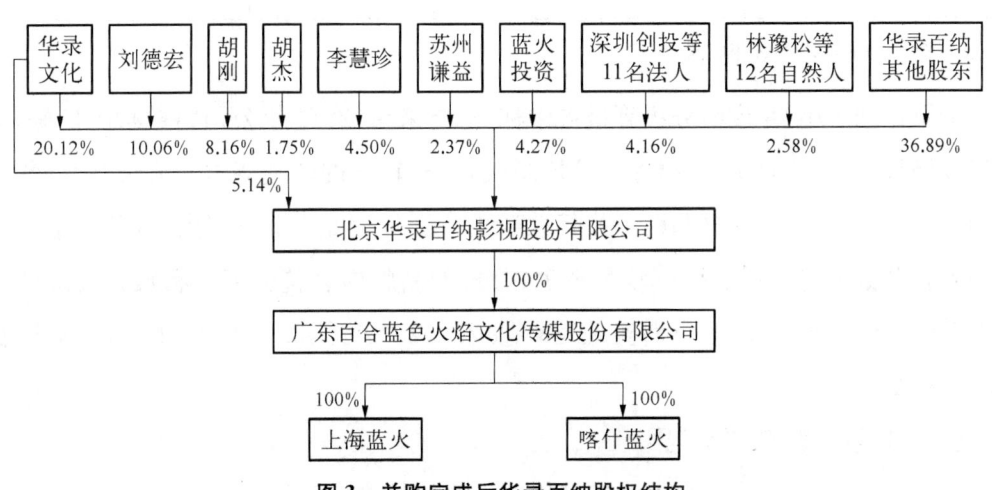

图3 并购完成后华录百纳股权结构

六、并购效果

华录百纳与蓝色火焰这次的强强联手会带来怎样的效果?以下对双方在整合合并后的情况进行分析。

(一) 华录百纳的并购效果

并购蓝色火焰后,华录百纳在财务数据上表现良好。华录百纳2014年主要财

---

① 在非公开发行中,一些非公开在预案公告时已经与特定投资者签订了股份认购合同,相关投资者在证监会核准后按照之前确定的价格直接发行,不再进行询价。在这种非公开发行中,非公开的价格是锁定的。

务指标均取得了较显著的增长,如表2所示:营业收入近7.6亿元,同比增长101.01%;利润总额近1.76亿元,较上年同期增长6.19%;归属于上市公司股东的净利润1.49亿元,同比增长21.10%。另外,综合实现运营收入5.75亿元,同比增长55.15%。

表2 华录百纳2014年主要会计数据和财务指标

年份 项目	2014	2013	本年比上年增减(%)
营业收入(亿元)	7.595 7	3.778 8	101.01
利润总额(亿元)	1.759 6	1.657 1	6.19
归属于上市公司股东的净利润(亿元)	1.494 0	1.233 7	21.10
每股净资产(元/股)	9.256 0	7.855 0	17.83

数据来源:华录百纳2014年年报

华录百纳2014年度财务决算报告中称"总体来讲,2014年公司财务状况良好,业绩持续增长,资产质量优良,财务风险控制较好,有较强的盈利能力和成长性"。华录百纳2014年主要会计数据和财务指标改善的主要原因是:报告期内,蓝色火焰的利润纳入合并报表对公司业绩有较大贡献,公司的品牌内容整合营销和媒介代理业务依靠全资子公司蓝色火焰分别实现营业收入4.22亿元、3.32亿元,同比分别增长4.96%和20.11%。

(二)蓝色火焰的并购效果

被并购后,蓝色火焰公司在2014年同样取得了优异的财务业绩。2014年蓝色火焰实现营业收入13.07亿元,相比2013年8.96亿元的营业收入,增长率为45.87%。其2014年净利润为2.29亿元,高于2013年的9 058.66万元,增幅高达152.80%。

蓝色火焰自2014年10月10日纳入华录百纳的合并报表,自合并日至报告期末归属于上市公司股东净利润为7 029.02万元;假设蓝色火焰全年财务数据均可纳入上市公司合并范围,则2014年上市公司合并报表范围内的营业收入为17.59亿元,归属于上市公司股东净利润将达到3.08亿元。

(三)整合后的总体表现

双方合并整合后企业整体表现良好,表现在:

(1) 有了华录百纳整体的文化内容制作运营业务和蓝色火焰的品牌内容整合营销业务,公司已经率先在业内打通内容制作和内容营销业务链。华录百纳的制作资源、媒体资源和客户资源全面强化,实现了由电视剧向综艺栏目的拓展、从内容制作延伸到内容营销,形成了"内容、客户、媒体"三者之间高溢价、高质量、高影响力的良性循环。此次并购不仅实现了当期的业绩增长,也为未来业绩的增长提供了保证。

(2) 2014年,蓝色火焰存量客户投放维持稳定,新客户数量显著增加。由其投资制作的明星跨界时尚真人秀《女神的新衣》开创了T2O2O商业模式,实现了电视栏目、天猫商城和移动互联产品"明星衣橱"APP的深度融合,打通了时尚产业链。在主流媒体和新媒体,新节目均获得不错的反响,天猫总裁称之为"教科书式的标本"。被并后,母公司华录百纳将加大对此节目的创新和投资力度,强化"女神的新衣"这一IP(Intellectual Property,知识产权),打造电视、电商、移动互联网三位一体的商业运营平台。

此外,华录百纳和蓝色火焰共同投资制作的拳击竞技类真人秀《勇敢的心》,开创了"娱乐"和"体育"跨界的真人秀模式,不仅为娱乐产业带来了独具一格的节目模式,更为体育产业的突破和发展探索了新的路径。

两家公司整合后,双方的业务都有显著的改善,表现在内容制作品类、规模和质量的提升,内容资源的可控性和丰富程度大大增加,为商业客户提供了更高质量的内容营销平台,实现了客户价值和企业价值双增长。

七、问题讨论

(1) 企业并购的目的有哪些?本案例中,华录百纳收购蓝色火焰的目的是什么?

(2) 如何看待用收益法和市场法对被并购企业进行评估?你认为本案例中蓝色火焰评估增值的原因有哪些?

(3) 本次收购的交易方案具体内容是什么?如何看待股东间各不相同的交易对价?

(4) 根据并购后公司的整合情况和相关财务数据评价本案例中的收购行为。

参考文献

[1] 高琳,鲁杰钢.上市公司并购重组企业价值评估收益法应用研究[J].中国资产评估,2011,(6).

[2] 郭志宝.浅析企业并购融资方式的优化与选择[J].会计之友,2011,12(35).

[3] 华录百纳.北京华录百纳影视股份有限公司发行股份及支付现金购买资产并募集配套资金暨关联交易报告书[R].北京华录百纳影视股份有限公司,2014.

[4] 石玲娜.HC影视股份公司并购KD传媒公司项目案例分析[D].广州：华南理工大学,2014.

[5] 张汉澍.25亿收购蓝色火焰 华录百纳酝酿业务调整[N].21世纪经济报道,2014-04-07.

[6] 陈溪,魏钦.企业并购价值评估研究——基于华录百纳收购蓝色火焰案例研究[J].新会计,2015,9(81).

（执笔人：魏钦，指导老师：陈溪）

投资性房地产会计政策变更的决策及对财务状况的影响

适用课程： 财务会计理论与实务

编写目的： 通过详细阅读本案例资料，并结合情景回答文末的问题，学生能够对于会计政策变更的条件和经济后果有更深刻、更全面的了解。

知 识 点： 会计政策变更　公允价值计量　财务报表分析　所得税

关 键 词： 投资性房地产　成本模式　公允价值模式　融资　利润分配　所得税　经济后果

案例摘要： 上海斯米克控股股份有限公司 2012 年 10 月正在进行投资性房地产后续计量属性选择的决策，根据评估公司给出的报告以及往年的年报，两位投资者对此次会计政策变更给出了自己的意见，并希望能够寻求资深分析师的帮助。

一、背景简介

龚先生和李女士都是上海斯米克控股股份有限公司（以下称为"斯米克"）的股东，近来他们正火急火燎地查阅各种各样跟投资性房地产相关的文献。因为最近斯米克传出了该公司的投资性房地产可能会变更其目前所使用的会计政策的消息，所以龚先生和李女士十分紧张，由于对投资性房地产后续计量的模式研究并不是特别熟悉，他们都想了解这一变更是否会使自己的投资受到损害。

二、案例概况

斯米克主要的营业范围包括医疗企业管理咨询、健康管理咨询;生产销售建筑陶瓷、卫生陶瓷以及各种精密陶瓷,高性能功能陶瓷产品和超硬工具,销售自产产品并提供产品技术服务等。近年在反复审核后被认定为高新技术企业,适用的所得税税率为15%。

2011年底,斯米克根据当时的营业情况,将上海市闵行区斯米克物流园中暂时空置的几间仓库陆续出租。闵行区的房地产交易市场比较活跃,因此斯米克根据该交易市场所提供的房地产公允价值对仓库进行了可靠的计量以及合理的估计,并签订了一系列房屋租赁合同。根据签订的协议,斯米克将按照《租赁合同》,在约定的时间以合同上约定的金额确认相关的租赁收入。这几处出租的房产的租金收益比较稳定,并且以目前该处的房地产交易市场现状,能够取得同类或类似房地产的市场价格及其他相关信息,可以持续可靠地取得该类房地产后续的公允价值。

2012年12月7日,斯米克于这一天在董事会上审议通过了相关议案,决定在2013年2月之前陆续将瓷砖生产线从上海厂区搬迁到江西,由于该物流园和上海厂区相邻,平常物流园的大部分业务都是为该条瓷砖生产线服务的,在关停了该厂区的生产线后,物流园内的仓库等房地产就不存在自用的需求了,于是公司计划在接下来的规划中将其全部出租。

(一)涉及的范围

根据公司对外公布的数据,斯米克物流园规划总建筑面积为88 700平方米,总占地面积为215 485平方米,目前1—4号物流仓库已经全部建成并对外出租,这4幢仓库为斯米克物流园的一期工程,每幢仓库的建筑面积为12 132.36平方米;另有两幢仓库共24 900平方米,预计二期工程将于2013年10月前竣工。

$$\text{土地使用权分摊面积} = \frac{\text{总占地面积}}{\text{规划总建筑面积}} \times \text{已建成物流仓库总建筑面积}$$

$$= \frac{215\ 485}{88\ 700} \times 48\ 529.44 = 117\ 895.92 \text{ 平方米}$$

截至2012年9月30日,斯米克一期工程4幢用于出租的仓库情况如表1所示。

表1 一期工程的投资性房地产项目详情

项目名称	1号物流仓库	2号物流仓库	3号物流仓库	4号物流仓库	合计
建筑面积(平方米)	12 132.36	12 132.36	12 132.36	12 132.36	48 529.44
土地使用权分摊面积(平方米)	29 473.98	29 473.98	29 473.98	29 473.98	117 895.92
账面价值(元)	26 793 924.66	26 693 727.19	27 313 157.44	26 655 862.12	107 456 671.41

(二)变更前后会计政策

斯米克此前一直选用成本模式对该公司拥有的投资性房地产进行后续计量,在折旧时采用直线法,具体的数据如表2所示。根据《企业会计准则第4号——固定资产》,该计量模式下应当按照固定资产或无形资产的有关规定,对投资性房地产进行后续计量,计提折旧或进行摊销;存在减值迹象的,还应当按照资产减值的有关规定进行处理;已经计提减值准备的投资性房地产,其减值损失在以后的会计期间不得转回。

表2 斯米克公司对于投资性房地产的折旧方法

项目类别	年折旧率(%)	预计净残值率(%)	预计使用寿命(年)
土地使用权	2.00	0.00	50
房屋建筑物	3.23	3.00	30

如果公司进行会计政策变更,那么根据《企业会计准则第3号——投资性房地产》规定,应当以资产负债表日投资性房地产的公允价值为基础调整其账面价值,公允价值与原账面价值之间的差额计入当期损益。对于在建投资性房地产,如果其公允价值无法可靠确定但预期该房地产完工后的公允价值能够持续可靠取得的,以成本计量该在建投资性房地产,其公允价值能够可靠计量时或其完工后(两者孰早),再以公允价值计量。

斯米克聘请了万隆(上海)资产评估有限公司进行评估,万隆对相关市场交易情况进行了调查,综合考虑市场及评估对象的具体情况,最终决定对斯米克的投资性房地产采用收益法进行公允价值的评估。

万隆对斯米克所拥有的投资性房地产进行公允价值评估时所采用的估值模型如图1所示。

$$P = \frac{a}{r-r_1}\left[1-\left(\frac{1+r_1}{1+r}\right)^n\right]$$

图1 万隆采用的公允价值估值模型

其中：P——房地产总价值；

a——年房地产税前净收益；

r——房地产资本化率；

r_1——房地产收益递增比率；

n——房地产收益年限。

经评估，该会计政策变更会导致斯米克的投资性房地产产生公允价值变动，直接增加公司的递延所得税负债预计约为 2 087.19 万元，预计增加公司 2012 年度净利润约 8 897.44 万元，其中归属母公司股东的净利润约 8 897.44 万元。

公司经评估后相关投资性房地产的公允价值如表 3 所示。

表 3 斯米克的投资性房地产各时期的公允价值

项目名称	公允价值（元）		
	2012-12-31	2012-09-30	2011-12-31
1 号物流仓库	59 254 400.00	58 999 700.00	
2 号物流仓库	62 493 800.00	62 154 100.00	
3 号物流仓库	61 972 100.00	61 486 800.00	60 043 000.00
4 号物流仓库	62 075 200.00	61 699 100.00	
合　计	245 795 500.00	244 339 700.00	60 043 000.00

截至 2012 年 9 月 30 日，斯米克物流园内除了已出租的一期工程共 4 幢物流仓库外，剩余土地使用权面积 97 589.08 平方米，拟建的 5 号和 6 号仓库尚未开工，预计 2013 年底完工，目前尚未达到采用公允价值计量的条件，但预期完工后的公允价值能够持续可靠取得。

三、不同的声音

在对各种材料进行了综合阅读以后，龚先生和李女士纷纷表达了自己的意见。

龚先生认为：第一，自从《企业会计准则第 3 号——投资性房地产》颁布实施以来，在实践中，大多数公司仍然选择使用成本计量模式，在这个问题上，公允价值计量模式就显得比较小众，仅有部分企业选用了后者。除此之外，在我国经济蓬勃发展的今天，越来越多上市公司的财报之中投资性房地产所占的比例逐渐增大，有趣的是，与之相反的对于公允价值计量的运用却越来越少了。

第二,纵观斯米克的财务报表不难发现,该公司已经连续两年亏损了,其现金流量表也显示出斯米克现在面临着资金链短缺的问题。早在2009年,斯米克当年的营业利润就比2008年减少了93.5%。而接下来两年,仅仅通过指标我们发现斯米克的运营效果还是不错的,但是仔细分析其数据构成,不难发现营业外收入起了重要的作用,而其中一笔占了大部分收入的政府补贴,也已经不再继续提供了。

根据准则的相关内容,与成本计量模式中在后续计量的时候仍需计提折旧不同的是,公允价值模式计量下只需要考虑公允价值的变动额,因此,此次会计政策变更使公司节省大量接下来的会计年度本将应该产生的折旧费用,也使该公司对于公允价值的判断拥有了更大的主观性。然而即便是这样,斯米克在主营业务方面的亏损也不能通过这些就得到改善,因此公司在接下来的经营过程中很可能依旧是亏损状态。

面对龚先生得出的结论,李女士也有自己的看法。她认为关于企业的财务状况和经营结果,公允价值计量能比成本模式更加可靠,更加合理,对于公司的现金流量可以更加准确地显示其具体的细节,在反映企业的财务状况和其他能力的时候也能更加及时准确,这便是静态指标所不能体现出来的更加全面的信息。公允价值让投资者能够更及时地根据当下的房地产市场状况对公司的资产作出判断,并继而对是否继续持有公司股份作出决策。

在公司连续亏损的状态下,管理层要想短时间内迅速提升公司的业绩,通过后续计量模式的变更是最快捷的方式。在这种背景下,对盈余管理多加运用,斯米克不仅能摆脱利润下降的危机,根据上海市房地产的价格波动,公司的利润可能还会连年增加。而且在这种情况下,公司的资产会得到进一步的提升,在需要进行融资活动的时候,也拥有了更大的号召力。

根据税法的相关规定,公允价值计量的投资性房地产,公允价值变动产生的利润不计入应纳税所得额。于是,公司一方面获得了由投资性房地产带来的利润;另一方面,由于该会计变更所带来的"税盾"效应,公司也不再需要担心税费的问题;同时,产生的这一部分利润可以不用股利分配,对于公司而言,又可以留住一大笔资产进行经营运作。

不但如此,如果公司进行会计政策变更之后,由于前文所提到的房价问题,该变更所将涉及的部分厂房将会出现公允价值远远高于账面价值的情况。那么会计人员对公司的财报进行会计变更的追溯调整时,势必会导致公司的资产以及所有者权益大幅增加。进而将会导致公司股票在交易市场上的大幅度变动,大股东将会由此直接受益,对于散户而言,当公司出现利好消息的时候,在恰当时点的抛售也能够获取一定的收益。

四、后续问题

龚先生和李女士对于该会计变更的问题各执一词,互不相让,最终也没有达成一致的意见。于是两人决定向一位专业的分析师寻求帮助,并向他表达了各自的观点。如果你是这位分析师,在阅读了斯米克的相关资料后,你认为该公司是否符合投资性房地产运用公允价值进行后续计量的条件呢?该变更又会对斯米克公司产生哪些方面的影响?在面对两位焦急的投资者时,对于龚、李二人的观点,你更支持哪一方?作为一名资深人士,你要如何为两位投资者进行开导呢?

五、相关附录

经测算若公司进行会计政策变更对2011年12月31日合并所有者权益及2011年度合并净利润的影响如表1所示。

表1　会计政策变更的影响(1)　　　　　　　　　　　单位:元

项目	变更前	变更后	影响金额	影响比例
股本	418 000 000.00	418 000 000.00		
资本公积	323 642 448.46	323 642 448.46		
盈余公积	53 227 913.69	53 227 913.69		
未分配利润	−101 160 403.60	−71 860 778.39	29 299 625.21	−28.96%
外币报表折算差额	−99 831.44	−99 831.44		
归属于母公司股东权益合计	693 610 127.11	722 909 752.32	29 299 625.21	4.22%
少数股东权益	1 910 909.05	1 910 909.05		
股东权益合计	695 521 036.16	723 820 661.37	29 299 625.21	4.21%
净利润	−181 608 098.68	−152 308 473.47	29 299 625.21	−16.13%
其中:归属于母公司股东的净利润	−181 525 755.61	−152 226 130.40	29 299 625.21	−16.14%
少数股东损益	−82 343.07	−82 343.07		

若公司进行会计政策变更对 2012 年 9 月 30 日合并所有者权益及 2012 年 1—9 月合并净利润的影响如表 2 所示,合并资产负债表如表 3 所示,合并利润表如表 4 所示。

表 2　会计政策变更的影响(2)　　　　　　　　　　　　　　　单位:元

项　目	变更前	变更后	影响金额	影响比例
股本	418 000 000.00	418 000 000.00		
资本公积	323 642 448.46	323 642 448.46		
盈余公积	53 227 913.69	53 227 913.69		
未分配利润	−232 584 370.49	−116 233 796.19	116 350 574.30	−50.03%
外币报表折算差额	−64 823.04	−64 823.04		
归属于母公司股东权益合计	562 221 168.62	678 571 742.92	116 360 574.30	20.69%
少数股东权益	1 803 466.79	1 803 466.79		
股东权益合计	564 024 635.41	680 375 209.71	116 350 574.30	20.63%
净利润	−131 531 409.15	−44 480 460.05	87 050 949.10	−66.18%
其中:归属于母公司股东的净利润	−131 423 966.89	−44 373 017.79	87 050 949.10	−66.24%
少数股东损益	−107 442.26	−107 442.26		

表 3　公司合并资产负债表　　　　　　　　　　　　　　　　单位:元

报　告　期　日　期	2012-12-31	2012-09-30	2011-12-31
流动资产:			
货币资金	144 191 002.37	127 248 568.81	174 619 724.55
交易性金融资产	—	—	—
应收票据	6 289 785.50	1 851 000.00	7 199 859.26
应收账款	126 033 234.62	130 844 160.50	114 955 625.78
预付款项	15 659 955.18	28 537 561.13	32 295 640.76
应收利息	—	—	—
其他应收款	21 637 048.10	28 183 609.12	26 226 854.97
应收股利	—	—	—
存货	389 285 387.83	428 713 332.91	434 116 726.39
一年内到期的非流动资产	—	—	—
其他流动资产	—	—	—
流动资产合计	703 096 413.60	745 378 232.47	789 414 431.71

(续表)

报告期日期	2012-12-31	2012-09-30	2011-12-31
非流动资产：			
发放贷款及垫款	—	—	—
可供出售金融资产	—	—	—
持有至到期投资	—	—	—
长期应收款	—	—	—
长期股权投资	—	—	—
投资性房地产	245 795 500.00	106 149 922.44	60 043 000.00
固定资产	766 327 709.91	807 214 564.66	830 717 781.53
在建工程	19 937 879.28	35 731 314.38	71 711 235.24
工程物资	—	—	—
固定资产清理	—	2 017 072.13	—
生产性生物资产	—	—	—
油气资产	—	—	—
无形资产	107 991 171.01	108 739 901.98	135 110 862.56
开发支出	—	—	—
商誉	339 944.04	339 944.04	339 944.04
长期待摊费用	11 120 560.40	31 719 570.37	41 292 163.04
递延所得税资产	8 776 141.73	10 476 715.48	12 606 998.48
其他非流动资产	—	—	—
非流动资产合计	1 160 288 906.37	1 102 389 005.48	1 151 821 984.89
资产总计	1 863 385 319.97	1 847 767 237.95	1 941 236 416.60
流动负债：	0.00	0.00	0.00
短期借款	547 010 000.00	620 782 100.00	518 471 850.02
交易性金融负债	—	—	—
应付票据	—	—	22 102 248.30
应付账款	233 144 464.35	195 856 553.29	190 557 695.03
预收款项	25 337 015.77	19 975 303.61	31 248 186.83
应付职工薪酬	32 419 617.34	3 868 802.19	7 104 701.77
应交税费	−2 462 647.20	−288 874.06	−10 283 284.32
应付利息	10 233 719.36	7 048 400.43	8 045 950.94
应付股利	—	—	—

(续表)

报 告 期 日 期	2012-12-31	2012-09-30	2011-12-31
其他应付款	186 393 378.69	99 523 585.72	87 949 081.87
一年内到期的非流动负债	229 895 892.54	268 126 731.35	75 037 290.00
其他流动负债	—	—	—
流动负债合计	1 261 971 440.85	1 214 892 602.53	930 233 720.44
非流动负债：			
长期借款	13 000 000.00	19 000 000.00	81 736 390.00
应付债券	49 900 000.02	49 850 000.01	199 275 122.70
长期应付款	—	—	—
专项应付款	—	—	—
预计负债			
递延所得税负债	20 871 893.50	—	5 170 522.10
其他非流动负债			
非流动负债合计	83 771 893.52	68 850 000.01	286 182 034.80
负债合计	1 345 743 334.37	1 283 742 602.54	1 216 415 755.24
所有者权益(或股东权益)：			
实收资本(或股本)	418 000 000.00	418 000 000.00	418 000 000.00
资本公积金	323 689 598.22	323 642 448.46	323 642 448.46
减：库存股	—	—	—
盈余公积金	53 227 913.69	53 227 913.69	53 227 913.69
一般风险准备	—	—	—
未分配利润	−278 783 329.19	−232 584 370.49	−71 860 778.40
外币报表折算差额	−78 220.55	−64 823.04	−99 831.44
少数股东权益	1 586 023.43	1 803 466.79	1 910 909.05
归属于母公司所有者权益合计	516 055 962.17	562 221 168.62	722 909 752.31
所有者权益合计	517 641 985.60	564 024 635.41	724 820 661.36
负债和所有者权益总计	1 863 385 319.97	1 847 767 237.95	1 941 236 416.60

表4　公司合并利润表　　　　　　　　　　　　　单位：元

报 告 期 日 期	2012-12-31	2012-09-30	2011-12-31
一、营业总收入：			
营业收入	884 542 932.49	649 622 272.57	910 430 704.76
利息收入	—	—	—

(续表)

报 告 期 日 期	2012-12-31	2012-09-30	2011-12-31
二、营业总成本:			
营业成本	635 160 674.40	483 103 176.96	709 585 259.28
利息支出	—	—	43 487 645.47
营业税金及附加	6 461 273.21	4 500 736.84	3 996 422.16
销售费用	289 850 333.57	202 753 482.69	273 198 048.50
管理费用	58 879 454.33	36 664 777.50	50 378 384.65
财务费用	62 423 323.03	49 237 386.04	33 852 890.21
资产减值损失	61 498 980.92	7 010 007.63	34 440 267.14
三、其他经营收益:			
公允价值变动净收益	102 014 159.76	100 558 359.76	34 194 189.58
投资净收益	—	—	286 982.04
其中: 对联营企业和合营企业的投资收益	—	—	—
四、营业利润:	0.00	0.00	0.00
营业利润	−127 716 947.21	−33 088 935.33	−160 539 395.56
加: 营业外收入	33 923 476.85	30 738 406.27	10 873 721.57
减: 营业外支出	92 364 089.91	23 664 024.79	1 561 751.34
其中: 非流动资产处置净损失	6 265 817.37	—	1 286 876.30
五、利润总额:	0.00	0.00	0.00
利润总额	−186 157 560.27	−26 014 553.85	−151 227 425.33
减: 所得税	21 042 726.38	18 465 906.22	1 081 048.15
六、净利润:	0.00	0.00	0.00
净利润	−207 200 286.65	−44 480 460.07	−152 308 473.48
减: 少数股东损益	−277 735.86	−107 442.27	−82 343.07
归属于母公司所有者的净利润	−206 922 550.79	−44 373 017.80	−152 226 130.41
七、每股收益:			
(一) 基本每股收益	−0.495 0	−0.314 4	−0.364 2
(二) 稀释每股收益	−0.495 0	−0.314 4	−0.364 2

(执笔人:李雨萌,指导老师:方宗)

财务管理理论与实务

CAIWU GUANLI LILUN YU SHIWU

二三四五价值评估研究

适用课程： 财务管理理论与实务

编写目的： 结合"财务管理理论与实务"课程，首先了解公司所处行业情况，以市场分析作为切入点了解行业发展，分析公司的市场地位、面临的市场竞争，且利用公司财务报告中的数据或财务指标对公司成长能力、盈利能力及应对风险能力有所判断，从而预估公司未来的发展趋势及增长空间。

知 识 点： 行业分析　财务分析　企业估值

关 键 词： 市场竞争　应对能力　未来发展

案例摘要： 上海二三四五网络控股集团股份有限公司作为创业板中比较受关注的互联网公司，于2014年合并后积极投资市场、拓展业务，努力打造互联网综合平台，不断寻求多方战略合作的公司，未来前景如何值得探究。本案例在了解行业本质的基础上采取PEST、波特五力模型、SWOT方法分析总结了市场状况及该公司特征，并着重分析了该公司的竞争优势、风险及应对能力。最后结合近3年的财务数据运用股利模型对公司进行了估值。本篇案例亦可以作为分析成长性公司的素材。

一、公司简介

上海二三四五网络控股集团股份有限公司（股票代码：002195.sz，以下称为"二三四五"）是由海隆软件于2014年合并2345网址导航（以下称为"2345"）而来，旨在打造"基于互联网平台的一流综合服务商"。该公司利润来源主要是网站推广与营销业务、软件、搜索引擎与分流业务、软件服务及硬件。

2345早期发生过"流氓软件"事件。海隆软件前身母公司投资方是日本公司,地域发展受限。两家公司合并后,2015年各项财务指标表现良好,将来是否能够保持良好发展趋势仍有待研究。

二、市场竞争特征

(一)市场定位

目前我国市场上互联网平台公司综合服务商以BAT为代表,若要打造互联网平台综合服务商,在市场争得一席之地,就必须加强硬件设施、软件配套、服务质量,提高客户体验,打造企业的特色品牌。二三四五现在的经营模式是以海隆优秀的软件专业做背景,依托2345作为客户流量入口,将用户流量转换为利润,并积极拓展业务,实现多元化发展。近期它主要投资于互联网金融方向。

(1) 互联网、移动互联网用户规模表现出上升趋势。中国互联网络信息中心(CNNIC)2016年1月发布的《第37次中国互联网络发展状况统计报告》显示,2015年底我国网民约7亿人,已经超过总人口的一半,同比增长率约为6%;其中,手机网民规模2015年底已经达到6.20亿人,较2014年底增长约11.3%;使用手机上网的网民占比为90.1%。可以看出,互联网、移动互联网领域将继续保持良好的发展机遇。

(2) 互联网金融行业发展空间巨大。随着科技的发达及信用制度的完善,互联网金融行业必然迎来新的发展空间。近几年由余额宝、陆金所等牵头而起的互联网金融热潮,使得各家互联网公司渐渐涉足互联网金融领域,都企图在此领域分一杯羹。该板块仍在升温,各家公司的热情未减,在这个过程中,似乎谁能抢夺先机、占领市场,就可以赢得胜利,在未达到市场稳定的情况下,该领域的发展空间仍很大。

(3) 软件外包服务仍有持续发展空间。根据商务部统计,我国2015年承接服务外包合同同比增长22.1%,且合同执行金额同比增长18.9%[①]。从中可以看出,我国的软件服务正在保持上涨趋势,软件外包服务正处于发展阶段,在未来的一段时间内,软件服务将保持增长趋势。

---

① 2015年我国企业签订服务外包合同金额同比增长22.1%[EB/OL].2016-01-15.http://news.xinhuanet.com/fortune/2016-01/15/c_1117793370.htm.

（二）宏观分析——PEST 分析

P（政治层面）：我国目前正在积极鼓励发展互联网行业。互联网金融属于新兴产业，国家对于有利于经济发展的积极因素当然会鼓励，但是现阶段我国互联网金融市场发展良莠不齐，存在众多的欺诈现象，这使得国家的政策并不稳定。二三四五在发展该方面时，务必要把握好政策走向，不能越过政策防线。

E（经济层面）：目前我国经济增速较前几年的高速增长率已经表现出下降趋势，消费规模处于疲软状态，整个社会融资规模负增长。整个社会的经济低迷，使得传统行业不断缩减其成本，不断涌现裁员、降薪现象。但是，经济的低迷并没有阻止新兴产业发展的势头。二三四五所处的行业在现阶段具有巨大的机会，也面临巨大的挑战。

S（社会层面）：互联网的规模逐渐扩大，近几年无论是电脑的普及率或是智能手机的普及率都在提高。我国的互联网行业也正在崛起，越来越多的互联网公司涌现出来，不断地寻求创新，电商平台、支付平台、信贷平台、娱乐平台等都逐渐成为人们生活的一部分。现在是发展互联网公司的好时机，如果在市场中能够抢占先机，获得广大客户支持，并积极创新适应市场发展，那么二三四五便能够立足于市场。

T（技术层面）：互联网行业要寻求发展离不开技术，技术水平的高低直接决定了公司的发展前景，互联网的风险有一部分便是互联网自身难以逾越的网络漏洞，若二三四五能够首先克服网络漏洞便成功了大半。控制网络漏洞带来的风险，就要积极地发展公司的差异化产品，通过对产品的设计、开发，迎合客户的个性需求，保证客户优质的产品体验。

（三）行业分析——波特五力模型分析

（1）上游供应商讨价还价能力。互联网公司的上游供应商主要是软件服务，而 2345 的链条存在软件服务，所以二三四五对于上游供应商的议价不存在劣势，这对于实现公司的基于互联网平台的综合服务商具有技术支持作用。

（2）行业现有企业间的竞争。二三四五的发展模式与百度的最为接近，百度依托于它的搜索引擎及 hao123 网址导航，二三四五则是依托于 2345 网址导航。无论是在技术方面或是市场占有率方面，二三四五面临的竞争都是相当激烈的，如何在竞争中寻求公司的盈利点是比较重要的课题。且二三四五目前发展的互联网金融领域是众多公司都有涉足的，比如与随心贷类似的小额信贷产品虽然不多，但是各电商平台都推出了虚拟消费信贷产品。

（3）下游用户讨价还价能力。2345 盈利的大部分是来源于网络推广与营销业务，随着客户数的增加，其议价能力相应增强。目前国内排名前 50 名的网站中，有

70%以上的公司均在2345付费推广①。据二三四五2015年年报显示,2345每年为百度带去超过180亿次搜索,是百度联盟最大的合作伙伴。

(4) 新进入者的威胁。二三四五目前正在着重发展的软件服务、以2345为核心的系列产品及互联网金融服务,其他公司若是想要进入参与现有竞争是比较困难的,各业务都需要技术支持、资金支持与创新能力。二三四五在发展过程中已经积累了经验及客户数量,综合互联网服务平台优势不容易被新进入者威胁。

(5) 替代品的威胁。2345的替代品主要是hao123和360,目前其他两大网址导航的客户数都大于2345。软件开发方面,海隆软件具有自身的开发能力,但是由于之前的日本背景,现在的业务地域较为受限,主要集中于日本和中国,若无法克服历史原因拓展其他地域的业务,则恐怕难以实现盈利的增长。互联网金融领域现有的网上平台信贷产品,替代产品较多,多家公司均推出了类似的产品。

(四) 综合评价——SWOT分析

SWOT分析如表1所示。

表1 SWOT分析

		评 判 内 容
内部因素	优势	1. 平台优势:2345.com网址导航的流量入口平台
		2. 战略优势:综合的互联网服务商,不断完善的产品线
		3. 人才优势:长久积累的专业技术人员
		4. 品牌优势:公司长期的客户积累及信誉效应
	劣势	1. 软件及软件服务的客户受地域局限,主要集中于日本
		2. 2345.com处于转型阶段,难以保证客户黏性
		3. 国内互联网综合服务商BAT格局难以打破
外部环境	机会	1. 国家鼓励互联网金融行业的发展
		2. 借助互联网平台能够实现精准营销
		3. 发展成为国内上市的为数不多的互联网综合服务商代表
	威胁	1. 所处行业是备受关注的热门行业,有实力的国内外竞争可能进入加剧行业竞争,使得竞争风险加大
		2. 替代品的市场日渐成熟,行业格局初步形成
		3. 公司发展期间可能遭受到行业内现有竞争者反击

---

① 2345.com.十一年专注 打造互联网领军企业. http://www.0755data.cn/shichang/20160903/67233.html.

三、重大风险分析

(一) 公司自身风险因素

二三四五正处于高速增长阶段,目前正在积极拓展业务、扩大自身的产品线,若是筹集资金不能良好地执行于所承诺的项目及不能实现良好的效益,那势必会影响公司的声誉、影响投资者信心。而且公司想要打造综合的互联网服务商,不仅仅需要技术及资金,更重要的是获得大众的认可,在国内三大巨头 BAT 之下想要占有市场、享有市场份额,就必须有公司的特色、有公司专属的产品。目前二三四五主要涉足的网址导航、软件及互联网金融,与其他公司的产品还并未呈现明显的差异化,二三四五只有不断寻求突破、创新,找到自身独有的盈利模式,开发专属于二三四五的产品,才能保持公司的良好发展。

(二) 市场竞争的风险

众所周知,新兴行业的发展需要及时地占领市场地位,在互联网行业发展的热潮中,热浪渐渐退去之后便是检验市场强者之时。二三四五所处的互联网行业目前并未发展饱和,正处于众多投资者热情呈现出渐渐消减的阶段,倘若不能在寒冬之前实现公司战略目标,之后要立足市场会比较困难。这就是二三四五面临的市场挑战。

(三) 信息安全的风险

二三四五作为互联网行业中的一员,面临的信息风险既包括网络信息风险又包括金融信息风险。在此发展过程中,如果没有坚固的网络后盾作为支撑,那么很容易受到网络病毒和木马的侵袭,这样就很容易使得客户的隐私、数据及信息暴露,同时会涉及用户的资金信息,因此对其信息防护的要求更高。二三四五应该不断更新自身的技术,预防信息安全风险。

四、应对能力

(一) 公司执行力

二三四五正处于快速发展阶段,投资力度较大,通过公司投资项目的情况,可以看出公司的执行力,从而判断公司未来的发展趋势。如表2所示,二三四五着重发展的方向是精准营销平台、移动互联网项目、PC 端用户增长项目及垂直搜索项目,且公司以研发为重心,明显看出,公司 2015 年投资的移动互联网项目效益为负,总投资实现效益为正,2015年回报率为实现效益/投入金额=5 007.10/14 174.26=35.33%,该投资回报率较高,公司的总体投资效果良好。

表2 公司募集资金承诺项目情况

承诺投资项目	承诺投资总额(万元)	2015年投入金额(万元)	截至2015年投资进度	2015年实现效益(万元)	预计实现收益时间
1. 精准营销平台项目	20 406.42	1 500.77	10.86%	4 277.07	2017-12-31
2. 移动互联网项目	22 261.33	3 573.94	19.33%	-2 739.71	2017-12-31
3. PC端用户增长项目	17 498.32	4 659.89	36.51%	2 546.89	2017-12-31
4. 垂直搜索项目	13 200.50	3 086.99	26.47%	922.85	2017-12-31
5. 研发中心项目	12 700	1 352.67	72.89%		
合计	86 066.57	14 174.26		5 007.10	

资料来源:二三四五2015年年报

(二)主要挑战及举措

从公司当前发展的局限性推测未来可能遭遇的困境,二三四五现在面临的问题主要是如何在多家互联网平台中保证客户黏性、如何解决市场竞争带来的用户增速减缓及互联网金融发展不顺、软件服务如何取得地域突破等。要在市场中寻求发展先机,较快地突破局限性,在市场的激烈竞争环境中仍能找到自身发展的盈利点,能找到合适的方法弥补目前的发展瓶颈,是二三四五迎接未来发展亟待解决的问题。二三四五对于主要挑战采取了相应的举措(如表3所示),但是成效如何还有待验证。

表3 主要挑战及举措

主要挑战	主要举措
客户黏性不足	从战略高度对原有"网址导航、移动互联网、王牌联盟、战略软件"四大业务模块进行结构性调整。转型为"内容导航"
软件服务领域局限	研发的支出,开拓研发基地。加强内部精细化管理、提高生产效率
市场竞争加剧用户增长放缓	发展业务的多元化
互联网金融业务进展不及预期	公司加大互联网金融的投资力度,积极与金融公司——中银消费、上海银行合作

五、公司未来利润及股票理论价值分析

(一)公司现在产品未来每股利润预测

2015年,二三四五主要收入来源于网站推广与营销业务、软件、搜索引擎分流业务、软件服务及硬件销售,分别对应的毛利率为85.91%、34.09%、84.39%、80.78%、20.80%。公司于2014年并购重组以来,业绩实现了突破性的增长,2014年与2015年利润总额的同比增长率都接近300%,而披露的2016年第三季度报告里面显示,截至第三季度的归属于上市公司股东的净利润同比增长25.64%,继续保持高增长。鉴于公司处于高增长阶段,对于产品的预测给予了保守型的估计。公司2016—2018年的主营产品增长率为40%、30%、20%,2019—2021年保持15%的增长,2022年之后维持6%的增长率。估值的相关指标如表4所示。

表4 估值的相关指标

相关指标\年份	2016	2017	2018	2019	2020	2021	2022
主营收入（百万元）	205 617.36	267 302.56	320 763.08	368 877.54	424 209.17	487 840.54	517 110.97
主营收入增长率(%)	40.0	30.0	20.0	15.0	15.0	15.0	6.0
EBITDA（百万元）	32 053.01	32 701.28	39 241.54	60 184.66	85 022.09	114 375.62	122 981.18
净利润（百万元）	24 698.33	22 404.73	26 885.68	47 211.00	71 399.75	100 072.16	107 962.55
净利润增长率(%)	12.0	8.4	8.4	12.8	16.8	20.5	20.9
EPS(元)	0.28	0.26	0.31	0.54	0.82	1.15	1.24

（二）公司远期每股利润增长情况分析

（1）盈利能力。公司处于高速发展阶段,根据表5可以看出2014年以后公司的各项指标都有所改善,但其中总资产报酬率和投入资本回报率在2016年第三季度出现明显的下降,可能是由于公司投资项目还未见成效。

表5 2013—2016年盈利能力指标　　　　　　　　　　单位:%

盈利能力\报告期	2013-12-31	2014-12-31	2015-12-31	2016-09-30
净资产收益率(年化)	6.61	5.25	9.81	9.04
总资产报酬率(年化)	4.79	4.56	9.97	1.97
投入资本回报率	6.57	5.24	9.73	6.60

(续表)

盈利能力＼报告期	2013-12-31	2014-12-31	2015-12-31	2016-09-30
人力投入回报率(ROP)	16.52	42.57	110.54	155.31
销售净利率	7.33	17.36	28.41	29.27
销售毛利率	35.63	51.35	69.14	67.29
销售期间费用率	29.71	34.68	43.51	39.62
净利润/营业总收入	7.33	17.36	28.41	29.27
EBITDA/营业总收入	8.75	18.72	32.32	
营业总成本/营业总收入	94.25	83.46	75.02	73.78
销售费用/营业总收入	4.36	12.78	26.43	27.42
管理费用/营业总收入	23.73	20.96	18.09	16.71
主营业务比率	77.17	93.30	92.42	91.91

数据来源：wind 资讯

根据表 5 可以看出营业外收支/营业总收入的比值较小，主营收入占净利润的 90％以上，公司的营业收入稳定。且公司的人力投入回报率 2015 年达到 110.54％，这对于技术密集型公司是极其重要的。从公司的期间费用比率上可以看出，公司的销售费用和管理费用占比相对较高，说明公司注重营销，2016 年第三季度比例也较高，公司应该在不影响收益的情况下适当控制这两项费用的支出。同时，公司的营业总成本占比较高，公司应在不影响公司收入的前提下适当缩减成本。公司收益质量指标如表 6 所示。

表 6　2013—2016 年收益质量指标

收益质量＼报告期	2013-12-31	2014-12-31	2015-12-31	2016-09-30
经营活动净收益/利润总额	77.17	92.62	78.77	33.71
价值变动净收益/利润总额		0.68	13.65	8.20
营业外收支净额/利润总额	22.83	6.70	7.58	8.09
所得税/利润总额	1.66	2.78	10.39	6.55
扣除非经常损益后的净利润/净利润	81.23	95.44	92.02	93.49

数据来源：wind 资讯

(2) 成长能力。自并购 2345 以来，公司利润保持着高速增长，除了利润接近 300％

的同比增长率之外,经营活动产生的现金流量净额同比增长率2015年达到了312.03%,但是2016年第一季度为-323.74%,原因可能是2016年2月公司进行非公开的资金募集,投资于新的项目。公司2013—2016年成长能力指标同比增长率如表7所示。

表7　2013—2016年成长能力指标同比增长率

同比增长率＼报告期	2013-12-31	2014-12-31	2015-12-31	2016-09-30
每股收益—基本(%)	-55.42	165.38	77.78	15.79
营业总收入同比增长率(%)	-2.88	64.14	124.73	15.51
归属母公司股东的净利润(%)	-55.57	301.70	252.38	25.64
净资产收益率(摊薄)(%)	-56.36	-55.49	222.06	-14.7

数据来源：wind资讯

(3)运营能力。如表8所示,二三四五的各方面周转天数指标都较好且相对稳定,证明公司运营能力较强。

表8　2013—2016年运营能力指标　　　　　　　　单位：天

运营能力＼报告期	2013-12-31	2014-12-31	2015-12-31	2016-09-30
营业周期	37.66	37.50	28.21	32.4
存货周转天数	3.95	2.88	2.42	2.84
应收账款周转天数	33.71	34.62	25.79	29.56
应付账款周转天数	2.77	61.54	83.42	82.89

数据来源：wind资讯

(三)通过对公司未来现金流折现方式估计公司每股内在价值

二三四五处于高增长阶段,目前正在积极扩张公司规模,考虑到使用净现金流量方法进行估值偏离太大,我们使用了股利模型进行估计,但是估值时只考虑了现有的主要产品,没有考虑公司投资的潜在收益。表9中估值所用的β系数来源于wind资讯,债务资本成本为长期借款利率(该公司负债只有长期借款),无风险利率是半年期国债年平均利率,权益市场平均收益率为上证指数近3年平均收益率,权益资本成本使用CAPM模型计算得出,最后根据公司的负债及股本计算加权资本成本。按照该公司近两年利润分配情况,估值采用历史股利分配比平均数30%,估值结果如表10所示。

表9　估值所用参数

参　　数	数　　值
β系数	1.43
债务资本成本	4%
无风险利率	4%
权益市场平均收益率	10%
权益资本成本	12%
加权资本成本	11%

表10　股利模型估值结果

年份 项目	2016	2017	2018	2019	2020	2021	2022
EPS	0.28	0.26	0.31	0.54	0.82	1.15	1.24
股利	0.09	0.08	0.09	0.16	0.25	0.35	0.37
股利折现	0.08	0.06	0.07	0.11	0.14	0.18	5.67
每股内在价值＝6.31。若要算出股价，可以考虑使用市盈率进一步计算							

六、问题讨论

(1) 像二三四五这样的企业与我国互联网三巨头竞争的核心竞争力在哪？

(2) 在二三四五各个投资项目中，2015年实现效益为负的项目是去还是留？

(3) 对二三四五的合并之后的发展趋势作何评价？

(4) 二三四五如何克服发展局限性？

(5) 对当前高增长企业，如何科学地估值？

(执笔人：刘艳芳，指导老师：卢新生)

新浪管理层收购案（MBO）研究

适用课程： 财务管理理论与实务

编写目的： 新浪管理层收购(MBO)作为互联网行业的首例 MBO,在信息科技日益发达的今天无疑具有重要的借鉴意义。本案例对新浪 MBO 中独特的融资来源进行了专门分析,旨在引导学生了解非控股股东进行 MBO 过程的规律性现象以及其中存在的风险。

知 识 点： 管理层收购（MBO）

关 键 词： 新浪　MBO　融资

案例摘要： 2008 年 12 月 11 日,新浪宣布其公司董事会已批准在未来 12 个月内将回购总额高达 1 亿美元的新浪公司普通股,这一举动标志着其 MBO 行动的正式开始。2009 年 9 月 28 日,公司宣布与新浪投资控股有限公司达成关于新浪公司普通股私募股权配售的最终协议：新浪公司将向新浪投资控股有限公司增发 560 万股普通股,管理层通过收购这部分普通股来完成 MBO,全部收购总价约为 1.8 亿美元。在新浪 MBO 于 2009 年 11 月 27 日生效前的 11 月 18—25 日,新浪公司 CEO 曹国伟以均价每股 45.0 美元(已经接近新浪 52 周以来最高股价 47.95 美元)的高价位减持他个人持有的新浪公司 50 万股股票,共套现 2 251 万美元作为 MBO 资金的一部分。在 2009 年 11 月 27 日,以曹国伟为首的管理层以每股 32.14 美元的价格购入新浪公司约 560 万普通股,使得管理层在增持之后以 9.41% 的持股比例成为新浪第一大股东,普莱斯基金公司和 ORBIS 控股公司以 9.27% 和 9.09% 分列第二、三大股东(新浪 MBO 之前的前三大股东为普莱斯基金公司、ORBIS 控股公司和奥本海默基金公司,分别持有新浪 9.84%、9.65% 和 6.79% 的股权)。至此,新浪公司 MBO 宣告结束。

一、新浪简介

(一) 新浪发展历程

新浪公司是由王志东于1988年11月30日将四通利方和华渊资讯这两家公司合并而创立的,总部在中国北京。新浪通过与传统传媒进行联合的方式,逐步扩大了自身在中国的影响力范围。2000年初,新浪在纳斯达克上市,并以每股17美元的发行价格发行了400万普通股。2001年,新浪当时的总裁兼CEO提出了辞职,于是茅道林出任新浪的新CEO,中国总经理汪延成为新浪网的总裁。2001年10月,新浪网通过购买阳光文化网络电视控股有限公司29%的股份,成为其股东,并与其合作共同成立了阳光文化媒体集团,但该公司于2002年产生不少亏损,CEO茅道林就此宣布辞职,当时的总经理汪延成为新浪网的CEO。汪延上任后于2002年4月推出新浪无线业务,并将原新浪无线、广州讯龙、深圳网兴与北京星潮在线这4家公司的优质资源进行整合与优化,打造出新浪在互联网行业的独特优势和核心竞争力,不断开发新的渠道并创新业务模式,逐步被用户们接受并认可,实现了中国无线增值服务领域的领先地位。

2006年5月曹国伟接任新浪的CEO一职。在2008年1月,新浪公司发出公告称经董事会的批准将合并分众传媒公司旗下户外数字广告这项业务。2009年7月,新浪公司宣布与易居控股有限公司达成了协议,将新浪的房地产网络业务与易居的子公司中国房产信息集团进行整合,此协议若能顺利实施完成,新浪将持有中国房产信息集团公司股份达到39%。

2009年8月新浪推出了新浪微博,新浪微博后来成为用户量最多的社交网站之一,影响力进一步渗透。但2009年9月新浪与分众传媒的合并项目失败,并公布与新浪投资控股有限公司达成的关于新浪公司配售普通股私募股权的协议。2009年10月16日,新浪成为易居的全资子公司中国房地产信息集团的第二大股东,2009年11月27日新浪管理层通过收购新浪股份成为公司第一大股东完成MBO计划。2011年8月31日,新浪以6 640万美元投资土豆网,并成为其第五大股东。2013年4月,阿里巴巴以5.86亿美元的价格收购了新浪微博18%的股份,并计划未来持股将达到30%的份额。2013年8月6日,新浪与NBA合作,于此同时新浪正式成为中国官方互联网合作伙伴。

从新浪的发展历程我们可以看出,新浪自产生之日起,股权高度分散问题就始终存在,而且新浪发展中的许多大事件都与其股权高度分散问题有关,不仅是从创立人王志东的离职,还是到盛大秘密"偷袭"新浪,甚至是到后来以曹国伟为首的管理层实施管理层收购(MBO),无一不是关于新浪控股权的争夺。

(二)新浪实施 MBO 的有利条件

首先,根据 BVD 全球上市公司分析库数据分析发现,在新浪进行 MBO 前的 4 年间(2005—2008 年),新浪公司拥有稳定的自由现金流量,而且管理层对于新浪而言,是对公司业务最为熟悉也贡献比较大的(如表 1 所示)。

表 1 新浪部分管理层在新浪任职情况表

管理层人员	在 新 浪 任 职 情 况
曹国伟	1999.09—2002.04 先后担任公司财务副总裁、首席财务官、新浪首席财务官兼首席运营官; 2002.04—2003.06 公司执行副总裁; 2004.07—2005.09 公司联席首席运营官; 2006.05—2012.08 新浪首席执行官兼总裁; 2012.08 任新浪董事长
杜 红	1999.11—2004.04 任职于新浪业务拓展部; 2005.01—2005.03 任公司销售策略总经理; 2005.04—2005.08 任销售部总经理; 2005.09—2007.02 任销售副总裁; 2007.02—2008.02 任销售和市场资深副总裁; 2008.02—2013.02 任新浪首席运营官; 2013.02 任新浪的首席运营官兼联席总裁以及中国房产信息集团的董事
余正钧	2004.09—2006.05 担任新浪集团副总裁; 2006.05—2007.08 担任公司代理首席财务官; 2007.08 至今担任新浪首席财务官;
陈 彤	1998.09—1999.06 担任新浪网新闻中心主编; 1999.06—2000.06 担任新浪网内容总监; 2000.06—2002.05 任新浪网中国区执行副总经理; 2002.05—2003.11 任公司副总裁兼总编辑; 2003.11—2007.02 任公司资深副总裁兼总编辑; 2007.02 至今担任新浪执行副总裁、新浪网总编辑
王高飞	2000.08—2004 年初在研发中心任职; 2006.11 至今担任新浪无线总经理; 2008.10 担任新浪副总裁,负责新浪无线业务

其次,一方面来看,由于新浪的股权高度分散(根据消息了解,除了盛大公司想尝试收购新浪以外,雅虎、TOM 等公司也有收购的意愿),同时于 2005 年新浪为了应对

盛大收购案而实施的反收购计划,明显看出新浪管理层一直以来都在构想如何解决新浪的股权分散的问题,也可以换句话说新浪MBO是新浪实现大发展的必由之路。通过管理层收购可以解决新浪的管理层与所有者利益存在不一致的问题,从而可以从最大程度上激励管理层为公司作出更多的贡献。从市场上也可以看出,新浪股价从公布MBO计划后比之前有了稳定的提升,而且很多机构对新浪的信用评级进行了调高处理。另一方面,由于我国相关法律规定禁止将银行贷款用于股权投资,而且限制企业发行债券,新浪处在我国大环境下就难免有些中国特色。据关于新浪管理层收购相关信息的披露显示,新浪实现MBO是通过新浪投资控股公司实现的,也就是我国企业MBO常常采用的设立"壳公司"的方式,通过新浪投资控制公司这个平台筹集到1.8亿美元的收购资金实现MBO计划(即间接收购)。

最后,在新浪与新浪投资控股有限公司达成的最终收购计划中,曹国伟的管理团队共投入5 000万美元;取得中信、红杉、方源这3家资本投资提供的7 500万美元私募基金;同时美林证券提供了5 800万美元贷款。而且协议中写明这3家私募基金可以指派1位董事加入新浪投资控股的董事会来进行决策。从收购计划的协议中我们可以看出新浪管理层以比较小的成本慢慢实现了对公司的控股,达到了其目的,但是中信、红杉和方源通过财务投资不仅获得了新浪公司的小部分决策权,未来还将分享新浪未来的股价上升收益,当然也有股价下降的风险。

二、新浪MBO过程

(一)收购过程

2008年12月,新浪发表公告称公司董事会已批准在未来的一年内将对新浪公司普通股实施回购,回购的总金额将近1亿美元,这项公告的发表代表着新浪MBO行动的开始。2009年9月28日,新浪公司宣布将向新浪投资控股有限公司配售增发560万股的普通股,管理层通过收购其中一部分的普通股来实现MBO计划,全部收购普通股的总价约为1.8亿美元。在新浪MBO于生效前的几天内(11月18—25日),CEO曹国伟以均价每股45.0美元(已经接近新浪52周以来最高股价47.95美元)的高价位减持他在新浪公司拥有的50万股股票,获得2 251万美元的套现金额,此资金也作为实现MBO的一部分。在2009年11月27日,以曹国伟为代表的管理层共购入了新浪公司约560万普通股,完成购买后以9.41%的持股比例成为新浪的最大股东,第二、三大股东分别是普莱斯基金公司和 ORBIS 控股公司。至此,新浪公司 MBO 正式宣告结束。其过程时间点如图 1 所示。

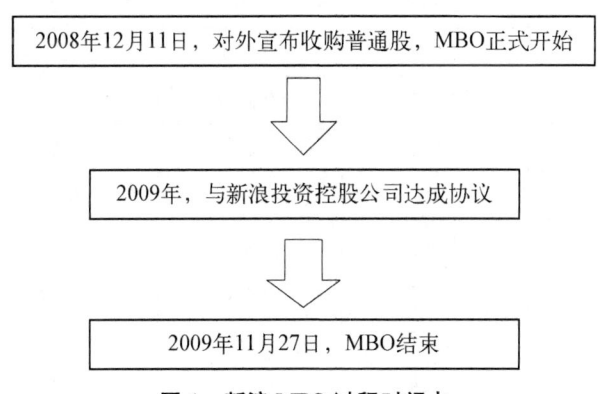

图 1　新浪 MBO 过程时间点

(二)新浪 MBO 收购资金来源

根据新浪 2009 年 11 月 27 日管理层收购情况的相关披露信息显示,收购总价的 1.8 亿美元分别来自新浪管理层团队、私募资金和银行贷款这 3 个渠道。其中以曹国伟为首的六大管理团队资金 5 000 万美元,中信、红杉、方源 3 家私募资金提供 7 500 万美元的资金,从美林证券取得 5 800 万美元的贷款,如图 2 所示。

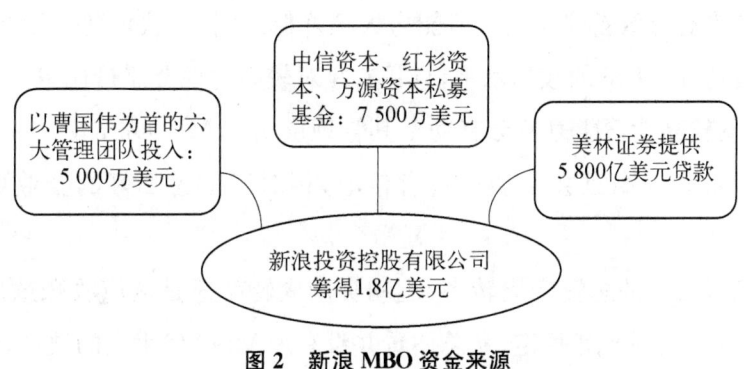

图 2　新浪 MBO 资金来源

三、新浪 MBO 效果分析

考虑到新浪 MBO 的影响区间,我们选取了实施 MBO 前后 5 年,即 2007—2011 年的财务数据进行分析,以能更清晰地反映并对比出实施 MBO 对新浪的实质影响。我们先对新浪 2007—2011 年 5 年间整体财务能力进行统计,如表 2 所示。

表2 新浪财务指标变量的整体性描述性统计(总体)

指 标 名 称	均 值	标准差	最小值	最大值
资产负债率	0.242	0.006	0.237	0.252
流动比率	3.826	0.383	3.275	4.124
现金流量比率	0.483	0.102	0.339	0.597
总资产周转率	0.335	0.097	0.222	0.457
流动资产周转率	0.482	0.088	0.390	0.597
应收账款周转率	4.605	0.161	4.398	4.784
总资产增长率	0.214	0.445	-0.188	0.969
销售收入增长率	0.137	0.149	-0.043	0.371
净利润增长率	3.548	6.190	-1.046	14.092
净利润率	0.186	0.641	-0.626	1.149
总资产收益率	0.042	0.176	-0.222	0.255
每股收益	0.056	0.232	-0.293	0.337

表2给出了新浪12项财务指标2007—2011年间的描述性统计结果。从该表中我们可以清晰地看到,2007—2011年,新浪公司的资产负债率最大值与最小值相差不大,仅为1.5%,表现其波动情况的标准差只有0.006,在0.24上下微小浮动,由此可见管理层收购并没有导致新浪长期偿债能力大幅降低。同时,从短期偿债能力看,其流动比率均值维持在3.826的较高水平,且具有相对较高的现金流量比率。因此我们可以认为,新浪的较高偿债能力是会有助于其管理层实施MBO的,因为高偿债能力会使得企业市场信誉较高且会增加投资者信心,相对于信誉不好的企业更容易筹到融资。

不论从新浪公司的总资产周转率、流动资产周转率还是从应收账款周转率上来看,2007—2011年间都比较稳定,从总体看并没有因MBO发生大的波动,营运能力良好。但是在各个增长率指标以及利润率等指标方面,通过数据来看,并不像周转率指标反映的营运能力那样比较稳定,特别是在净利润增长率上(净利润增长率的标准差高达6.190),也就是说,在这5年期间新浪公司的净利润有很大的波动,而且在这5年期间反映成长能力和盈利能力的6个指标中其最小值都为负值,其中总资产、销售收入和净利润这3个指标的增长率的最小值分别为-0.188、-0.043和-1.046;而净利润率、总资产收益率和每股收益的最小值分别为-0.626、-0.222和-0.293。同时我们不难发现,5年期间公司销售收入增长率却并没有那么明显。根据数据显示销售收入增长率最小值为-0.043、最大值为0.371,但是净利润增长率的最小值为-1.046,最大值为14.092。对比可见,公司净利润增长与销售收入增长间的关系异常,由此可见,新浪公司在该期间有操纵利润的嫌疑。

对总体的分析能让我们对2007—2011年间新浪公司的总体状况有个大概的了解。新浪公司于2009年实施完成了管理层收购,为了更好地观察新浪偿债能力、运营能力、成长能力以及盈利能力这四大指标数据在MBO前后的变化趋势,我们给出新浪MBO前两年、MBO当年以及MBO后两年共5年期间中各指标变量的描述性统计结果,用以反映所选择的12个财务指标的具体表现及变化,下面我们对每年的数据进行比较分析,如表3所示。

表3 新浪财务指标变量的整体性描述性统计(按年度)

指标名称	2007 MBO=-2	2008 MBO=-1	2009 MBO=0	2010 MBO=1	2011 MBO=2
资产负债率	0.252	0.239	0.242	0.242	0.237
流动比率	3.275	3.571	4.095	4.067	4.124
现金流量比率	0.557	0.597	0.437	0.482	0.339
总资产周转率	0.386	0.457	0.222	0.252	0.355
流动资产周转率	0.470	0.542	0.390	0.409	0.597
应收账款周转率	4.504	4.742	4.784	4.596	4.398
总资产增长率	0.151	0.158	0.969	-0.021	-0.188
销售收入增长率	0.102	0.371	-0.043	0.111	0.144
净利润增长率	0.378	0.275	4.041	-1.046	14.092
净利润率	0.235	0.218	1.149	-0.047	-0.626
总资产收益率	0.091	0.100	0.255	-0.012	-0.222
每股收益	0.121	0.132	0.337	-0.016	-0.293

表3中的数据显示,2007—2011年,新浪总体的资产负债率每年之间基本没有变化,一直稳定在0.24左右的范围内。相对而言,流动比率数值则在实施MBO当年和MBO后两年明显高于实施MBO前两年的数值,但是,新浪公司的现金流量比率数值却在MBO当年和MBO后两年明显低于实施MBO前两年的数值。由此可见,虽然企业持续经营所必需的经营性流动资产相对而言有所增加,但是企业经营现金流量净额(即企业创造现金的能力)是下降的;对于新浪的总资产周转率和流动资产周转率,在实施MBO的前两年是逐步增长的,在MBO当年降到最低值,实施后两年又逐

步回升且有望达到甚至已经超过实施MBO前的水平,而且其应收账款周转率一直处于稳定状态。

我们分析后认为2008年和2007年相比其营运能力的增强,系因管理层于2008年宣布实施MBO,从而刺激市场最终导致营业收入增加所致,不过不论如何,新浪实施MBO对其营运能力影响不是很大。从总资产增长率来看,我们发现,新浪总资产增长率在MBO后比MBO前的表现明显逊色,自2009年之后的两年内增长率均为负值,同时在实施MBO的当年,新浪的销售收入增长率为负值,相较于其他4年的销售收入增长率,该负增长率明显异常,而且虽然在实施MBO后的两年内其销售收入有所增长,但是仍然比实施前两年的收入略低。在净利润增长率方面,数据显示公司净利润在2007—2011年间有明显波动,在实施MBO的当年比前两年具有较高幅度的增长,但是在实施MBO后的下一年却为负增长,毫无疑问MBO有着不可推卸的责任。根据公告由于管理层收购过程中先高价抛售股票而后又低价买入股票,使得新浪公司在实施管理层收购的下一年因MBO定价偏低的问题一次性直接计提了1 020万美元的损失,这也暗示了MBO确实对新浪的净利润造成了负面影响,而且从净利润数据的反映上显示的是负面影响。另外通过观察发现,反映新浪盈利能力的其他两项指标总资产收益率和每股收益在MBO后都呈现出了下降现象,而且在MBO前的数值为正,而在MBO后的数值为负,当然这两个比率的变化都与净利润的变化密切相关。

总而言之,通过对新浪实施MBO前后5年内各数据的变化进行分析,我们发现从偿债能力来看,虽然实施MBO前后其总体偿债能力没有变化,但是MBO后其经营活动创造现金的能力是下降的;在营运能力上,虽然总体营运能力变化不大,但在实施MBO的当年都多多少少有下降迹象;在成长能力和盈利能力方面,数据明显反映出MBO并没有增强企业的成长能力和盈利能力,特别是对于新浪的盈利能力指标来说,MBO前保持了正向增加,并且MBO当年达到峰值,而MBO后开始迅速下降。由此,从该简单描述性统计我们发现,新浪的MBO为其带来的负向影响大于正向影响。

四、结论

中国企业和国外企业在管理层并购后果上存在着差异。由于管理层收购在中国发展的特殊性，本案例提出中国境内的企业在国外的监管环境下是不是能够达到国外企业进行MBO的效果的疑问，并选择属于互联网高新行业、在纳斯达克上市的新浪公司为研究对象，对新浪在纳斯达克公布的财务报告和国泰君安公布的新浪数据进行分析，研究新浪公司管理层收购事件后市场表现以及经济效果。研究发现：即使是在纳斯达克上市并受部分美国监管制度约束的新浪公司，在中国这个特殊的经济制度背景下，MBO也没有达到在长期内提升公司业绩和综合能力的效果。

在西方往往倾向于采用部门MBO，并且因利益冲突的存在而伴随着公司的下市，而我国则大多是企业整体MBO且没有公司下市行为，这难免会影响到企业的财富。因此，为了发挥MBO的综合效益，在选择收购目标时不仅要考虑企业管理团队的能力、企业的现金流生产能力、目标企业发展创造的能力，还应当考虑采用将主辅分离、强化核心竞争力的部分MBO方式。在MBO这条道路上，从目前看我国还有很长的路要走。

五、问题讨论

（1）如何通过财务指标来评价新浪MBO后的绩效？
（2）新浪管理层进行MBO的动机是什么？
（3）从监管层角度，试分析如何加强对企业MBO的管理。

（执笔人：潘雪岩，指导老师：李建华）

先导智能企业价值评估案例分析

适用课程： 财务管理理论与实务

编写目的： 通过本案例的学习和讨论，帮助学生了解创业板企业价值评估的思路和标准确定依据。

知 识 点： 企业价值评估

关 键 词： 企业价值评估　创业板

案例摘要： 先导智能是专门为薄膜电容器、光伏电池/组件等新能源产品的生产厂商提供设备及解决办法的供应商。经过十几年的创业发展，先导智能成为行业的龙头企业，公司于2015年5月6日在深圳证券交易所上市。最近国家政策大力支持新能源汽车的推广，新能源汽车的发展离不开大量的锂电池生产，由此可知锂电池生产设备厂商将迎来行业的高发展时期，那么我们应该怎样对高速发展的企业进行价值评估呢？这个问题值得我们进行分析和探讨。

一、公司简介和背景介绍

先导智能是专门为薄膜电容器、光伏电池/组件等新能源产品的生产厂商提供设备及解决办法的供应商。该公司董事长王燕清从事膜电容器工作多年，在2002年创立了公司前身——无锡试验电容器厂，经过10年创业发展，公司跃升为涵盖3个领域的前沿产品龙头企业，也终于在2015年5月6日在深交所上市（股票代码：300450）。

最近国家政策大力支持新能源汽车的推广，并给予了一系列的补贴，而且出台了多个相关的政策来促进新能源汽车的推广。而新能源汽车的发展离不开大量的锂电池生产,由此可知锂电池生产设备厂商将迎来行业的高发展时期。先导智能作为锂电池行业的龙头,必然也会迎来其高速发展的阶段,投资人此时又该考虑哪些方面来更全面客观地评价先导智能的企业价值呢?本案例将就此给出答案。

二、主营业务介绍

(一)电容设备业务

先导智能早期致力于电容器生产设备的制造,多年来在国内电容器设备的生产方面处于主导地位,尤其是高压电力电容器自动绕线机的市场占有率绝对领先业内同行。自松下电容器的首款高端设备开始,先导智能开始逐步开发国内市场,公司在 2006 年已成为国内薄膜电容器设备领域的领导者。在卷绕机上的多年技术积淀,也为公司向锂电生产设备进军提供了技术支撑。而先导智能出产的高压电力电容器设备的核心客户都是国内外电力电容器行业龙头企业,公司是搭建中国电力系统的关键供应商。在 2012 年的国家电网竞价中获取资格的企业几乎均为该公司的客户也能说明一些问题。

(二)光伏设备业务

先导智能在 2009 年进入光伏设备行业,是国内致力于支持厂家的光伏设备自动化研发和生产自动下料与焊接工艺技术的先驱。根据贝格数据提供的 2013 年国内光伏主流企业有效产能排名,公司与其中的大部分企业建立了合作关系,如尚德集团、英利太阳能等,因此在光伏行业自动化生产设备行业有雄厚实力。

(三)锂电设备业务

在先导智能进入光伏设备行业前,国内早已有很多生产锂电池设备的公司,但由于规模化效应尚未形成,相关人才又十分匮乏,根本无法与日韩的锂电池制造企业抗衡。因此中国当时的高端锂电池设备仍主要依赖进口。经过多年技术转化与研发投入,目前,公司掌握了以卷绕技术、高速切削技术、锂电池设备工业自动胶技术和真空注射技术为核心的自动焊接技术,已接近国际一流水平。在高端锂电池设备领域同其竞争的,主要是 3 家企业:韩国的 KOEM、日本的 CKD 和 KAIDO。在技术方面,公司与竞争对手已经没有明显差距,各有特点,但国内高端市场仍有 70% 的份额掌握在日韩企业手中,其原因主要是公司起步较晚,2008 年开始布局的主要是锂电生产辅助设备,2012 年才真正规模化生产卷绕机,而国际高端客户一般在设备采购方面需要一定接触时间来逐渐建立信任关系。目前公司的数码锂电设备已经打开市场，获得了如松下、三星、新能源科技有限公司（ATL）、比亚迪等国内外主流锂电池公司的信任，而动力锂电设备还处于快速拓展阶段，类似当年的数码锂电设备。

三、企业价值创造优势分析

（一）产业爆发优势

先导智能作为国内锂电设备龙头企业，将享受新能源市场爆发带来的产业大机遇。国家大力推动新型汽车工业建设，并出台了《节能与新能源汽车产业发展规划（2012—2020年）》。受益于新型汽车对锂电动能的需要，目前赢利点主要来自ATL、三星消费锂电设备订单的增加，锂电动能订单尚处于爆发初期。公司将定位高端客户，进一步占据市场份额，有望提高产品毛利率。

（二）产品优势

目前来看，锂电相关产业存在几个大趋势：① 锂电池市场份额越来越集中，小的生产厂商由于资金、技术上的差距慢慢被淘汰，尤其是锂电安全问题凸显之后，市场份额越来越集中在高端锂电厂商，其上游高端锂电设备厂商先受益。② 锂电设备国产替代进程加速，主要是由于国产设备价格、服务上的优势以及技术的提升。③ 安全性问题凸显，基于安全考虑，高质量锂电池需求进一步增大，高端锂电池份额进一步提升，提高了对高端锂电设备的需求。而业内的许多公司研发的设备型号科技水平较低，无法成套使用。先导智能以高度的技术融合，充分体现了成套设备开发公司的优势，通过量产以适应未来的高端锂电池设备的竞争。

同时，先导智能目前的锂电设备产线，平均售价是6亿元人民币/GWh，而日韩竞争对手平均7亿元人民币/GWh以上，公司拥有充分的价格竞争优势。其与海外竞争者的区别主要在于它的服务速度更快，办事效率更高。先导智能的锂电产品的交货周期在一到两个季度，外企的交货周期一般为8个月。而公司成熟设备交货期更是短于一个季度，这能够大大提高客户产品投放速度，帮助客户抢占市场先机、为客户带来更高经济效益。

（三）生产优势

先导智能借助资本市场的力量，大力推动自动化设备工业基地的建设工作，锂电设备集成度越来越高，人工操作越少产品的一致性越高，解决了人力成本飙升以及产品一致性要求提升的问题。目前国内大部分设备企业还是设备功能单一,该公司是国内为数不多的已经可以做到围绕卷绕形成部分功能一体化的企业,并且在多功能一体卷绕设备中在国内也是龙头。

(四)客户优势

目前先导智能已经成为国内锂电高端设备龙头企业,与国内外一线锂电池企业都保持着良好的合作关系,客户包括惠州比亚迪电池有限公司、ATL、索尼电子(无锡)、松下能源(无锡)、天津三星视界、波士顿电池、珠海光宇电池、无锡日立麦克赛尔、河南义腾新能源等。其中,ATL是该公司锂电设备最大的客户(其数码和动力锂电设备几乎全部来自该公司),而该公司对新能源汽车巨头比亚迪的供货也有望从数码锂电设备拓展至动力锂电设备,比亚迪有望成为公司未来动力锂电设备的又一大采购方。

(五)智能化优势

2015年,国务院发布了《中国制造2025》,提出了全方位促进制造强国的战略,信息化和工业化的优化整合,无疑将迎来智能制造时代。先导智能围绕卷绕等关键工序的整合,即在卷绕机等关键设备上同时自动化完成其他前后工序是设备自动化智能化趋势。公司不仅在高端锂电产品生产及自动化控制方面有雄厚的技术积淀,还同时加速智能工厂的创建,与IBM合作开发的云计算和大数据中心,可以通过智能系统解决客户问题,达到更高的契合度。高端智能制造设备前景明朗,市场空间大,有利于行业龙头的发展。

四、问题讨论

(1)你认为应该从哪些方面预测先导智能未来销售收入的增长?可以把哪些预测数据作为确定销售收入的参考?

(2)你认为应该从哪些方面评估先导智能面临的风险?怎样进行β值的确定?

(3)你认为可以从哪些方面优化对高成长性公司的企业价值评估?

参考文献

[1] 无锡先导智能股份有限公司.无锡先导智能股份有限公司2013年年度报告

[R].2014.

[2] 无锡先导智能股份有限公司.无锡先导智能股份有限公司 2014 年年度报告[R].2015.

[3] 无锡先导智能股份有限公司.无锡先导智能股份有限公司 2015 年年度报告[R].2016.

[4] 国务院.国发〔2012〕22 号:节能与新能源汽车产业发展规划(2012—2020 年)[S].2012-06-28.

[5] 国务院办公厅.国办发〔2014〕35 号:关于加快新能源汽车推广应用的指导意见[S].2015-09-25.

[6] 国务院.国发〔2015〕28 号:中国制造 2025[S].2015-05-08.

(执笔人:纪巧慧,指导老师:戴书松)

协鑫有限借壳上市案例分析

适用课程：财务管理理论与实务

编写目的：本案例的教学目的在于使学生全面了解并掌握借壳上市的资本运营过程和成本,并在此基础上深入分析借壳上市的利弊。

知 识 点：借壳上市　资产置换

关 键 词：借壳上市　资产置换　协鑫有限　*ST霞客

案例摘要：近年来,我国资本市场飞速发展,上市公司融资更加快速便捷,但受到IPO审核周期长、等待上市企业多等因素的困扰,首发上市难上加难。因此,"借壳上市"成为当前中国资本市场的热点,一些实力雄厚的企业往往采取该方式成功上市,使企业得以充分利用资本市场进行运作,实现快速发展。为避免壳资产存在的一系列风险,目前非上市企业借壳上市通常采用资产置换模式进行。本案例通过对协鑫有限借壳*ST霞客资产重组的描述,使学生对借壳上市的资本运营过程和成本有全面的了解,并为那些想通过借壳上市的企业提供一定的经验指导和参考。

一、借壳上市的概念

借壳上市是广泛存在于证券市场中的一种并购重组方式,同时是一些公司间接上市的常用手段。借壳上市以其特殊的交易方式,借助证券市场的优胜劣汰的机制淘汰那些由于经营不善而市值较低的上市公司,在优化证券市场上市公司质量的同时,还使得壳资源得到有效配置。它是指某家公司拥有大量优质资产,却没有上市,如果此时它想以最快的方式获得融资,便会首先选择一家已经上市的公司,如果这家上市公司市值较低的话,原有公司便会选择定向增发、权益交换等途径,把自身资产注入选定的这家公司,以此来实现上市目的。一般来讲,在这种交易行为中,我们常常把暂未上市交易而现阶段正筹划上市交易的公司叫作"借壳公司",而把市值较低的已经上市交易的公司叫作"壳公司"。①

二、借壳双方公司简介

(一)壳公司:江苏霞客环保色纺股份有限公司(以下称为"*ST霞客")

*ST霞客前身为1992年5月成立的江阴霞客色纺有限公司,2000年12月12日,原公司整体变更为股份有限公司,"江苏霞客环保色纺股份有限公司"这一名称也由此得来。2004年7月,*ST霞客的股票在深圳证券交易所成功上市。

*ST霞客的经营范围广泛,主要涉及:已无法使用的聚酯物、塑料的处理、销售,纳米功能性纤维、纱、面料和聚酯包装膜、带、容器以及绝缘、工业、建筑等材料的研发与循环利用,以上商品的加工和销售,各种产品和技术的进口和出口业务的自主经营以及销售代理,服装等的加工、销售,利用公司自产资产对再生废弃物、环保、资源等各类项目进行投资。

在本次重组前,*ST霞客的股权结构如表1所示。

表1 *ST霞客重组前股权结构

各股东名称	所持股份数量(股)	所持股份占比(%)
上海惇德	43 204 109	10.78
玹悦投资	43 000 000	10.73
北京中航安	30 000 000	7.49
中基矿业	19 730 692	4.92
陈建忠	18 334 370	4.58
其他股东	246 434 654	61.50
合计	400 703 825	100.00

资料来源:*ST霞客通过发行股份来购买资产以及募集配套资金暨关联交易报告书(草案)[EB/OL].http://disclosure.szse.cn/finalpage/2016-03-15/1202045085.PDF

---

① 曾帆.企业借壳上市的操作方式[J].企业经济,1998,(4).

（二）借壳方：协鑫智慧能源（苏州）有限公司（以下称为"协鑫有限"）

协鑫有限是由保利协鑫有限公司于 2016 年 2 月 1 日更名而来，该公司最初成立于 2009 年 6 月 30 日，主要经营范围涵盖以下几个方面：资产管理服务、投资管理服务、实业投资服务、企业管理咨询服务和投资咨询服务等。协鑫有限重点项目为热电联产及清洁能源等环保电力项目的全面开发服务、优化投资服务以及相关的运营服务。公司在为工业园区、电网单位、各大城市提供清洁能源产品的同时在新能源服务方面稳扎稳打，切实为用户提供节约能源、降低消耗等服务。

重组之前，协鑫有限股权结构如图 1 所示。

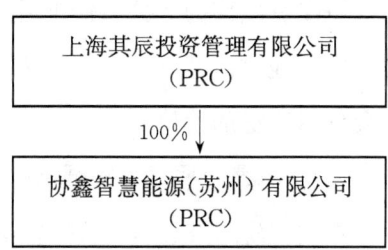

图 1 协鑫有限股权结构

资料来源：*ST 霞客通过发行股份来购买资产以及募集配套资金暨关联交易报告书（草案）[EB/OL].http://disclosure.szse.cn/finalpage/2016-03-15/1202045085.PDF

三、借壳双方交易的背景

（一）*ST 霞客破产重整完成，公司盈利能力较弱

本次交易之前，*ST 霞客以经营色纺纱线、环保彩纤的生产以及销售为主。在我国纱线、化纤整体市场不景气的形式下，化纤原材料价格不稳、融资成本大幅度升高、国际市场竞争日益激烈、国内市场需求严重匮乏、劳动力呈现结构性短缺、劳动力成本一路飙升使得*ST 霞客利润呈现直线下降的趋势。2014 年 3 月，该公司因大量的银行贷款逾期，40 多家债权银行在短时间内陆续向法院提起诉讼，迅速引发了公司的债务危机，生产设备、银行存款、土地房屋等核心资产被法院冻结查封，经营环境异常严峻。在这种情形下，公司被迫进行破产重整，一定程度上缓解了公司的债务危机，生产经营状况有向好的趋势，但是公司在盈利能力方面依然没有好转。

（二）清洁能源生产与服务业务未来发展潜力巨大

2014 年以来，国内空气质量日趋恶化，治霾防霾迫在眉睫。2014 年 2 月，国务院常务会议广泛研究并部署切实加大雾霾等大气污染治理、防范力度，重点提出"抓住扬尘、能源结构、尾气排放等中心项目"。2014 年 11 月，中央重要文件重点指出到 21 世纪 20 年代，非化石能源在一次性能源中消费占比达到 15%。因此，在对清洁能源的关注程度不断增强的形势下，注重节约能源资源、保护生态环境，进一步强化非化石能源和高新技术产业的建设力度,成为我国能源发展的必经之路。

协鑫有限作为非公有制非化石能源以及热电联产运营商的一员,目前已经处于国内领先地位。其下一步将致力于为用户提供新能源、为广大股东创造财富,同时为社会创造广泛的价值。

(三)协鑫有限具有较强的盈利能力

本次交易结束之后,＊ST 霞客将持有协鑫有限全部股权。依据上海其辰同＊ST 霞客一起签下的《盈利预测补偿协议》和《盈利预测补偿协议之补充协议》,上海其辰作出以下具体承诺:协鑫有限 2016—2018 连续 3 个年度内的合并报表范围去除公司非经常性损益之后的归属于母公司所有者的净利润依次高于 408 000 000 元、421 000 000 元和 425 000 000 元。

本次交易结束之后,＊ST 霞客的股东权益规模和经营规模将会大幅提高,同时公司的财务状况将得到优化,并且在行业中的竞争能力也将大大提高。

四、借壳上市的具体实施过程

本次借壳上市交易主要包括发行股份购买资产和发行股份募集配套资金。

该次购买资产通过发行股份进行,但是该行为并不将募集配套资金作为前提,简而言之,交易中不管募集配套资金还是不募集配套资金,通过发行股份进行购买资产行为都是可行的。该交易结束之后,＊ST 霞客主要经营非化石能源发电和热电联产品,并且辅助涉及新能源服务。本次交易的具体方案如下。

(一)发行股份购买资产

＊ST 霞客向上海其辰通过发行股份形式来购买其拥有的协鑫有限全部股权,并先后采用收益法、资产基础法两种方法对协鑫有限所有股权展开评估,通过对比分析选用收益法的评估结果作为最终评估结果。以 2015 年 12 月 31 日为评估基准日,协鑫有限 100% 股权的评估值为 453 800.00 万元。经交易双方最终协商,协鑫有限全部股权作价 450 000.00 万元[1],如表 2 所示。

---

① 严政.＊ST 霞客重组亮相 协鑫有限拟 45 亿借壳上市[EB/OL]. http://finance.sina.com.cn/roll/2015-12-28/doc-ifxmxxsp7171728.shtml.

表 2　发行股份支付对价具体内容

序号	名　称	发行股份数（股）	股份支付数额（元）	支付对价总计（元）
1	上海其辰	931 677 000	4 500 000 000	4 500 000 000
	总　计	931 677 000	4 500 000 000	4 500 000 000

资料来源：＊ST霞客通过发行股份来购买资产以及募集配套资金暨关联交易报告书（草案）[EB/OL].http：//disclosure.szse.cn/finalpage/2016-03-15/1202045085.PDF

（二）发行股份募集配套资金

＊ST霞客向江苏的协鑫公司、宁波的臻荟公司、上海的坤乘公司、无锡的腾宇飞公司、王蔚、朱钰峰以及上海的望畴公司非公开发行股份募集低于40亿元的配套资金，并且低于该次交易置入资产交易价格的5%，如表3所示。

表 3　配套资金认购对象的发行股份的数量和金额

序号	各股东名称	所持股份数量（股）	金　额（元）
1	江苏协鑫	330 000 000	2 006 400 000.00
2	无锡腾宇飞	117 000 000	711 360 000.00
3	上海坤乘	73 269 736	445 479 994.88
4	宁波臻荟	68 000 000	413 440 000.00
5	王蔚	30 000 000	182 400 000.00
6	朱钰峰	25 000 000	152 000 000.00
7	上海望畴	14 625 000	88 920 000.00
	合　计	657 894 736	3 999 999 994.88

资料来源：＊ST霞客通过发行股份来购买资产以及募集配套资金暨关联交易报告书（草案）[EB/OL].http：//disclosure.szse.cn/finalpage/2016-03-15/1202045085.PDF

在借壳上市交易完成后，其股权结构如表4所示。

表 4　＊ST霞客重组后股权结构

股东名称	所持股份数量（股）	所持股份占比（%）
上海惇德	43 204 109	2.17
竑悦投资	43 000 000	2.16
北京中航安	30 000 000	1.51
中基矿业	19 730 692	0.99
陈建忠	18 334 370	0.92

(续表)

股东名称	所持股份数量(股)	所持股份占比(%)
上海其辰	931 677 018	46.81
江苏协鑫	330 000 000	16.58
无锡腾宇飞	117 000 000	5.88
上海坤乘	73 269 736	3.68
宁波臻荟	68 000 000	3.42
王蔚	30 000 000	1.51
朱钰峰	25 000 000	1.26
上海望畴	14 625 000	0.73
其他股东	246 434 654	12.38
合计	1 990 275 579	100.00

资料来源：*ST霞客通过发行股份来购买资产以及募集配套资金暨关联交易报告书(草案)[EB/OL].http://disclosure.szse.cn/finalpage/2016-03-15/1202045085.PDF

五、借壳上市对上市公司财务指标和非财务指标的影响

(一) 交易前后资产结构及其变化分析

将2015年最后一天作为对比基准日,该交易前上市公司合并报表与该交易结束之后的备考合并报表之间的资产构成对比状况如表5所示。

表5 资产结构变化分析

各项目名称	实际数(万元)	占比(%)	备考数(万元)	占比(%)	变动数(万元)	变动率(%)
流动资产	25 548.86	71.53	397 588.34	32.29	372 039.48	1 456.19
非流动资产	10 168.29	28.47	833 620.58	67.71	823 452.28	8 098.23
资产合计	35 717.15	100.00	1 231 208.92	100.00	1 195 491.76	3 347.11

资料来源：*ST霞客2015年年报[EB/OL].http://disclosure.szse.cn/finalpage/2016-02-05/1201972649.PDF,备考财务报表审计报告[EB/OL].http://disclosure.szse.cn/finalpage/2016-03-15/1202045089.PDF

该交易结束之后,上市公司的资产总额大幅提高,流动资产、非流动资产的结构分布更加完善。

(二) 交易前后负债结构及其变化分析

将2015年最后一天作为对比基准日,该交易前上市公司的合并报表同该交易结

束之后的备考合并报表两者之间的负债结构对比状况如表6所示。

表6 负债结构变化分析

各项目名称	实际数(万元)	占比(%)	备考数(万元)	占比(%)	变动数(万元)	变动率(%)
流动负债	2 773.53	100.00%	510 180.87	67.95%	507 407.34	18 294.63%
非流动负债	—	—	240 606.31	32.05%	240 606.31	不适用
负债合计	2 773.53	100.00%	750 787.17	100.00%	748 013.64	26 969.72%

资料来源：*ST霞客2015年年报[EB/OL].http://disclosure.szse.cn/finalpage/2016-02-05/1201972649.PDF,备考财务报表审计报告[EB/OL].http://disclosure.szse.cn/finalpage/2016-03-15/1202045089.PDF

截至2015年12月31日,本公司负债总额由重组前的2 773.53万元增加至750 787.17万元;流动负债由重组前的2 773.53万元增加至510 180.87万元;非流动负债由重组前的0.00万元增加至240 606.31万元。

本次交易完成后,上市公司的负债总额随资产总额的提高而增长,公司的资产负债率合理,不存在较大的偿债风险。

(三) 交易前后资产周转能力及其变化分析

将2015年最后一天作为对比基准日,该交易前上市公司的合并报表同该交易结束之后的备考合并报表两者之间的资产周转能力对比如表7所示。

表7 资产周转能力变化分析

项　　目	实际数	备考数
总资产周转率(次/年)	0.95	0.69
应收账款周转率(次/年)	6.17	7.95

资料来源：*ST霞客2015年年报[EB/OL].http://disclosure.szse.cn/finalpage/2016-02-05/1201972649.PDF,备考财务报表审计报告[EB/OL].http://disclosure.szse.cn/finalpage/2016-03-15/1202045089.PDF

截至2015年最后一天,本公司总资产周转率发生变化:由重组前的0.95变化为0.69,应收账款周转率由重组前的6.17变化为7.95。

该交易结束之后,上市公司的资产总额、应收账款净额大幅提高,但总资产周转率依然保持稳定,同时应收账款周转率小幅上升。

(四) 本次交易完成后经营成果及盈利能力分析

将2015年最后一天作为对比基准日,该交易前上市公司的合并报表同该交易结束之后的备考合并报表两者之间的经营成果及盈利能力对比状况如表8所示。

表 8 经营成果及盈利能力变化分析

项目名称	实际金额（万元）	在营业收入中占比比例(%)	备考金额（万元）	在营业收入中占比比例(%)	变动金额（万元）	变动率(%)
营业收入	39 318.16	100.00	857 473.51	100.00	818 155.34	2 080.86
营业成本	36 147.03	91.93	674 029.49	78.61	637 882.46	1 764.69
营业利润	359.91	0.92	101 272.96	11.81	100 913.05	28 038.41
利润总额	10 874.22	27.66	112 692.73	13.14	101 818.51	936.33
净利润	10 874.22	27.66	88 042.78	10.27	77 168.56	709.65
归属于母公司所有者的净利润	10 888.20	27.69	49 313.74	5.75	38 425.54	352.91
基本每股收益（已去除非经常性损益）(元/股)	−0.002 0	—	0.180	—	0.18	无法应用

资料来源：*ST 霞客 2015 年年报[EB/OL].http://disclosure.szse.cn/finalpage/2016-02-05/1201972649.PDF,备考财务报表审计报告[EB/OL].http://disclosure.szse.cn/finalpage/2016-03-15/1202045089.PDF

2015 年度，本公司的营业收入由重组前的 39 318.16 万元增加至 857 473.51 万元；归属于母公司所有者的净利润由重组前的 10 888.20 万元增加至 49 313.74 万元；基本每股收益(已去除非经常性损益)发生变化：由重组前的 −0.002 0 元/股增加至 0.18 元/股。

该交易结束之后，上市公司的盈利水平和收入规模都有较大幅度的上升，同时公司的基本每股收益也显著上升，并没有出现因并购重组交易而导致当期每股收益被摊薄的状况。

六、结束语

现阶段，市场竞争日益激烈，企业为了更加快速地实现融资，更充分地运用资本市场增强竞争力，资产重组往往成为企业另谋生路的必要途径。成功的资产重组，不仅可以给上市公司带来巨大的整体经济效益，而且也将会弥补关联交易产生的损失，在保住原有壳资源的基础上，还可能使资产保值增值。协鑫有限通过与*ST 霞客资产置换，两家企业的资产历经了重组、整合之后，*ST 霞客主要经营非化石能源发电和热电联产品，并且辅助涉及新能源服务，从根本上改善了公司的经营状况，取得了较好的成效和效益，为其他营业状况不佳的企业提供了借鉴和经验。

(执笔人：姜欣欣，指导老师：戴书松)

海澜之家逆势增长的背后

适用课程： 财务管理理论与实务

编写目的： 本案例研究男装企业海澜之家独特的经营模式，目的在于使学生学会全方位解读公司的经营模式，系统思考现象背后的逻辑关系。

知 识 点： 轻资产　牛鞭效应

关 键 词： 海澜之家　经营模式　财务指标

案例摘要： 中国是世界上服装消费量最大的国家之一，而男装行业又是中国服装业中发展比较成熟的部分。最近几年，男装行业进入困境，整体陷入低迷，七匹狼、报喜鸟、九牧王等男装上市公司纷纷关店调整。然而，时势造英雄，在男装行业一片颓势之下，海澜之家却一枝独秀，逆势而行，成为男装行业中一颗耀眼的明星。对海澜之家的漂亮成绩，不同的人有不同的解答。有人认为是海澜之家独特的经营模式带来的，也有人担心海澜之家高业绩背后的高风险。海澜之家为何能取得如此高的业绩增长？在这业绩增长的背后又有哪些隐患存在呢？

从最近男装行业上市公司交出的财报成绩单中，我们发现海澜之家异军突起，逐渐从一个不起眼的小男孩成长成一个夺人眼球的青壮年，成长速度令人吃惊。这让人不禁好奇：为什么这家公司能够在行业集体败落的情况下交出如此漂亮的成绩单，究竟有什么秘诀能让公司逆势增长？

一、周建平和他的男装帝国

前身是江阴市新桥第三毛纺厂的海澜集团，诞生于1988年12月。海澜集团在创业初期，以粗纺面料为其主营业务。1991年，企业在只有200万元资本和粗纺产品供不应求的情况下，对市场行情进行预判，决定从多方进行融资，投入2 000万元来引进世界一流的精纺生产线，开始转型精纺。1994年，企业销售额就已过亿元，而国内的粗纺企业却已陷入困境。

1996年，企业决定充分利用自身面料优势转型服装，建立了第一个服装车间，开始为金融系统定制职业装。1997年，企业销售收入突破10亿元，其经济规模和综合效益已经跃居全国同行第二位。1998年，企业决定全面进军服装界。2000年，旗下公司凯诺科技成功上市。2001年，集团为扩展产业链，引进世界领先的服装智能生产流水线，一跃成为国内服装生产基地的龙头之一。2001年11月1日集团更名为海澜集团，旗下拥有凯诺科技股份有限公司（上市公司）、五星级大酒店等，同时周建平还一手打造了高级服装品牌"奥德臣"。

"海澜之家"的创意来源于周建平一次在日本东京的购物体验，两个日本服装品牌品种丰富、价格大众、量贩式自选购买方式令他印象深刻。于是，2002年3月，国内第一个全国连锁、超大规模、自选零售的男装品牌专卖店——海澜之家成立，成为中国SPA①商业模式的典型代表。海澜之家从一开始的零品牌、零市场、零模式、零经验企业成长为一家品牌强势、管理精良、技术领先、引领时尚的大型现代化服饰供应链销售管理平台。目前，海澜之家主要负责3个品牌的运营管理，分别是男装品牌"海澜之家"、运动休闲时尚品牌"爱居兔"以及低价男装品牌"百依百顺"。海澜之家规模不断扩大，门店已遍布全国31个省市自治区，不断壮大的规模大大激发了企业对资本的渴望。于是海澜之家着手准备上市，2012年首次IPO被否后，紧接着在2013年11月29日，海澜之家获证监会批准，借壳凯诺科技，于2014年4月11日成功重组上市，市值400亿元，一跃成为中国服装企业的龙头股。

从粗纺转型到精纺，从面料转型到服装，从制造业转型到服务业，周建平拥有超强的市场前瞻性，马不停蹄地进行"转型"，从不安于现状，正是周建平敏锐的市场洞察力与快速的执行力才有了如今辉煌的海澜之家。

---

① SPA：自有品牌专业零售商经营模式（Speciality retailer of Private label Apparel）是1986年由美国服装巨头GAP公司在1986年公司年度报告中，为定义公司的新业务体制而提出的，是一种从商品策划、制造到零售都整合起来的垂直整合型销售形式。之后由日本Uniqlo成功运用并推广。SPA模式能有效地将顾客和供应商联系起来，以满足消费者需求为首要目标，通过革新供货方法和供应链流程，实现对市场的快速反应。

二、海澜之家的出色业绩

从表1和表2中可以看出,从2012年开始,男装行业整体开始走下坡路,经营业绩开始出现下降的趋势,并且一发不可收拾。2013年开始,除海澜之家外的4家品牌男装企业的营业收入和净利润都出现大幅缩水,业绩呈现负增长,下降幅度也在逐年增加;海澜之家的营业收入增长率和净利润增长率每年都保持着相近的增长速度,增长比例也在逐年增加。

表1 同行业主要竞争对手营业收入增长率比较　　　　单位:%

品牌＼报告期	2011年	2012年	2013年	2014年
七匹狼	10.59	32.89	−20.23	−13.79
步森股份	32.98	−8.56	−17.76	−26.21
九牧王	43.66	29.07	−3.81	−17.2
报喜鸟	61.23	11.13	−10.46	−18.40
海澜之家	60.17	26.01	57.89	72.56

表2 同行业主要竞争对手净利润增长率比较　　　　单位:%

品牌＼报告期	2011年	2012年	2013年	2014年
七匹狼	43.43	36.46	−33.29	−24.19
步森股份	21.20	−23.98	−84.90	−902.39
九牧王	43.66	29.07	−19.62	−34.64
报喜鸟	48.15	30.46	−66.01	−18.40
海澜之家	53.09	21.80	59.79	73.23

表3是海澜之家的基本经营数据表,从2009年开始到2014年间,海澜之家的门店数量虽增长率每年都在下降,但绝对数增长保持在每年400家左右,门店数量保持稳定增长。营业收入除2012年增速放缓,其他年份都维持60%左右的高增长。

表 3　海澜之家基本经营数据表

类别＼报告期	2009 年	2010 年	2011 年	2012 年	2013 年	2014 年
门店数量（家）	903	1 314	1 919	2 319	2 887	3 348
增长率（%）		45.51	46.04	20.84	24.49	15.97
营业收入（万元）	138 348	224 373	359 370	452 850	715 024.2	1 233 844
增长率（%）		62.18	60.17	26.01	57.89	72.56

三、海澜之家的与众不同之处

"海澜之家，男人的衣柜"，这句广告语几乎耳熟能详，似乎提到男装，就能让人想到海澜之家。很多人将海澜之家的业绩逆势高增长归功于其独特的运营模式。与传统男装企业相比，海澜之家确实有很多与众不同之处。

（一）平价定位

国内外的男装品牌大多定位高端，但高端高价的品牌男装需求量是有限的。而我国现实的经济环境发展趋势却是中低收入群体正逐步崛起并已占据主要消费地位。不同于报喜鸟、雅戈尔等男装品牌的定制路线，海澜之家在充分考虑市场环境后，聚焦于80%的塔基客户，将服装产品定位为"高质低价"，率先将二、三线城市作为主要市场，随后向一线城市进军。

此外，在定价方面，与其他服装品牌不同的是，海澜之家服装全部统一定价，从不打折。

（二）产品品类丰富

由于男士不像女士一样喜欢逛街，慢慢地购物，男士喜欢一次性将东西全部买齐全，完成一站式消费。因此，与其他男装品牌只卖西服、衬衫、休闲服等不同的是，海澜之家以"男人的衣柜"为理念，客户范围广泛，年龄18—60岁的男士都可以在一家海澜之家门店内买到需要的高性价比的服装和配饰。因为在海澜之家的每个门店内，几乎囊括了男性所需要的全部服装配饰用品，从西服、衬衫等正装到皮带、围巾、领带、鞋袜等外延服饰，共17大系列、5 000多个品种。

（三）创新购物模式

海澜之家充分考虑顾客的心理诉求，改变了传统的"人盯人"的导购模式，尽可能为消费者提供一个舒服自在的选购环境。为了让消费者方便选购,海澜之家设计了一目了然的导购图,将服装配饰用品按照品种、型号、规格分类陈列。同时,还在货架、试衣间设有按铃,如果消费者需要服务人员的服务,只需要按动按铃,就会有专业的服务人员出现,为消费者提供帮助和服务。

(四) 供应商可退货政策

海澜之家与供应商之间的合作关系突破了传统的供销关系,海澜之家与其供应商之间是"可退货的联营"关系,海澜之家在两个适销季后可以将仍然滞销的产品退回给供应商,退回的滞销产品可以进行二次降价采购。历史数据显示,海澜之家的供应商的退货率在10%—20%之间,海澜之家按照供应商成本价的1.5倍进货,如果卖掉八成的存货,供应商的毛利可以达到15%—20%。此外,海澜之家的滞销商品还可以贴"百依百顺"的标签继续销售。

(五) 连锁店类直营模式

海澜之家与下游加盟商之间的关系和一般服装企业与加盟商的关系也有很大不同。传统企业通常会设有多级代理,而海澜之家只有一层代理,所有的加盟商都是直接与公司签订协议的。此外,传统加盟商对门店是既拥有所有权也拥有经营权的,而海澜之家的加盟商只拥有所有权而没有经营权,加盟商只负责提供资金和门店的选址,不负责门店的管理。所有权与经营权相分离,海澜之家的加盟商需要承担门店租金、装修、水电、职工薪酬、货物运输等其他经营活动中产生的费用,但不承担铺货费用,可以享受35%的收入分成。海澜之家具有门店的经营权,需要考察店面位置,控制销售渠道,负责加盟店管理人员和营业人员的招聘、培训、录用等。所有加盟店都必须按照公司的统一标准化模式经营,统一形象、管理、采购、配送、价格与结算,甚至员工都是由总公司统一招聘培训的。

(六) O2O模式

海澜之家从2011年开始发展线上电商业务,推行"线上线下同款同价"的策略。消费者在海澜之家线上买的服装配饰可以到线下任何一家门店内退货。一般电商企业一个金牌导购每天大约能够接待300个顾客,而海澜之家却希望导购每天接待的顾客在100个左右。因为只有花时间与客户沟通,才能够留住消费者。把客户变成用户是海澜之家的互联网思维,公司线下客户体系庞大,线下交易高达4 000多万人次,如果打通了线上线下会员体系,对海澜之家来说将是一个大金矿。2014年的5月和10月海澜之家分别取得天猫与京东月度排名第一的成绩,逐步实现天猫、京东、亚马逊等网络销售平台的多渠道布局。海澜之家的电商发展情况如表4所示。

表4　海澜之家的电商发展情况表　　　　　　　　　　　　单位：万元

报告期、团队规模	年销售额	"双11"	"双12"
2011年(4人团队,2家店)	398		
2012年(12人团队,3家店)	2 500(+553%)	93	43
2013年(120人团队,8家店)	9 300(+272%)	357(+283%)	251(+483%)
2014年(300人团队,72家店)	40 000(+302%)	9 198(+2 476%)	2 922(+1 064%)

（七）物流、仓储管理

海澜之家将仓库设在总部，所有货品均集中存放至总部物流园，然后通过储运中心直接与门店联系，将货品发往各个门店。这种扁平化的货品管控模式大大降低了仓储费用及其他资源投入，并且能实现快速的补货、退货反应。此外，海澜之家的仓储管理方式也进行了重大改革，由传统的平地堆放转型至高位立体智能仓库，同时，采用国内外最先进的信息系统，全程跟踪货品的仓储、配送、销售每个环节，快速反馈货品信息。在一个小时内，就可以实现同城门店的迅速调货，任何突发状况，一分钟内消息便会传至总部。

四、是优势还是风险？

对于海澜之家独特的运营模式，有人认为是海澜之家特有的优势，也有人认为其背后必定有一定的风险。2012年海澜之家的首次IPO失败也给海澜之家带来了诸多争议。

（一）"供应商"之辩

甲：滞销两季的货品可以同供应商退货，也就是说供应商承担了所有的风险，而海澜之家则消除了产品滞销和库存风险。这种赊销方式使海澜之家无后顾之忧，可以快速扩张而不用担心资金或库存积压问题，同时，企业也无须为清理库存而打折促销，不至于品牌形象受损，产品价格的透明化也能使消费者更加信赖。

乙：海澜之家与供应商的约定是：先预付30%的预定货款给供应商，之后随着销售情况逐渐付款，如果两个季度之后产品还未卖出去，那么供应商必须接受退货。如此一来,这些供应商既承担着退货风险,还承担着赊账风险。虽然海澜之家表示为此项要求付给供应商更高的毛利,但是面对这个快速变化的市场以及存货贬值问题频发的服装行业,这些处于代加工地位的供应商们为何要去冒这样大的风险?此外,如果真有这样的供应商,为什么别的品牌不采用这种方式呢?

(二)"加盟商"之辩

甲:服装门店的所有权与经营权得到分离,不仅能够实现低成本的快速扩张,而且能保证营销渠道的顺畅,并且无应收款。只有一层代理层级,就避免了"牛鞭效应",信息能够快速准确传达到决策部门。同时,海澜之家3 000多家的加盟店都是"连"形象、"锁"管理的,这就避免了可能因加盟者参差不齐的经营管理能力而导致门店关闭的风险,还同时控制了货源,降低了出现假冒品牌的风险。

乙:加盟商在加入海澜之家时需要支付100万元的加盟押金,另外拿出100万元用于支付门店装修、租金水电及员工工资,不用承担铺货费用,营业收入的35%作为提成。如果一年门店收入400万元,可提成140万元,净利润大概为40万元,收益率在20%左右。而银行存款收益率在5%左右,加盟海澜之家的收益率远高于银行存款收益率。此外,如果第一年卖得不好,加盟商可以签保底协议,每年交6万元加盟费,则公司可以保证加盟商5年获得税前利润100万元。这种分利方式让人感觉加盟商不需要参与运营,而只要出钱就能够享受保底收益,并且不承担任何存货风险,这难免使人怀疑海澜之家是否在设置庞氏骗局,以高利为诱饵进行非法集资。另外,如果加盟店经营没有能够使加盟商获得预期的收益,而出现大规模供应商退出的情况,这对于以加盟商为主的海澜之家来说可能是灭顶之灾。

(三)"平价定位"之辩

甲:在经济疲软的大背景下,部分消费者的消费需求从追求品牌逐渐转变为追求高性价比的产品。海澜之家产品价格低、性价比高、倍率低(2.5倍)[①],恰好契合了这样的大环境。不同于市场外延扩张边际效应逐渐递减的一、二线城市,三、四线城市开店的边际效应仍然较高;同时,男装平价市场的竞争环境相对较为宽松,且平价男装产量规模大,有利于压缩成本,为低倍率提供可能性。

乙:价格是判断产品质量和档次的信号,一般而言,价格越高,档次越高,而消费者根据产品本身的属性和指标来准确判断产品品质的能力也是有限的。因此海澜之

---

① 海澜之家的销售价为进货价的2.5倍。

家低价位的市场定位可能会传递产品质量也低的市场信息,从而大大降低海澜之家的品牌形象。

(四)"高库存"之辩

从表5可以看出海澜之家的存货占总资产的比重较高,而提取的存货跌价准备却极低,连1‰都不到。表6中海澜之家的存货周转率与同行业相比显得很低,即使在同行业业绩表现不佳时期其存货周转率仍然低于同行业。

表5 海澜之家存货及存货跌价准备

报告期 类别	2012年	2013年	2014年
存货(元)	4 456 824 638.25	4 516 012 739.35	6 086 276 961.28
存货占总资产百分比(%)	48.94	40.23	32.84
存货跌价准备(元)		12 129 320.00	49 085 009.31
存货跌价准备占存货百分比(‰)		0.27	0.80

表6 同行业存货周转率比较　　　　　　　　　单位:次

年份 品牌	2012	2013	2014
海澜之家	0.36	1.01	1.4
贵人鸟	9.5	10.74	7.12
九牧王	1.6	1.69	1.49
报喜鸟	3.14	2.4	1.89

甲:海澜之家的库存较大,而提取的跌价准备却很低,主要是因为海澜之家的存货是可以无条件退还给供应商的,因此,海澜之家其实并没有存货跌价的风险。而存货周转率较低,这主要是由海澜之家特殊的商业模式决定的。海澜之家的收入确认原则为终端消费者实际购买才确认收入,传统模式则是品牌商将产品销售给经销商即确认收入。所以在海澜模式下,所有门店内的衣服都属于存货,而传统模式下只有制造商还未销售给下一级经销商的产品才算存货。因此从账面来看金额很高的库存并不等同于传统意义上的库存。从表7中海澜之家存货构成可以看出,委托代销商品包括在存货内,2014年委托代销商品有36亿多元,20亿元库存商品是买断的商品。如果只看买断的商品,则存货占总资产的比重将比大部分同业要低,存货周转率也会高于同行业很多企业。

乙:虽然到目前为止,并没有出现较大的库存危机,但库存风险仍然是存在的。

如果持续保持海澜之家门店的快速扩张,那么库存也会随之大幅度增加。在大规模的库存情况下,一旦市场环境发生急剧重大变化导致销售放缓或售价下跌,企业的库存真的可以全部退回给供应商吗?即使供应商接受退货,海澜之家又如何面对大量供应商的退出?

表7 2014年海澜之家存货构成及计提跌价准备情况　　　　单位:元

项　　目	账面余额	跌价准备	账面价值
原材料	109 256 168.62		109 256 168.62
在产品	33 726 257.73		33 726 257.73
库存商品	2 019 747 278.63	49 085 009.31	1 970 662 269.32
委托加工物资	5 728 427.72		5 728 427.72
产成品	342 946 700.24		342 946 700.24
委托代销商品	3 623 957 137.65		3 623 957 137.65
存货合计	6 135 361 970.59	49 085 009.31	6 086 276 961.28

海澜之家的加盟店都相当于直营店,是由海澜之家统一管理的。因此,海澜之家门店内的商品未售出本就应该计入存货。存货周转率过低,则表示存货的变现能力差,那么企业的持续盈利能力就很难判断。从财务角度看,存货周转率是评价一个服装企业是否可以良性运转的指标之一,它可以预测整个公司的现金掌控水平,从而考核整个公司的需求与供应链运作水平。海澜之家的存货周转率表现是否意味着海澜之家的盈利能力存在问题?是否会影响企业的短期偿债能力?

五、结束语

与同行业相比,海澜之家的确有很多独特之处,既控制了上游的"产品规划、品牌管理",又控制了下游的"供应链管理、网络营销管理",中间的"产品设计、成衣生产"等环节则都被外包了出去,同时又有加盟商的无息资金作为投资,海澜之家掌控了价值链最核心的部分。这其中有值得肯定的地方,也确有惹人争议之处。海澜之家的独有商业模式能否保证海澜之家的持续稳定发展?其风险是否可控?海澜模式是否会被轻易复制?这些问题都值得我们探讨。

(执笔人:陈晓玲,指导老师:邵建军)

多伦股份实际控制人资本运作和违规研究

适用课程： 财务管理理论与实务

编写目的： 本案例研究多伦股份资本运作及违规事件，着重分析了其控制人将公司作为资本运作平台，操纵股价、掏空公司的一系列情况，得到关于加强公司治理和政府对信托监管等方面的启示，使学生加深对企业财务报表分析等知识的理解并对企业资本市场操纵行为进行深入的思考。

知 识 点： 财务报表分析　市场操纵　公司治理　隧道行为

关 键 词： 多伦股份　资本运作　证券市场操纵　隧道行为　信托炒股

案例摘要： 中国证券市场是经济转轨过程中的新兴市场，一方面，监管机构的监管经验和水平还处在发展过程中，监管处罚力度不够；另一方面，证券市场操纵行为监管中需要应对的许多问题都是没有先例的新问题。中国资本市场常有的一股独大的特点，以及公司治理和内部控制缺陷，使得上市公司实际控制人可以通过多种手段利用公司进行违规获利。本案例主要分析了多伦股份新旧实际控制人将公司作为资本运作平台，发布虚假信息操纵股价、频繁转移优质资产掏空公司、建立私募信托幕后坐庄等一系列违规手段，意在通过总结和建议，起到抛砖引玉的作用。本案例旨在通过辨别上市公司资本运作手段，得到一些推动我国证券市场和上市公司良性发展的启示，为政府监管和防范此类事件的重复发生，保护投资者利益，提供实际案例的分析总结；同时针对大股东不关注公司经营业绩，只将上市公司当作圈钱工具的"隧道行为"提出一些管理上的措施。

21世纪初，资本市场风起云涌，造就了"德隆系""中科系""鸿仪系"等企业集团，这些"系"形成了一道道股市风景线，催化了证券市场的繁荣。但它们都因为存在非法集资、资金链断裂、过度抵押、操纵市场、管理混乱等各式各样的问题,使得看似风光无限的"造系运动"背后,隐藏了一场更为触目惊心的"毁系浪潮"。企业集团的非健康式发展,为企业成长埋下了祸患,风险不期而至,曾经的"大系"顷刻瓦解。其中的原因在于:

其一,中国股票市场是一个不成熟的新兴市场,在产权制度、交易制度、体制基础等方面和发达国家相差尚远。由于政府监管缺失和投资者群体的不成熟性,虚假信息的"肇事者"可以从这样的市场操纵行为中获得潜在的巨大利润[①]。中国证监会近年来严查操纵股价,严格打击六大类市场操纵行为,例如:制造、利用信息优势,多个主体或机构联合操纵股价;迎合市场炒作热点,编题材讲故事;等等。进入2015年,陆续出现了数十个股东或高管违规减持自家公司股票的案例[②]。至2015年6月,就有16家上市公司因股票违规操作收到了监管函,主要违规事由集中在短线交易炒作和减持等行为未及时公布等方面。虽然逢高减持已是资本市场的"家常便饭",但是大股东大比例减持股票还是会在一定程度上挫败市场信心,并且部分上市公司在减持中以迎合市场炒作热点等违规方式,以达到大股东顺利出货或操纵股价投机获利等不正当目的的行为,妨碍了证券市场的有序健康发展。

其二,部分上市公司由于公司治理等方面的缺陷和内部控制的缺乏,进入股权分置改革时代后,大股东操纵市场以谋取私利的动机更甚。部分大股东将公司作为资本运作的平台,不当操纵上市公司资本,通过违规担保、关联交易、花样的质押股权等方式,滥用公司法人人格,侵犯公司利益,致使部分上市公司、"大系"和"集团"沦为圈钱工具,甚至逐渐变为空壳,濒临破产或退市。

一、上海多伦实业股份有限公司概况

(一)上海多伦实业股份有限公司简介

上海多伦实业股份有限公司(以下称为"多伦股份")是一家成立于20世纪末的中外合资股份有限公司,也是首家在1993年底通过股份制改制后发行A股并在上交所上市的台资企业。公司注册资本为13 856万元。2015年5月,公司成立了匹凸匹金融信息服务(深圳)有限公司,将主营业务范围拓展到金融服务、房地产综合开发和物业管理。

---

① Ullah Saif, Massound Nadia & Scholnick Barry. The Impact of Fraudulent False Information on Equity Values [J]. Journal of Business Ethics, Mar 2014, Vol. 120 Issue 2.
② 龙昊. 从股东减持看投资理性[N]. 中国经济时报, 2015 - 06 - 25.

(二) 2004—2010 年多伦股份与实际控制人间的产权关系

2004—2010 年多伦股份与实际控制人间的产权关系如图 1 所示。

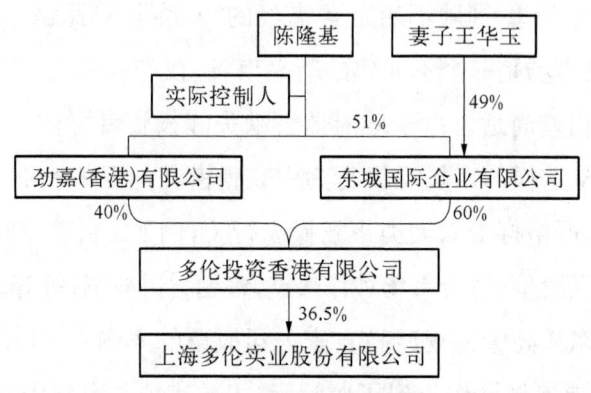

图 1 多伦股份股权结构

资料来源：多伦股份 2004—2010 年年度报告[EB/OL].http://static.sse.com.cn/disclosure/listedinfo/announcement/c/

(三) 多伦股份参股及控股公司变化

多伦股份 2013—2014 年参股控股公司如表 1 所示。

表 1 多伦股份参股控股公司(2013—2014 年)

年份	被参控公司	参控关系	直接持股比例(%)	表决权比例(%)	被参控公司注册资本(万元)	投资额(万元)	营业收入(万元)	净利润(万元)	主营业务	是否合并报表
2014 (1)	深圳柯塞威基金管理有限公司	子公司	100	100	11 500	11 500	/	−171.63	互联网金融服务	是
2014 (2)	荆门汉通置业有限公司	子公司	70	70	35 000	13 300	1 004.83	−459.71	房地产开发	是
2013 (1)	豪盛(四川)实业有限公司	子公司	70	0	20 000	0	/	/	墙地砖、马赛克	否
2013 (2)	荆门汉通置业有限公司	子公司	70	70	35 000	13 300	3 588	−665	房地产开发	是
2013 (3)	南昌平海房地产开发有限公司	联营企业	45	45	2 000	7 458.86	18 057.56	1 162.43	房地产开发、出租	

资料来源：东方财富通-深度资料：匹凸匹[600696.SH]

(四) 多伦股份历年经营情况

1. 多伦股份历年经营业绩分析

由多伦股份历年的营业状况不难发现其空壳化迹象，特别是 2011 年被实际控制人剥离了优质资产后，虽然 2012 年由于对子公司南昌平海的利润操纵(净利率飙升至

133%)使得利润表数据变好,但是随后的几年里迅速下跌,真实的营收数据逐渐显示出来。令人讶异的是2014年营业收入降低但营业利润增长,通过对2013年和2014年年报进行分析,我们认为原因如下:① 2013年年报中子公司荆门汉通楚天城项目土地面积还是1 614亩,2014年年报中土地面积就变为了1 061.1亩,公司疑出售土地获益。② 出售子公司南昌平海获得了1.08亿元的投资收益。③ 由于资金紧张,公司仅剩的汉通楚天城项目基本停工使得营业成本降低。同时本期市场推广和广告宣传费用的下降导致销售费用下降了60.49%。由此不难发现公司进入经营困境,后续开发乏力,资金链吃紧,销售状况不佳。如表2所示。

表2 多伦股份2010—2014年利润表

项目 \ 报告期	2014-12-31	2013-12-31	2012-12-31	2011-12-31	2010-12-31
一、营业总收入:					
营业收入(百万元)	10.05	109.84	264.86	92.64	58.05
利息收入(百万元)	—	—	—	—	—
二、营业总成本:					
营业成本(百万元)	5.82	86.12	199.23	46.31	29.11
利息支出(百万元)	—	—	—	—	—
营业税金及附加	1.16	3.19	18.97	8.03	40.74
销售费用(百万元)	4.64	11.75	4.45	5.00	—
管理费用(百万元)	20.79	13.20	15.29	22.70	15.10
财务费用(百万元)	0.37	0.46	0.06	−0.08	0.08
资产减值损失(百万元)	3.62	−1.07	2.61	−0.33	−0.54
三、其他经营收益:					
公允价值变动净收益(百万元)	—	—	—	−0.27	−0.46
投资净收益(百万元)	108.88	5.23	17.19	7.28	28.62
其中:对联营企业投资收益(百万元)	37.33	5.23	17.19	5.53	28.57
四、营业利润:					
营业利润(百万元)	82.53	7.80	41.44	18.02	1.71
加:营业外收入(百万元)	0.19	1.04	0.02	0.02	3.08
减:营业外支出(百万元)	1.54	1.55	1.20	1.30	0.23
其中:非流动资产处置净损失	0.01	0.29	0.41	0.22	—
五、利润总额:					
利润总额(百万元)	81.18	7.29	40.26	16.74	4.56
减:所得税(百万元)	11.48	0.46	8.17	−0.30	0.94

(续表)

项目＼报告期	2014-12-31	2013-12-31	2012-12-31	2011-12-31	2010-12-31
六、净利润：					
净利润（百万元）	69.70	6.83	32.09	17.04	3.62
减：少数股东损益（百万元）	-1.38	-1.99	7.79	-3.34	-2.08
归属于母公司所有者的净利润（百万元）	71.08	8.83	24.31	20.38	5.70
七、每股收益：					
（一）基本每股收益（元）	0.209	0.026	0.071	0.06	0.017
（二）稀释每股收益（元）	0.209	0.026	0.071	0.06	0.017

资料来源：东方财富通-深度资料：匹凸匹［600696.SH］

2. 多伦股份主要财务指标分析

上述分析的历年公司经营状况也在主要财务指标中显示出来，如表3、表4所示。公司从2011年开始经营业绩上涨乏力，EPS增速变缓，到2013年EPS更是有了大幅度的下跌。2014年公司虽然通过非经营性收入拉高了EPS，但是营业收入出现了大幅度下滑，也反映了二、三线城市房地产市场不景气、销售困难对公司整体产生的不利影响。

表3 多伦股份主要财务指标

指标＼年份	2014年	2013年	2012年	2011年	2010年
基本每股收益（元）	0.209	0.026	0.071	0.06	0.017
扣除非经常性损益后的基本每股收益（元）	0.060	0.028	0.073	0.06	0.009
加权平均净资产收益率（%）	12.69	1.7	4.83	4.23	1.22
扣除非经常性损益后的加权平均净资产收益率（%）	3.36	1.83	4.95	4.26	0.65

资料来源：多伦股份2010—2014年年度报告［EB/OL］．http：//static.sse.com.cn/disclosure/listedinfo/announcement/c/

表4 多伦股份盈利能力指标

指标＼报告期	2015-09-30	2014-12-31	2013-12-31	2012-12-31
摊薄总资产收益率（%）	-2.75	5.66	0.68	3.44
销售毛利率（%）	—	42.11	21.60	24.78
营业利润/营业收入（%）	—	821.32	7.11	15.65

(续表)

指标 \ 报告期	2015-09-30	2014-12-31	2013-12-31	2012-12-31
销售费用/营业收入(%)	—	46.19	10.69	1.68
管理费用/营业收入(%)	—	206.94	12.02	5.77
财务费用/营业收入(%)	—	3.65	0.42	0.02
预收款/营业收入(%)	—	4 936.82	309.13	58.57
营业外收支净额/利润总额(%)	—	−1.66	−7.06	−2.93
所得税/利润总额(%)	—	14.14	6.26	20.30

资料来源：东方财富通-深度资料：匹凸匹[600696.SH]

为了改善经营状况，多伦股份在资金吃紧的情况下，打算培育第二主业，投资金融服务业。然而通过表4和表5可以发现2015年公司盈利能力并没有得到提升，反而呈现更为糟糕的状况。从同行业的比较来看，2015年多伦股份的经营业绩明显低于行业平均水平，与行业领先企业相差巨大，EPS甚至为负数。种种迹象都显示了公司空壳化的状况。

表5 2015年多伦股份行业比较

排行	股票代码	名称	中报每股收益(元)	三季报每股收益(元)
1	600185	格力地产	1.590 0	1.440 0
2	600064	南京高科	0.667 0	0.934 0
3	000042	中洲控股	0.874 4	0.861 4
4	000024	招商地产	0.830 0	0.860 0
5	000732	泰禾集团	0.556 5	0.808 7
—	600696	匹凸匹	−0.069 0	−0.106 9

资料来源：东方财富通-深度资料：匹凸匹[600696.SH]

二、多伦股份资本运作及违规分析

（一）二级市场借涉矿传闻套利

2011年中旬，市场上开始盛传多伦股份涉矿的消息，有的称其掌握的矿产资源有4 000亿元的潜在价值，有的称其探明和控制的锡、锌、锑等矿石量高达11亿吨，有的称其拥有稀土资源等。

由于这些消息的影响,多伦股份受到游资追捧,每股股价从2011年6月中旬到8月初仅一个半月时间就从5元多涨至14.6元,涨幅高达155%。在股价狂涨的这段时间内,公司却从未正式发表声明说明真实情况。直至8月9日,才发布澄清公告称没有涉及矿产业务的意向,并明确表示,公司主营业务依然为房地产,尚未考虑涉及其他任何经营业务。

得益于涉矿题材的炒作,2011年5—9月公司大股东香港多伦投资累计减持公司总股本的5%,共计1 702.83万股。在每股股价10元左右时的逢高减持使得大股东可以获得较6月中旬每股股价5元左右时近两倍多的收益,累计获得套现收益1.6亿元。

伴随着公司涉矿传闻后的股价大涨(如图2所示),大股东开始了股价高位时的减持套现,这一举动暴露了炒作涉矿消息的真实原因:一方面为了实际控制人陈隆基的高位套现,另一方面或是为后续公司向信托公司质押股权而作的铺垫,从而获得更多融资。

图2 公司股价波动情况

(二)大股东掏空公司,转让优质资产

实际控制人陈隆基在股价飙升期间减持并套现的同时开始着手退出上市公司的舞台。他于2011年末将其持有的东诚国际和劲嘉有限公司的所有股权转给了自然人李勇鸿,作价3.6亿万元。然而,陈隆基除了卖壳、减持获益以外,他还带走了公司最贵重的财产:上海多伦建设发展有限公司。

1. 上海多伦建设发展有限公司简介

上海多伦建设发展有限公司(以下称为"多伦建设")系福州森森、福建大展和多伦股份一起出资创建的股份公司,公司法定代表人为陈代琛。公司成立两年半后,于2005年11月24日取得了多伦路地块的开发权,次日,多伦股份便为满足多伦路项目开发的需要,出资2 000万元收购了福州森森和福州大展持有的上海多伦建设合计20%的股权,最终多伦股份持有了多伦建设90%的股权。

2. 拖延不决的多伦路项目

虽然在2007年9月多伦路项目就取得了《动迁许可证》,但多伦股份年报中称"该项目因受动迁资金等原因的影响",在拿地后的6年里都没有对该地块进行开发。然而自相矛盾的是,多伦股份2007年的年报中,报表上现金高达2.74亿元,并且资产负债率仅为50%。显而易见,如果多伦股份真要开发这个项目,可以通过多种融资方式,如信贷融资、债券融资、定向增发等来筹集资金,公司却一直以资金为由拖延开发多伦路项目。

更加令人费解的是,在公司取得动迁许可证之后的十几天内,公司却召开董事会作出多伦路项目开发期间产生的余裕资金可用来申购国内发行的新股的决议。随后公司对中石油的新股发行的初始投资成本就高达247万元[1]。

3. 被低估的多伦建设

2011年9月6日,多伦股份转让股权的公告称[2],将多伦股份持有的其子公司多伦建设所有的股权转让给北京富成源投资有限公司,转让价为5 500万元,以公司的账面净资产为基础估价。

按照51%股权5 500万元的价格计算多伦建设的所有股权价值为1.08亿元。然而,据2005年大华资产评估公司提供的报告,多伦建设的净资产就已接近1亿元。2005年11月24日,多伦建设又以6.5亿元拍得多伦路地块(转让前仍归属于多伦建设),但这块土地却并未体现在公司报表上,到2009年末报表中显示土地储备的存货科目的金额仅有2.6亿元左右。因此2009年多伦建设净资产报表数额仅显示1.07亿元。

究其被低估的原因,我们认为是为了规避评估。由于出售的上海多伦建设总资产、净资产及作价均低于多伦股份总资产和净资产的50%,按上交所规定,此次交易

---

[1] 多伦股份2011年年度报告[EB/OL]. http://static.sse.com.cn/disclosure/listedinfo/announcement/c/2012-03-20/600696_2011_n.pdf.

[2] 2011年9月6日多伦股份转让控股子公司股权的公告[EB/OL]. http://static.sse.com.cn/disclosure/listedinfo/announcement/c/2011-09-06/600696_20110906_2.pdf.

不需提交股东大会审议,也不用聘请事务所和评估机构对拟出售的资产进行审计与评估[①]。

按当时多伦路地块6.5亿元的作价计算,此地块的楼面价不到4 000元/平方米,但是至出售前上海土地大幅上涨,多伦路地块周边的二手房价当时就已近30 000元/平方米。更重要的是,多伦路地块已建成"多伦路历史文化名人街",该地块作为天然的文化地产吸引着众人的目光。如果经过评估,多伦建设肯定无法按现在的低价成交。

4. 陈隆基与富成源

富成源收购多伦建设获得了不合理的优惠转让条件,多伦股份利益输送的意图昭然若揭。

然而,富成源与陈隆基之间却暗含交集(如图3所示),北京东樽房地产有限公司和富成源的法人都是同一人:吴风。北京东樽房地产有限公司是正和股份的控股子公司,而巧的是正和股份的控股人正是刚将多伦股份易主的陈隆基,因此,此次转让交易受到陈隆基间接影响的可能性很大。

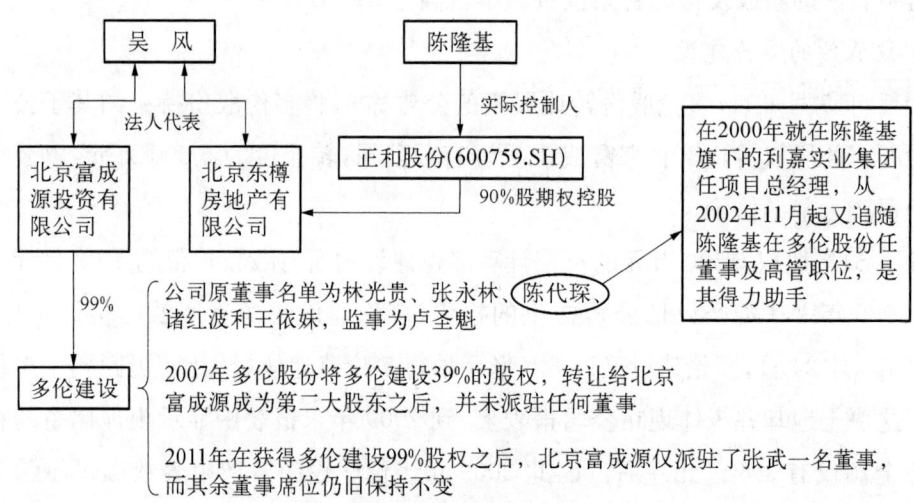

图3　富成源和陈隆基的关联关系

另外可以佐证的是,被出售后的多伦建设其原有的4/5的董事和监事均未发生变化。这些董事本来就和陈隆基有很深的关联(如图4所示)。所以实际由陈隆基控制的富成源变为第一大股东后,2005年就已经确立的董事会格局也没有改变。

---

① 证监公司字〔2000〕75号,关于规范上市公司重大购买或出售资产行为的通知[EB/OL]. http://www.gov.cn/gongbao/content/2001/content_61338.htm.

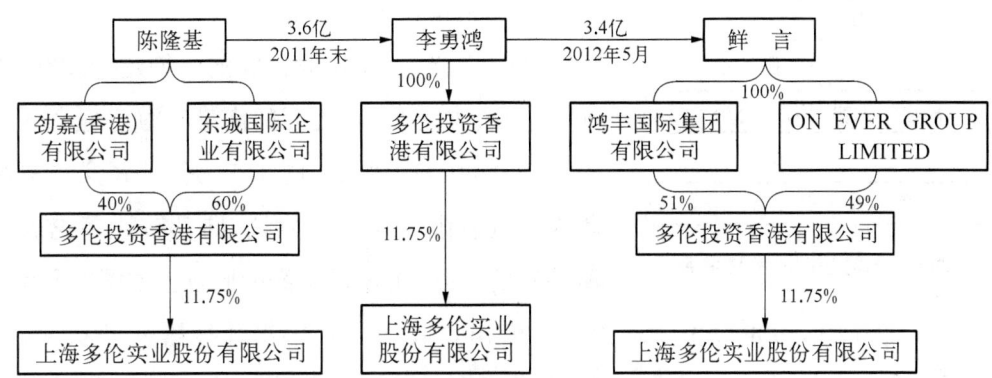

图 4　多伦股份实际控制人更迭

资料来源：多伦股份 2011 年和 2012 年年度报告

即便存在着明显的关联关系，多伦股份却在发布的公告中坚称其出售子公司多伦建设的交易活动为非关联交易。由此不难发现陈隆基通过富成源进行关联交易将多伦建设移入了自己的口袋的事实。

（三）新旧实际控制人的资本玩偶及违规处罚

1. 实际控制人的频繁更迭

2011 年末陈隆基和李勇鸿签署完股权转让协议后多伦股份正式易主。新官上任的李勇鸿并未着急重组"内阁"，而是令人费解地沿用公司易主前的原董事长陈友忠，他自己竟然也未在股东大会上露面，主持大会的仍然是原来的陈友忠董事长①。因此李勇鸿被疑只是代陈隆基持股，而他在参与陈隆基实际控制的正和股份涉矿事宜时就已经与陈隆基有了密切的接触②。

2012 年 5 月 21 日，李勇鸿将股权转让给鲜言，多伦股份实际控制人再次变更（如图 4 所示）。然而两个月后，变更公告才得以披露，涉嫌严重违规。2012 年 9 月，多伦股份新主鲜言受到了中国证监会对其进行的立案稽查。同时，依据《上市公司收购管理办法》，李勇鸿取得上市公司控制权后不到 12 个月就将股权转让他人的行为明显违规，他也因此受到了上交所公开谴责。

随后证监会上海监管局发布〔2013〕1 号行政处罚决定书：对李勇鸿责令改正，给予警告，并处以 60 万元的罚款；对鲜言给予警告，并处以 30 万元罚款。

---

① 张艳. 三任股东联手炒作，多伦股份沦为空壳[N]. 民营经济报，2013-08-16.
② 李小平. 多伦股份幕后玩家指向大河系，李勇鸿涉嫌双身份[EB/OL]. 2013-07-30. http://finance.sina.com.cn/stock/s/20130730/045016279929.shtml.

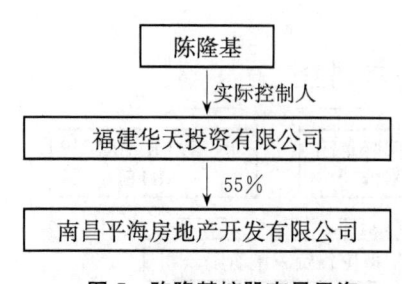

图 5 陈隆基控股南昌平海

2. 剥离南昌平海优质资产

2004年3月,多伦股份收购了创建于2003年初,注册资本为2 000万元的南昌平海房地产开发有限公司60%的股权。同年11月,公司又与福建华天投资有限公司达成协议,向其转让多伦股份所持有的3/20的南昌平海的股权。如图5所示。

2013年7月,多伦股份要求南昌平海出具其当年半年报并披露财务状况,却遭到了不当拒绝。为维护公司权益,多伦股份对南昌平海提起了诉讼。此时多伦股份对子公司失去管控的空壳迹象已开始显露。然而在2014年8月底,多伦股份却与福建华天达成了股权转让协议,由其收购了多伦股份持有的南昌平海30%的股权。

2010年以来,多伦股份便依赖于南昌平海的利润及发展。仅在2012年这一年,南昌平海为多伦股份创造的净利润就占到公司同期净利润的71%。2013年上半年,南昌平海实现净利润2 957万元,为多伦股份创造了1 331万元的净利润,约占到了多伦股份整体净利润2 341万元的一大半部分。在剥离南昌平海给陈隆基后,2014年多伦股份的营业收入就下降了90.85%,公司资产所剩无几[①]。

3. 新旧控制人联手隐身坐庄

2012年11月27日,规模为6亿元、以江苏沐雪信息科技有限公司作为其投资顾问的沐雪巴菲特一号阳光私募正式成立[②]。中国银行上海分行作为优先级受益人(没有投资决策权)认购近4亿元,深圳凯雷作为次级受益人认购了2亿元。

江苏沐雪通过另组深圳沐雪股权投资管理有限公司,并联合湖北精九投资有限公司和广东鸿远能源投资有限公司成立了深圳凯雷股权投资基金合伙企业(有限合伙)为"沐雪巴菲特一号"配资。深圳凯雷认购的2亿元主要来自鲜言与李勇鸿分别执掌的湖北精九和广东鸿远,两者分别出资1亿元和4 000万元[③]。

然而与深圳凯雷本身的投资结构不相符的是其认购的2亿元并非按其投资比例出资(如图6和图7所示)。这种出资结构导致了该阳光私募的不稳定,次级受益人湖

---

① 桂小笋.多伦股份出售资产"壳"化严重,股东竞相减持离场[N].证券日报,2014-09-17.
② 申兴."沐雪巴菲特一号"曝出多伦股份内幕交易[EB/OL]. http://www.eeo.com.cn/2013/0301/240546.shtml.
③ 杨光.沐雪巴菲特一号局中局生出"案中案"[EB/OL]. http://www.cs.com.cn/tzjj/jjts/201302/t20130227_3875024.html.

北精九和广东鸿远分别可对信托计划中 3 倍于其出资额的资金提出投资建议。真正可以控制 6 亿元"沐雪巴菲特一号"的是湖北精九和广东鸿远。

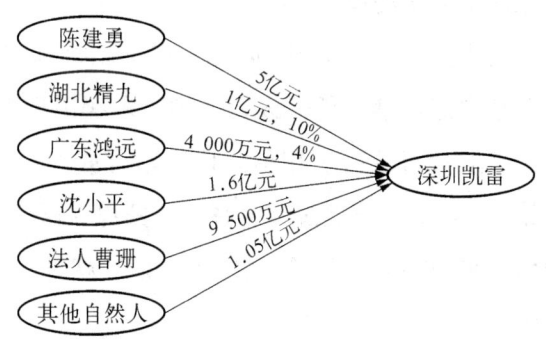

图 6　深圳凯雷投资结构

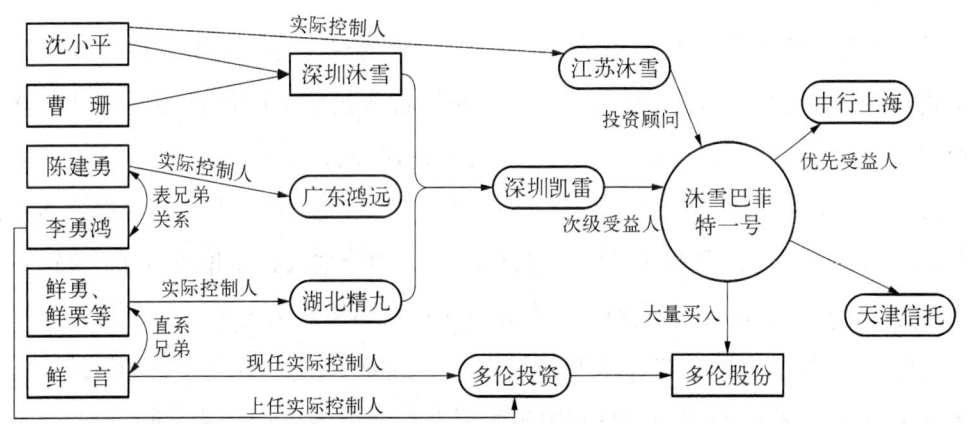

图 7　鲜言、李勇鸿隐身"坐庄"多伦股份

资料来源：段铸.新旧实际控制人联手隐身坐庄多伦股份[N].中国经营报,2013-03-04

2013 年 1 月 28 日,湖北精九、广东鸿远举报江苏沐雪涉嫌诈骗,随后荆门市公安局着手调取该信托计划相关材料。江苏沐雪则在《致全体投资人的函》中称深圳凯雷及其身后的组建者通过信托资产进行多伦股份关联内幕交易的行为违背了该信托计划的投资协议。2 月 1 日,经受益人大会投票表决,该阳光私募提前终止变现。

"沐雪巴菲特一号"成立之初便受湖北精九的指示,大笔买入和卖出多伦股份。而其背后坐庄操纵的是多伦股份的新旧控制人——鲜言和李勇鸿（如图 7 所示）。2013 年 1 月底收盘后,该信托受湖北精九指示共计持有多伦股份 1 000 多万股股票,股票市值超过 7 000 万元。

陈隆基时期多伦股份将 4 000 万股公司股票质押给了渤海信托,该股权质押于

2013年4月19日到期,然而在2012年多伦股份就出现了业绩不佳、股价下挫的情况,致使质押的股权面临着被清仓的危险。我们认为,这才是湖北精九不惜违规进行关联交易大量买入多伦股份股票的原因所在。

虽然控制人该项行为未受到任何处罚,但是我们不难找到其资本运作违规的依据。《证券法》第七十七条规定:"禁止任何人以下列手段操纵证券市场:单独或者通过合谋,集中资金优势、持股优势或者利用信息优势联合或者连续买卖,操纵证券交易价格或者证券交易量。"因此,鲜言通过其直系亲属鲜勇、鲜栗等间接控制了湖北精九并买入多伦股份股票的事项构成了关联交易,应予以披露,但该信息却从未出现在多伦股份相关的公告中。

(四)壳化后公司的经营状况及违规情况分析

1. 经营状况分析

经过多次的优质资产剥离,多伦股份一步步沦为空壳并成为实际控制人资本运作获利的平台。近些年以来,公司的营收开始出现大规模下跌的情形。2013年多伦股份实现年营收1亿元,与2012年的2.6亿元相比,同比下降了61%。2014年公司营收为1 000万元,相较于2013年同比再减少了90%,经营活动现金流量净额也下降了近500%,为-1亿元左右;应付款与其他应收款却分别大幅度增加到了7 053万元和2.3亿元;同时,管理费用同比增加了57%,高达2 000多万元[①]。

另外,多伦股份还面临着经营项目单一、土地储备不足及资金吃紧的风险。2013年和2014年年报称公司现如今只有控股的荆门汉通的楚天城在建,同时荆门汉通的土地储备也是仅有的储备。然而荆门房产空置率很高,销售不旺,因此荆门汉通在2013年后连续两年都出现了百万元的亏损。资金方面,由于荆门汉通的房地产项目采用的是上一期收回的资金作为下一期的开发资本这种开发方式,不景气的市场使得荆门汉通存在相当大的还款负担。由此,不难发现公司房地产主业的发展举步维艰的情况。

2. 违规担保

2015年5月4日多伦股份发布公告称,2013年3月和12月,其子公司荆门汉通为自然人方红星向彭昌平等两人的共计5 500万元借款提供了连带责任担保。由于方红星未履行还款责任,被彭昌平等人诉至了法院。经法院裁定,荆门汉通因该项担

---

① 多伦股份2014年年度报告[EB/OL]. http://static.sse.com.cn/disclosure/listedinfo/announcement/c/2015-04-28/600696_2014_n.pdf.

保为连带责任担保,其部分尚未开发的土地被采取了财产保全措施。

表面上精九贸易的法定代表人是方红星(关联关系如图8所示),而实际上精九贸易实际由鲜言控制。多伦股份为方红星提供的担保本质是为鲜言的精九贸易所作的担保。显而易见,此次担保构成了关联交易,鲜言涉嫌利用多伦股份为己谋利。

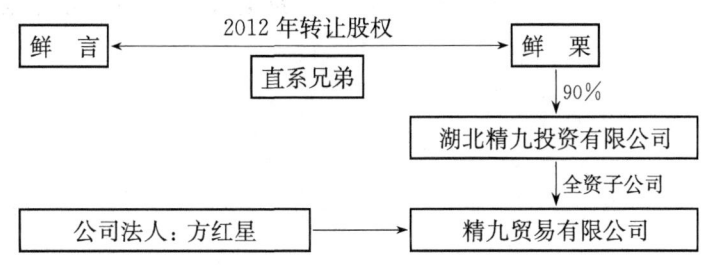

图8　鲜言与其"精九系"关系

多伦股份也由于这笔为方红星提供的借款在担保程序上不符合规定而在2014年年度财报中被出具了保留意见。该笔对外连带责任担保的成立并未履行相应的授权审批程序,而且为该笔借款签署抵押合同时使用了子公司荆门汉通的公章,却并未发现使用该公章的审批手续和记录。因此该笔借款的担保涉嫌在伪造印章情况下成立,荆门汉通报案后,公安机关对此进行了立案侦查。

同时多伦股份还收到了上交所的问询函,要求其补充披露担保借款具体用处,并提供合同、担保函等相关证明材料,请公司年审会计师就上述问题出具核查意见。由此,公司内部控制的缺陷情况可见一斑。

综上所述,多伦股份的新旧控制人相当多的行为及运作都没有及时进行合理的披露,也没有走法定程序让股东进行表决,涉嫌严重违规。而违规如此频繁,且屡禁不止,多伦股份算是一个特例。由此不难发现多伦股份在公司治理和管控方面存在的严重问题和重大缺陷。监管部门也应加强对上市公司特别是其大股东关联交易、违规行为的监督和监管,警惕上市公司沦为操纵工具。

三、问题讨论

(1) 如何通过财务指标变化判断公司的空壳化迹象?

(2) 多伦股份实际控制人进行资本运作的动机及手段是什么?

(3) 导致多伦股份被实际控制人操纵、掏空,多次进行违规舞弊操作的内外部因素有哪些?如何避免及解决这种问题和现象?

(4) 对于监管层而言,随着跨业界的金融机构的组织创新大量出现,如何从制度方面加强对企业信息披露真实性的管理,弥补混业监管模式的监管空白?

(执笔人:陆安琪,指导老师:吕怀立)

山水水泥股权争夺案例

适用课程： 财务管理理论与实务

编写目的： 本案例旨在引导学生关注我国上市公司并购实务中的具体问题，以及我国公司发展过程中的战略选择问题。根据本案例资料，一方面，学生可以从收购方的角度出发，思考企业在实施横向并购中应注意的问题；另一方面，学生也可以站在被收购方的立场，探析企业反并购的方法，扩宽对企业合并的研究思路。

知 识 点： 企业合并方式　反并购措施

关 键 词： 大股东侵权　敌意收购　反并购

案例摘要： 本案例描述了山水水泥被天瑞水泥并购的过程。山水水泥曾经是我国水泥行业的翘楚，资产规模达到300多亿元，但是由于大股东张氏父子对中小股东利益的损害，造成企业内部矛盾激化，引发了山水水泥整个管理层的动荡。最终作为山水水泥中小股东的原高管、职工联手天瑞水泥罢免了张氏父子，全面接管了山水水泥的董事会。

2015年5月，山水集团的董事长张斌在自己的办公室里坐立不安，他刚刚收到两个消息：① 从2015年初开始，山水水泥的竞争对手天瑞水泥趁着股票市场整体火爆的机会大举扫货，在短短4个月内悄悄地购买了山水水泥9亿多股的股份，不知不觉成为山水水泥的第一大股东。② 香港法院刚刚颁布了一项裁定：所有参与山水投资诉讼案件的职工股份，在法院最终判决下达之前，全部交由安永会计师事务所托管。作为少有的内地公司在香港法院起诉的案件，其受关注的力度可想而知，随着这个案件影响的不断扩大，越来越多看到希望曙光的山水员工纷纷站出来维护自己的合法权益,最终安永接受了山水投资近半数的股份,远远超过了张氏父子所掌控的份额。种种迹象表明,张氏父子对山水水泥的控制已经岌岌可危。张斌不得不找自己的父亲,山水集团的原董事长张才奎商讨对策。

一、公司背景

(一) 公司概况

山水集团公司是一家地跨山东、辽宁两省的大型水泥生产制造企业,其通过积极地实施市场整合和行业并购,从而快速增长壮大,一跃成为这两省最大的水泥生产企业。从2009年开始,山水集团管理层决定面向全国范围进行战略布局,其通过一系列的自建、兼并及收购完成了"原料—生产—销售"一体化的提升,更是在华北、西北、山西等传统工业和资源地区牢牢地掌握了水泥相关产业的市场领先地位。山水集团在山东、辽宁等区域市场上的绝对领导地位,为其带来产品定价和吸引大型客户方面的优势,进而在国家宏观政策的指导下,充分把握在目标市场内建筑业以及基础设施建设行业的增长机会。其生产设施布局合理、直销网络庞大,在对矿山资源的控制基础上优化运输成本,扩大市场覆盖范围。山水集团凭借多年来积累的生产技术知识和诀窍,在产品生产和产能扩建方面形成了具有竞争力的成本优势。

(二) 收购前的股权结构

山水水泥完成改制后,推出职工持股计划。为此,山水集团董事长张才奎特地成立了山水投资作为员工投资控股平台。也许是为了以后的布局,张才奎采用了酌情信托的形式实施职工持股计划。当时参与持股的员工将近4 000人,合计拥有81.74%的股份,全部由张才奎代持,剩余的股份由7位公司高管作为显名股东持有,但是他们对于酌情信托却一无所知。

同时,张才奎引进摩根士丹利、鼎晖投资、国际金融等资本大鳄,经过一系列的资本运作,公司于2008年7月在香港成功上市。其股权结构如图1所示。

二、收购方天瑞水泥概况

中国天瑞集团水泥有限公司与山水水泥一样是一家实力雄厚的全国性大型水泥

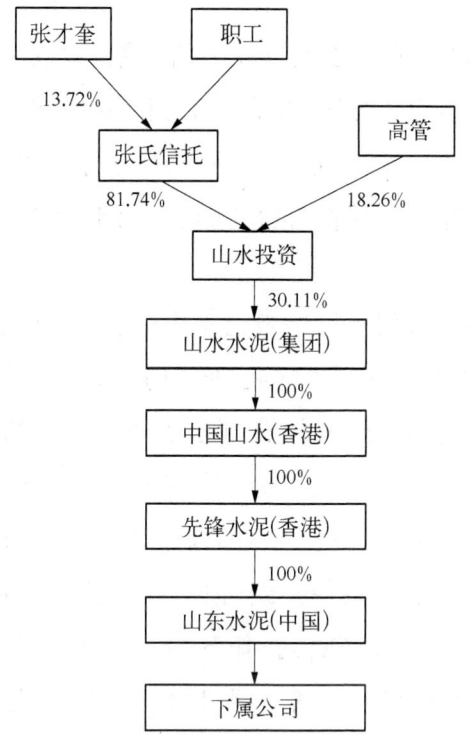

图1　2013年12月31日山水集团股权结构

企业，其主要市场集中在中部省份。但与山水水泥不同的是天瑞集团更注重环保技术的研发，其通过投资余热发电、粉尘回收、矿山废石回收再利用等技术设备来不断提高企业的竞争能力和可持续发展能力，而这些技术也为天瑞集团赢得了政府对其在水泥行业并购、投资项目的优先支持和政策扶持。利用这些优势，天瑞集团通过积极的自建和收购活动对市场进行整合，实现了快速增长，并在中部省份占据市场领导地位。

三、股权争夺过程

（一）内忧

山水投资参股的职工股东和高管原以为会随着企业的增长而享有更多的红利，但是他们等到的却是两份退股文件，一份是针对不具名职工股东的《境外信托退出性收益分配方案》，另一份则是针对7位显名股东的《中国山水投资有限公司（山水水泥大股东，持股30.11%）股份回购方案》。根据这两份文件的要求，当初入股的职工股东和高管必须撤出当初设立的信托,只留下张才奎一人担任股东。最让大家难以接受的则是这次回购的价格和方式。按照文件的约定,这次股权回购分为3期,每10年1期,股权价值与山水水泥的股价挂钩,但是又有折扣,第一期回购价为股价的80%,第二期为90%,第三期和股价一致。而公司回购员工手中股份的资金来自哪里呢?文件约定全部由公司的自有资金提供,准确来说是山水投资在山水水泥取得的年度分红。

用原本就应分给自己的钱来回购自己手中的股票,而且还要30年,面对如此苛刻的退股方案,大部分职工股东内心是抵制的。但是当他们花钱请来律师后才发现他们一开始就被套牢了,原来他们与张才奎订立的酌情信托是一种全权信托,如果向法院起诉,他们的赢面很小。信任多年的老领导突如其来的背叛,以及生活工作的巨大压力,很多已经人到中年的职工股东不得不为了保全自己的饭碗而选择同意退股。然而也有人选择拒绝,他们组成了一支维权队伍代表职工股东向香港法院提起了诉讼,要求解除信托托管关系。这让张才奎感到了不安,因为他知道如果法院解除他对职工股东的股权代持,他必定会丧失对山水集团的控制。

于是,张才奎决定双管齐下,一方面他向职工股东施压,要求他们撤回诉讼,否则就让他们"回家";另一方面他开始在资本市场上积极地寻找盟友。可是这些措施真的能够帮助他挽回其对山水集团的控制吗?

(二)外患

为了应对外部市场竞争和企业内部矛盾,张氏父子决定引入中国建材作为自己的战略同盟。2014年10月,山水水泥向中国建材发行了5.6亿股的认购股份,每股价格2.77港元。尽管这次强强联合为张氏寻得了一个强力的盟友,但是张氏忽略了一个致命的问题:山水投资持有山水水泥30.11%的股份,这个比例虽然没有达到50%,但已经达到了一个安全的范围,因为如果其他投资者要取得第一股东的地位,就必须增持超过30%,这将会触发要约收购。而经过这次对外的定向增发,山水投资的股份被稀释到25.09%,这就给其他投资者留下了可乘之机,因为此时要获取山水水泥的第一股东地位,就可以绕过《证券法》规定的要约收购要求。

首先出手的是亚洲水泥。早在2012年,亚洲水泥就开始入股山水水泥,2012年底持股8.02%,2013年底持股9%。在山水水泥引入中国建材后,亚洲水泥更是变本加厉,不惜花费9亿港元在股票市场大量收购山水水泥的股份。2014年底,亚洲水泥凭借山水水泥20.90%的股份成为其第二大股东。不久,中国内地和香港的股票市场交易由平静转为火爆,久违的牛市吸引了广大投资者的注意,很多股票纷纷趁势一跃而起,山水水泥同样不甘寂寞,它的每股股价从年初的低点3.48港元一路飙升至6.32港元。

股票市场的癫狂掩盖了市场上的异常,正当山水水泥的股东为财富的增长兴奋不已时,山水的竞争对手天瑞集团花费50多亿港元,在短短4个月内购买了山水水泥近10亿股,最终持有28.16%的股份,一跃成为山水水泥的第一大股东。此后,山水水泥一直处于停牌状态。

(三)维权

此前张氏父子对讼诉职工股东施加种种压力,导致部分职工股东撤回诉讼的行为,让香港法官认为被告"狡猾阴险,令人忧虑。其作为回购方案的唯一受益人,其直接或间接参与对职工股东的勒索并妨碍司法公正的可能性往往高于一般人"。基于此考虑,香港法院迅速颁布了一项托管令:规定在法院作出最终判决前参与山水投资诉讼案件的职工股份悉数委托独立的第三方机构接管,并指定国际知名的会计师事务所——安永会计师事务所作为财产接管人。在法院指定委托财产接管人后,财产接管人、张才奎和高管股东持有的山水投资的股份比例分别约为43.29%、38.45%和18.26%。

2015年5月22日,山水水泥第一次召开股东大会,但是各大股东对这次大会呈现出不同的反应:表现异常的是刚刚成为第一大股东的天瑞集团,直接就没有参加这次大会;山水投资由于处在安永的接管过程中,因此投了弃权票;中国建材作为张氏父子的战略同盟,附议了他们提出的所有议案;而亚洲水泥态度不明,否决了张氏支持的多个议案。

这次大会让天瑞集团快速摸清楚各大股东的态度。很快,天瑞集团就对自己的老对手亮出了第一张牌,它要求山水水泥在6月18日再次召开股东大会,希望在这次会议上讨论自己入主山水和重组董事会的事宜。但是张氏父子已经早早作好了准备,他们通过大会前的不断接触获得了中国建材和亚洲水泥的支持,天瑞集团先失一手。紧接着安永表示未获得香港高等法院的批准,所以不参与董事会的争夺。因此,天瑞集团的第一次夺权失败。

天瑞集团并不甘心,不久就发起了第二次进攻。10月13日,山水水泥召开了第二次股东大会,但是波折并未停歇。大会上,第三大股东亚洲水泥对山水投资的代表性提出质疑,来自中国建材的大会主席以此为由剥夺了山水投资的投票权,全然不顾山水投资两名独立董事已到位的事实,天瑞集团因此愤然离场。之后,惊人的一幕再次发生,中国建材和亚洲水泥这对占据优势的组合又联手将之前的盟友——张才奎罢免了,第三、四大股东顺利逆袭上位。

但是反应过来的山水投资和天瑞集团马上就发起了反击。第一,天瑞集团向山水水泥再次发出通知,要求召开第三次股东大会。第二,安永接管人向香港法院提出申请,要求获得全部董事权力,香港高等法院也很快批准了山水投资的申请。自此,安永的接管人终于能够通过自由独立地行使董事权力来更直接地维护山水职工的权益。

为避免再次失败,天瑞集团和山水投资在股东大会之前进行了周密部署:他们向香港法院提交申请,要求法院委任大会主席,并将股东大会地点由济南改为香港等。这些申请均被法院通过,大会时间最终被定在 12 月 1 日。有了第一和第二大股东的联手,这次股东大会似乎能够顺利进行。

(四) 清盘

面对天瑞集团和山水投资的联手,山水水泥的董事会决定放手一搏。11 月 11 日,山水水泥突然对外发布公告称,董事会已经向公司注册地开曼群岛的当地法院递交清盘申请,公司即将进入清盘程序,请相关债权人作好相应的登记准备。这无论是对国内资本市场还是国外资本市场来说都是一个重磅炸弹,因为如果被实施清盘,那么山水水泥在 11 月 12 日即将到期的 20 亿元债券将无法正常偿付,这势必会波及国内的工行、中行、农行、建行等 6 家大型银行。更重要的是,山水水泥之前背负的其他 100 多亿元债务也会受此影响难以完全偿付。

看过山水财务报告(如表 1 所示)的人都清楚,山水水泥自 2008 年上市以来,各项财务指标都处于合理的范围内,远远没达到清盘的境地。董事会提出清盘,其实是想将公司的优质资产分割出来。

表 1 2011—2014 年山水水泥财务数据

项目 \ 年份	2011	2012	2013	2014
营业收入(万元)	1 686 196	1 616 098	1 653 520	1 559 644
营业利润(万元)	385 649	309 932	255 720	181 281

（续表）

项目＼年份	2011	2012	2013	2014
净利润(万元)	231 165	160 376	107 471	30 858
每股基本收益(元)	0.79	0.54	0.36	0.12
总资产(万元)	2 508 167	2 803 338	3 223 640	3 369 550
总负债(万元)	1 681 500	1 863 688	2 226 967	2 232 917
总权益(万元)	816 667	939 650	996 673	1 136 633

虽然山水水泥的清盘计划在时间上安排得很巧妙，但是仍然给外界留下了15个小时的反应时间，而这短短的15个小时恰恰成为扭转胜负的关键。原来安永安排在山水投资的董事廖耀强在业内有着丰富的清盘经验，在此之前他就对山水水泥的清盘行为作出过预判。因此，天瑞集团和山水投资能够在山水水泥发布清盘公告后迅速地向开曼法院递交撤销清盘的申请，同时成功地将法院的聆讯日期押后以争取更多的准备时间。之后天瑞集团、山水投资向香港、北京、济南等地派出工作组，向各地的债权人解释这次清盘行为的原因，说明山水水泥的实际情况，从而稳住债权人。最终由于没有一位债权人申请清盘，开曼法院宣布山水水泥董事会无权提交清盘申请。

天瑞集团、山水投资一边处理清盘公告的影响，一边还在积极地为12月1日的股东大会作着准备。山水投资在11月20日举行了股东大会，大会通过了罢免张氏父子山水投资董事职务的决议，从而使其彻底丧失了在山水投资的话语权。12月1日，山水水泥的第三次股东大会在香港准时召开，这次大会毫无意外地解除了山水水泥的全部董事，天瑞集团和山水投资完全掌控了董事会，一举结束了山水的张氏时代。

（五）出局

尽管天瑞集团、山水投资通过这次股东大会获得了控制权，但是这只是其掌控山水集团的第一步。因为根据山水集团的股权结构，要彻底控制山水集团就必须要控制山水水泥，而这两家公司不仅在地理上有着香港到济南两座城市的距离，在股权结构上还隔着中国山水（香港）和先锋水泥（香港）两家公司。对于这两家香港公司，山水水泥很快就完成了对它们的重组，但是对于远在济南的山东水泥，山水水泥就有些束手无策了。

早在第二次股东大会后，张氏父子为了防止董事会被渗透便修改了山水集团（山水水泥及其下属公司）的公司章程。原章程约定全体董事均由股东委派，并且股东在向公司发出书面通知后,可以随时解除其委任的董事。但是修改后的章程则将董事任期强行约定为3年,同时还约定在董事任期内,除非发生《公司法》第一百十六条规定的不得担任董事的情形,股东无权解除董事的职务。山水集团根据修改后的章程不承认山水水泥重组董事会的决议,并在官网指责上市公司发布虚假不法公告,拒绝履行股东大会的决议,山水集团和山水水泥俨然成为两个小团体。

由于迟迟无法控制山水集团,山水水泥在香港提起了诉讼,同时,山水水泥开始采取迂回策略,绕过山东水泥而先去接管山水集团的下属公司。到12月中旬,山水水泥已完成了对绝大部分下属公司的接管,张氏父子掌握的企业仅剩济南总部及周边几个工厂。尽管如此,山东水泥的新任董事会迟迟不能在济南市工商局完成变更登记,其原因则是由于张氏父子早早地将公司的公章、印鉴以及账簿等山东水泥的管理资料收归己有。

这一僵局直至2016年1月8日才有所松动,此日香港高等法院作出判决:① 法院认定张氏父子在2015年10月14日对山东山水水泥集团公司章程作出的修改行为违法,禁止被告张氏父子以及任何职工、人员执行或协助执行该非法章程。② 限被告人张氏父子在收到本判决命令书21天内将公司章程恢复至非法修改前。③ 如果在21天内,被告人张氏父子拒绝恢复其非法修改的章程,那么法院将会强制执行。与此同时,一直在关注这次事件的济南市政府工作组也作出安排,将与济南市中级人民法院联手强制执行香港法院的此次判决,并要求张氏父子早日归还公司公章、印鉴以及违法侵占的集团总部。

2016年1月30日,通过济南市政府的积极协调,山水水泥终于顺利接管了山东水泥总部及另外3家工厂,取回了所有被张氏扣留的公章、印鉴、账簿等资料,并分别发还各附属公司,山水水泥开始进行董事会、管理重组,工商登记变更以及重要记录和资产的清点工作。

四、尾声

尽管山水水泥控制权之争已经落幕,但是这场争夺带来的暗伤正在逐渐浮现:公司债券违约、信用评级下降、不能正常生产经营而被出具无法表示意见的审计报告等。新一届董事会是否能够治愈这些暗伤、帮助山水水泥走出困境,让我们拭目以待。

(执笔人:胡书恒,指导老师:王晶晶)

张兰与俏江南的坎坷命运

适用课程： 财务管理理论与实务

编写目的： 本案例旨在让学生通过仔细阅读案例资料，结合文末的反思，能对俏江南的困局以及张兰的最终离开进行深入的原因分析，进而更全面地了解引入资本时需考虑的因素以及相应的投资风险。

知 识 点： 资本 控制权 风险投资

关 键 词： 俏江南 资本 公司创始人 控制权 风险投资

案例摘要： 自2000年以来，张兰创办的俏江南因其独特的市场定位以及符合定位的推广，在成立之初的8年里迅速扩张，品牌得以极大提升，2007年其销售额达10亿元左右。2008年，俏江南迎来了最辉煌的时刻，张兰也以25亿元的身家首次荣登胡润餐饮富豪榜前三。然而自2008年创始人张兰首次拥抱资本开始，到7年后俏江南集团宣布其最大股东CVC以及创始人张兰退出俏江南董事会，这家知名餐饮企业在7年间，经历了多次股东变更、上市失败以及利润下滑等命运。而张兰从俏江南的最大股东变成最后的离场者，到底是什么原因使俏江南一步步陷入困顿之中？又是什么原因使得张兰失去了自己一手创办的俏江南呢？

一、努力打拼，创办俏江南

1989年，出生在一个知识分子家庭的张兰舍弃了一份稳定的工作，选择成为大洋彼岸团体中的一员，去了加拿大。在多伦多大学的课余时间，张兰有一个目标，就是能攒够回国做生意的钱，于是她夜以继日地在餐厅打工：洗盘子、扛牛肉等。终于，在

1991年圣诞节前夕,张兰拿着2万美元"血汗钱"回国创办阿兰酒家,这笔钱是她人生的第一桶金,她表示一定要搞好酒家,在此基础上逐渐扩大规模。

1992年初,张兰租下了一家粮店,这家粮店位于北京的东四大街,大概100平方米左右,经过改造,粮店成为"阿兰餐厅"。伴随着张兰的悉心经营,餐厅的生意做得红红火火。紧接着,张兰新开了一家"阿兰烤鸭大酒店",之后又成立了一家海鲜大酒楼,每家的生意都做得非常出色。

在国外住了一段时间,张兰意识到,在外国人眼里,中国菜并不高档。因此,她想将自己经营的餐厅变成一个高端场所,争取位于中国餐饮的前端。2000年4月,张兰准备让餐厅步入中高端方向,投入了自己创业近10年积攒下的6 000万元,同时也转让了之前经营的3家酒楼。就这样,张兰的第一家以川剧变脸脸谱为Logo的"俏江南"餐厅应运而生。

自成立以来,俏江南在品牌上不停追求突破,创新成了餐厅发展的主要方向,2000—2007年,俏江南连续盈利8年,到了2007年,其销售额已经达到了10亿元,同时张兰也以25亿元的身家首次荣登胡润餐饮富豪榜前三。

二、引入鼎晖,缓解资金需求

2008年,随着全球金融危机的爆发,很多行业倍受冲击。然而,由于特殊的商业模式,餐饮业成为少数几个具有较强风险防御能力的行业之一。而且此时房地产市场也处于危险的状态,房价和租金都大幅度下降,这为俏江南奠定了良好的商机,一方面能够减少租金费用,另一方面也能节约经营成本。为此,张兰雄心勃勃地构建着俏江南的美好未来:她希望每年能够开出新店100家,在3—5年内一共开店300—500家。

张兰此前声称:"俏江南没有银行贷款,没有债务,现金流非常好。"然而,光鲜亮丽的背后,危机四伏。伴随着店铺数量的越来越多,企业规模的飞速扩大,俏江南本身的盈利没有办法解决长时间的资金需求问题。

要想解决长期限、大规模的资金需求,上市相对来说比较有效。一大波的风险投资者被张兰提出的宏伟发展目标所吸引,蠢蠢欲动。为了缓解由于企业规模扩大而形成的资金短缺,张兰准备考虑加入投资者,这一举动立刻成为当时的大热门,许多投资者前来洽谈。在一次聚会上,张兰与鼎晖创投的合伙人王功权认识,两人性格很契合,交流得比较愉快,于是在众多投资机构中,张兰选择了曾经成功投资蒙牛以及李宁的鼎晖。张兰表示,她比较注重投资者对于企业娴熟的操作经验,但她没有深入考虑蒙牛和李宁所处的行业与俏江南所处的餐饮业大相径庭。

就在大家确定合作关系后,每一步的工作都迅速开展着,从合同的认定到实现融资仅仅用了8个月左右的时间。2008年9月30日,俏江南得到了鼎晖2亿元人民币左右的注资,同时鼎晖换取俏江南10.526%的股权。投资条款规定,如果因为不是鼎晖单方面因素使得俏江南没有办法在2012年底上市,或者俏江南的掌管人发生了变化,鼎晖有权利采取两种方式离开:第一,以法定的形式减少注册加入俏江南的本钱,然后从股东的队列中退出。第二,鼎晖能够向俏江南或者其应允的代表转出股份,同时根据占有的股份会得到相应的经营利润。不管是哪种方式,投资的时候鼎晖出资2亿元,回购的时候不太会只有2亿元。很明显,这些条款是偏向鼎晖这一边的,这样使得鼎晖在不利的情形下受到保护,减少风险。

在鼎晖加入俏江南后,张兰加快了上市步伐。张兰将鼎晖注资的2亿元,一方面用于提升公司的软硬件设施;另一方面用于规范公司的经营管理,聘请了麦肯锡等诸多著名的咨询公司来为俏江南提供相关方面的建议。很明显,这些举措就是希望能够加强俏江南的内部管理,使得自身的管理团队在保持专业的时候拥有效率。

三、上市困难,双方矛盾凸显

(一) A股上市搁浅

基于团队管理的建立,俏江南的内部改革确实效果显著。可是好景不长,一年内不少专业经理陆陆续续离开了俏江南。像麦肯锡这种咨询公司,战略咨询才是长处,而对于餐饮这个特殊的行业,细节问题才是最不容易解决的,需要做的是设计一套完整的餐饮管理系统,将跨国公司的战略顾问请来做CEO并不适合公司自身的发展,这本身就不是一个明智之举。后来,张兰的儿子汪小菲担任了俏江南的CEO,就这样又一个典型的家族企业诞生了。

2011年3月,俏江南准备好了上市材料,打定实现A股IPO。要想在2012年底之前实现上市,一方面很多企业都想要在A股上市,在俏江南之前的企业数量不在少数;另一方面,上市还需要一定的审核程序,所以9个月左右的时间是相当紧迫的。申请提交了之后,俏江南一直没有得到回应,监管层停止了所有餐饮企业的A股上市申请。

此时,双方的合作也并不顺畅,在度过最初的蜜月期后,双方的合作便出现分歧:张兰是做实业的,提倡的是踏踏实实向前进,稳扎稳打;而鼎晖是做投资的,他们的诉求是高回报。双方所追求的价值观是不同的。2011年8月26日,张兰在一个采访的过程中谈及"引进他们(鼎晖)是俏江南最大的失误"。她还表示,"他们其实没给我们增加什么益处,没有花很多钱,可稀释了不少股份"。她没想到,3个月后金融危机最严重的低潮就这么过去了,当中国经济逐渐好转时,鼎晖投资俏江南的那笔钱还没有全部到账。这段时间,张兰有想到过让鼎晖离开俏江南,只是依据之前的协议,她唯有两种选择:不是根据事前谈好的价钱回购鼎晖股权,就是保证能在2012年底之前完成IPO。

然而在2012年1月30日,中国证监会公布了去年上市申请的终止名单,俏江南悄然在列,张兰想要A股上市的梦想就此破灭。

(二)赴港IPO波折

逼不得已,2012年4月俏江南决定彻底放弃A股,转向香港上市,计划融资3亿—4亿美元,一个月后,俏江南出售了旗下的兰会所,也是为了筹到更多的款项。不幸的是,上市期间又碰到了万万想不到的新障碍——"10号文"。"10号文"出台后,如果中国公民的境内资产想要转到自己的境外公司,需要外管局的审批与登记。因此,在政策出台下得到商务部的批准迫在眉睫。

为了俏江南的上市,张兰想尽了多种方式,曾让俏江南的上市团队和港交所进行交流,并走访港交所的CEO李小加,可还是没有找到办法,后来张兰考虑了移民。按照法律界的规定条例,要想避免"10号文"条文,更换国籍变成张兰选择的最佳方式,而在考虑移民到哪里这个问题上,当然是越快越好。于是在2012年9月17日,张兰移民到圣基茨和尼维斯联邦,并注销了在中国的户口。万万没有想到,屋漏偏逢连夜雨,即便回避了"10号文"政策,也没有使得市场发展态势得以好转,俏江南的上市希望依旧渺小。

直到2012年11月,媒体曝光了张兰移民国外的事情,她的信任度在国内不断降低,俏江南受到了严重的影响。加上2012年12月"中央八项规定"的出台,高端的消费场所都受到了沉重的打击。最终,俏江南在香港上市的愿望没有实现。

很明显,这次鼎晖的融资给张兰留下了不愉快的记忆,引入鼎晖并没有给俏江南带来实质性的好处。当然,张兰的责任不可推卸。首先,张兰并没有考虑到当初的俏江南就是处于一种着急扩大规模的心态,而本身的经营管理、财务规范以及供应链等方面并未打好扩张的基础,内功不足。其次,在最初引入鼎晖时,正是因为没有深入了解投资团队才会导致"口水战"的爆发。另外,双方在签订条款时,大多涉及投资者的保护条款,没有相应的条款保护企业以及自身的利益。最后,在拥抱资本的同时没有充分考虑到潜在的风险,未能成功地进行融资。

四、上市遇阻,引入 CVC(欧洲私人股本集团)

上市遇阻,唯有引入更大的投资。早在 2012 年 5 月,CVC 就和张兰有过几面之缘,并表示能够以 3 亿左右美元收购俏江南。只不过当时国家有关"三公消费"的规定还没有出台,俏江南的市场发展态势良好,她并没有瞧上对方。而俏江南在没有成功转股上市后,CVC 又一次找来,希望能够和张兰一起合作,而且能够投资更多,并保证将来能够带领俏江南上市。于是自然而然地,张兰有想法要和 CVC 进行合作。

然而这一次,本应理性面对资本诱惑的张兰,并没有以鼎晖融资作为前车之鉴,仍缺乏长远的发展规划以及相应的风险评估。2014 年 1 月,双方正式达成了收购案,CVC 收购俏江南 82.7% 的股权。在一开始收购的时候,CVC 方面曾表示张兰仍然能够在俏江南担任董事长一职,依旧是股东之一。当时张兰还自信地表示:"我真诚地相信这种互惠互利的关系对彼此都是有利的,这将会给俏江南创造一个光明的未来。"

结果大出所料,"光明的未来"并未来临,不到一年时间,俏江南与 CVC 之间的矛盾忽然爆发,CVC 与张兰对簿公堂,悲剧再次上演。之后张兰在接受采访时表示:CVC 对俏江南没有很好的经营,一年后就想取消当初的合作,而且在她丝毫不知道的情况下质押了她的股权。在如此情况下,就出现了令人不快的消息,CVC 向香港法院申请张兰失去资产等指令。

更令人想不到的是,张兰的律师表示,"CVC 收购俏江南股权的总资金中,有将近一半的金额是来自银行的贷款,共 1.4 亿美元"。也就是说,在 CVC 的收购模式中,总共花了 3 亿美元,其实从它自己口袋里仅仅拿出了很小的一部分。当CVC 进来后,并没有进行上市的操作,俏江南的业绩没有收购预期那么良好,CVC 本希望能够借助俏江南的稳步发展来偿还欠下银行的贷款,可惜愿望落空。2014 年 12 月,因被抵押到银行的企业现金流没有满足之前约定的标准,于是银行向 CVC 提出,需要增加资金 6 750 万美元投资到俏江南中,就是为了弥补现如今的资金不足,然而 CVC 一直没有进行这部分的投资。2015 年 6 月底,CVC 控制的公司没有向银行偿还 400 万美元左右的资金,直接造成了保华有限公司加入俏江南,负责企业的运营。

2015 年 7 月 14 日,张兰对外宣布,CVC 已退出俏江南。7 月 16 日,俏江南的公关团队向外宣布:保华有限公司的代表已经在 2015 年 6 月成为俏江南集团的董事会成员。CVC 的委派代表不再担任俏江南的任何职务,张兰也是如此,并且有关俏江南的所有事宜,他们都不会解决甚至加入讨论。至此,张兰彻底退出俏江南。

五、结束语

回顾张兰的创业历程,从 1989 年的出国打工到人生的第一桶金,从俏江南的创办到胡润餐饮富豪榜的前三名,从俏江南的最大股东变成最后的离场者,她与资本的合作磕磕绊绊。第一次引入鼎晖,给张兰留下了不愉快的记忆,双方矛盾逐步公开化。第二次引入 CVC,本应理性面对资本诱惑的张兰,并没有以鼎晖融资作为前车之鉴,仍缺乏长远的发展规划以及相应的风险评估,因此悲剧再度上演。现如今,张兰已经彻底离开俏江南,而俏江南的股东一次又一次经历着变更,其未来将何去何从? 张兰那曾经下定决心使俏江南做"餐饮界的 LV"、"零售界的沃尔玛"的豪言,早已化为乌有。她对俏江南美好未来的描述,似乎成了一个遥不可及的梦。她在反思,究竟是什么原因造成了这一切……

(执笔人:龚燕,指导老师:方宗)

管理会计理论与实务

GUANLI KUAIJI LILUN YU SHIWU

基于价值链的全方位成本管理
——以京东为例

> **适用课程**：管理会计理论与实务
> **编写目的**：通过本案例的学习和讨论,帮助学生了解基于价值链的全方位成本管理的实施过程和结果,引发学生的思考。
> **知 识 点**：价值链　成本管理
> **关 键 词**：价值链　全方位成本管理
> **案例摘要**：京东集团是我国有名的综合网络零售商,在线销售家电、计算机、食物、家庭用品、衣服、图书等百万种商品。2014年5月,京东集团在美国纳斯达克成功上市,其中一个主要的推动因素就是基于价值链的全方位成本管理模式的实施。

京东集团是我国有名的综合网络零售商,在线销售家电、计算机、食物、家庭用品、衣服、图书等百万种商品。2014年5月,京东集团在美国纳斯达克成功上市,其中一个关键的推动因素就是基于价值链的全方位成本管理模式的实施。

一、公司简介和背景介绍

作为中国最大的自营电商企业,京东在2016前三季度占据了52%的自营B2C电子商务市场。截至现在,京东共设有京东商城、京东智能、京东金融、O2O等众多类别。作为大型综合型电商平台,2014年在美国成功上市的京东成为中国首个顺利在美上市的电商平台。2015年京东全年交易总额为4 627亿元,比2014年增长了

78%，2015年的净收入为1 813亿元，比2014年增长了58%。这要归功于京东对于价值链的有效管理。

在中国人民大学的一次演讲中，京东的总裁刘强东第一次提出了京东的管理模型——倒三角形管理模型。这一管理模型包含管理的基础、供应链、关键业绩指标、品牌这4个层级。基础层是最底层，团队是企业管理的基石，系统层在基础层上一级，系统层包括了三大核心——物流、信息流和资金流，保障了公司正常的日常经营。决定"成本和效率"是否具有领先优势的是基础层和系统层。京东重点关注第二层级的供应链和第三层级的关键业绩指标，通过关注和控制价值链和成本这两个维度，同时有效管理系统层中的价值链，以此提高效率、减少成本，从而实现企业的总体目标。为了将全面降低成本协同价值链的各个方面的管理理念落到实地，京东近年来实施了一系列的行动。

二、案例概述

（一）基于价值链的成本管理实施动机

近年来，我国网络零售市场发展势不可挡。2016年前三季度，电子商务成交额为20.2万亿元，同比增长了23%，线上零售成交量达到34 651亿元，比2015年增长了26.1%。此外，电子商务行业竞争激烈，大部分零售电商营业模式趋同。企业经营管理的落后已经不能满足市场经济快速变革的要求。企业一定要寻找企业成本管理的新模式，顺应时代的经济环境，才能在多变的市场环境中生存发展起来。

（二）基于价值链的成本管理案例介绍

一般来说，从京东到客户这一过程中的商品有以下几个步骤：采购—销售—配送—支付—反馈。为了全面减少企业的成本，京东将成本管理植入价值链的各个步骤，采用有方向性的举措改善价值链节点。

1. 即时库存管理

第一，采取发达的网络信息系统，达到零库存产品管理。京东大量采取数据分析、开放平台、信息挖掘等方法，并采用先进的网络信息技术。比如，想要分析用户的消费需求，就可以通过对特定产品的点击量的研判来进行。又如，通过对未来不同地方不同产品销量的预测，就能灵活分配商品，提前将产品运达销量大商品紧缺的地区。

第二,对库存商品进行精细化的管理,进而提升企业的经营效率。一般来讲,一个企业想要降低管理成本,提升仓库管理员工的效率,商品出库的每个步骤都应尽量降低人力资源浪费。京东对于摆放产品、订单拣货、分拣产品、开具订单、包装出库等各个步骤都采取精细化管理,从而使存货周转率有了很大的改善,库存周转天数平均降为29天,电子产品的周转天数平均为14—17天。

2. 先进的网络营销

京东采用创新的网络营销模式,以互联网作为平台,更好地销售产品和服务。为减少企业自己的营业管理成本,京东决定直接从厂家进货,减少批发商、中间商和门店租赁的成本。营业收入中,门店租赁费、批发费、中间商的成本分别占比10%、20%、20%,商品的价格会随着进货成本的减少而降低。除此之外,互联网的销售方式变得越发简单易操作、快速精确。为了更快速地发布产品信息并传递给用户,京东还将广告放在自己的网络平台上。

3. 建立支付体系

在刚成立时,京东主要是与支付宝、财付通合作进行在线支付,并没有属于自己的支付功能,它还没有认识到第三方支付的危险性:第三方支付公司通常握有电商企业成交量、退换货率、资金方向等重要信息。2011年京东意识到这个问题,为了避免受制于人,京东不再联手支付宝和财付通,并购了网银在线,致力建设属于自己的支付系统,自己掌握京东的这些重要数据。

4. 自建物流体系

电子商务市场的快速发展带来全国的在线销售量持续增加。自建物流体系蕴含了重要的商机,京东首先发现了这一商机,率先进行物流体系的建设。2010年,京东投资近3 000万元在上海设立了"圆迈快递",为了扩大全国城市的覆盖面,京东持续在全国重点城市中建立配送站。2012年,京东在顾客密集的城市建立了8个一级物流中心、26个二级物流中心,其中的上海物流中心一天能够解决3.5万单订单,曾达到6万单的处理量。

(三)基于价值链的全方位管理实施效果

1. 降低库存商品成本

在确保企业正常营业活动的基础上,库存商品管理模式采取预计销售量的方式,能够减少商品的库存,减少成本。即时库存管理既可以加快存货周转率,还可以有效降低库存成本,京东对上游供应商的账期得以减少,议价能力得以增强。

2. 降低企业经营成本

通过网上营销方式,一方面可以尽可能缩减传统销售方式的多个步骤,提升产品的流通速度;另一方面还可以减少企业的经营管理成本。为了更好地为用户和企业打通沟通的渠道,京东建立了京东社区和贴吧,使得搜索用户信息变得更加方便快捷,还可以为用户提供更加优质的服务,实现了精准销售。

3. 优化物流成本

采用减少物流成本的方式,并对刚开始的资金投入进行补充,京东集团可以更好地对物流成本进行掌控。为了将更好的品牌形象展现在用户面前,将品牌宣传工作和物流服务相结合,更高效地进行营销工作,京东采用了广告宣传、统一规范的服饰等方式。

4. 节约资金成本

采取外部融资方式虽然可以减缓资金压力,但是资金成本也会随之增加,自建支付体系避免采用这种方式,可以使资金回流的速度变快,还可以全面控制资金回收的过程。

(四)启示

1. 前提是即时库存管理

基于价值链全方位管理的第一个环节是即时库存管理。库存管理和下游配置环节、营销环节的运作效率紧密相关。一方面,即时库存管理能够改善下游价值链环节的成本管控;另一方面,即时库存管理能够降低库存成本,控制库存,并减少企业占用资金率。

2. 基础是创新的信息系统

创新的信息系统是全方位成本管理的重要基础。一方面,利用数据分析工具了解用户浏览记录和购买喜好,进行即时库存管理,降低库存成本;另一方面,为了降低资金成本可采用先进的自建支付体系。同时,为了提前了解用户的偏好,减少隐性成本,增加用户满意度,企业一定要有全面的信息系统,包括庞大的数据库,利用数据挖掘分析降低企业经营成本。

3. 重点是迅速的物流体系

在成本管理中,电子商务企业的重点是物流成本,物流成本管控的好坏和基于价值链全方位成本管理能否成功密切相关。为了增强企业的竞争力,应该降低物流成本,知悉外包物流和自建物流体系的利弊,根据企业实际情况采取不同的物流体系。

三、问题讨论

(1) 对单个成功网络零售企业而言有哪些核心价值链环节？

(2) 京东基于价值链的全成本管理与传统的企业成本管理相比有哪些优势？

(3) 网络零售企业获取竞争优势的来源是什么？

参考文献

[1] 万小燕.电子商务中的价值链分析——以京东商城为例[J].中国集体经济，2016,(3).

[2] 马林芳,乔新欢.价值网络视角下的网络零售企业竞争优势来源研究——以京东为例[J].财务与会计,2015,(7).

[3] 齐亚芬.价值链战略成本管理模式在企业中的应用[J].商论,2015,(36).

[4] 周松.成本管理新理念：价值链成本管理[J].会计之友,2010,(3).

（执笔人：薛晓洁，指导老师：许金叶）

基于复杂性成本角度看中国铝业巨亏中企业经营风险管理的问题

适用课程： 管理会计理论与实务　财务管理理论与实务

选用课程： 管理会计理论与实务

编写目的： 本案例旨在引导学生进一步关注大型国有企业的巨额亏损问题暴露的企业经营风险。根据本案例资料，一方面，学生可以了解到大型国有企业的经营现状和经营困境，以及大型国有企业在经营管理过程中的效率问题和经营风险管理问题，并对大型国有企业的现状进行原因深度剖析；另一方面，学生可以在重点掌握和了解企业经营风险的基础上，对企业，特别是大型国有企业的经营管理的对策进行深入思考，进一步关注大型国有企业的经营困境，并对大型国有企业的经营管理对策问题进行创新和拓展的思考。

知 识 点： 企业经营风险　大企业增长悖论

关 键 词： 经营风险　复杂性　风险管理　大型国企

案例摘要： 在中国证券市场上，不乏亏损大户。作为中国铝行业霸主的中国铝业，在2014年公布的年报数据中列示净利润亏损162亿元，成为A股市场的"亏损王"。本案例从经营风险、大企业经营复杂性等方面深入探讨了中国铝业形成巨额亏损的原因，在素材选择和题目设计上都侧重于引导学生进一步思考经营风险与大企业管理困境的问题。

在中国的证券市场上，不乏各种亏损大户。在上交所上市的中国铝业股份有限公司（以下称为"中国铝业"），2014年以162亿元的亏损成为证券市场的"反面教材"。而全球的铝行业正处在一种供大于求的微利阶段，作为中国铝行业的龙头企业，中国铝业的经营可谓困难重重。在市场环境的压力下,像中国铝业这样的大型国企,如何克服大企业增长悖论、控制经营风险是现在最应关注的问题。

本案例分为4个模块。第一模块为案例背景,介绍公司的概况。第二模块描述了中国铝业的快速成长之路,介绍了中国铝业一路上升的历程。第三模块介绍了中国铝业从"云端"到"谷底"的过程。第四模块展现了巨亏背后的经营风险,从内部和外部分析中国铝业的巨亏原因。最后是结束语。

一、案例背景

(一)中国铝业简介

中国铝业于2001年在纽交所(股票代码:ACH)和港交所(股票代码:2600)挂牌上市,之后于2007年4月30日在上交所上市(股票代码:601600)。

中国铝业可谓是中国有色行业的"龙头老大",其主营业务涵盖了铝相关产品的多个流转环节,包括铝土矿资源勘探开采,铝相关产品的生产,有色金属产品贸易、物流等。

(二)中国铝业股权结构

中国铝业最大的控股方是中国铝业公司,而中国铝业公司是由国有资产监督管理委员会100%控股的,如图1所示。由此可以看出,中国铝业是一个典型的大型国企。

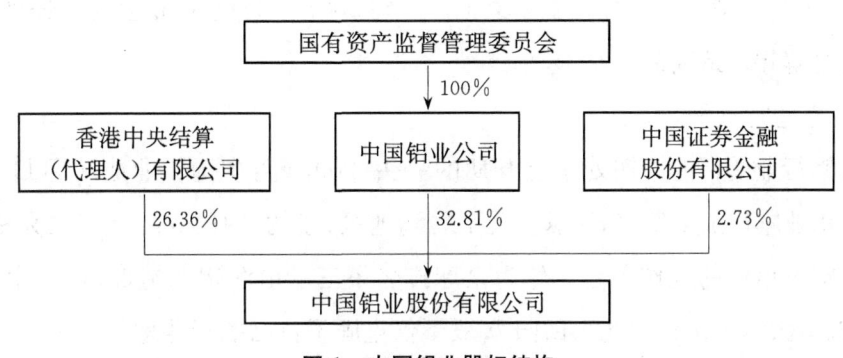

图1 中国铝业股权结构

二、中国铝业快速扩张之路

(一)海外上市

中国铝业2001年海外上市获得成功,成为美国"9·11"事件发生后第一个在美国及海外上市并在一级市场完成超额配售的中国公司。中国铝业发行总股本约为105亿股,市值仅次于中石油、中石化等,股票价格巅峰时达到1.71港元/股和20.1美元/ADS。中国铝业上市带来的另一成果,是吸引了美国铝业作为战略投资者参与购股并与中国铝业共同成立合资企业,可谓风光无限。

中国铝业2001年经营业绩显著,主品产量创历史新高,氧化铝和电解铝与以前年度同比分别增长9.15%、5.54%;而产量增长的同时,中国铝业又进行了有效的成本控制,氧化铝每单元成本下降了131元/吨,铝锭的单元成本降低了937元/吨。2001年年报显示中国铝业的营业收入为176.55亿元,利润额达到21.51亿元,同比增长24.99%。

(二)繁荣发展

2002年氧化铝价格缓慢增长,由于铝矿石只有几家国企使用,因而价格低廉,氧化铝成本较低。从2003年底开始,国家处于经济发展的高速时期,对氧化铝的需求增加,氧化铝的价格明显上升,在2003—2004年,氧化铝的价格多次飙升,从此,氧化铝行业走上了暴利行业阶段,而中国铝业得益于其行业龙头地位,在此期间坐收渔翁之利。

在经营取得巨大成功的同时,中国铝业当时在资源整合方面也十分强势,大张旗鼓地收购了许多铝行业中规模相对较小的企业。2005年是中国铝业大展宏图的一年,在这一年间中国铝业就合并了多家企业。到2007年为止,中铝公司已经坐稳了全球第三的电解铝制造商的宝座。

(三)王者归来重回A股

借着铝行业的行业周期处于上升期的势头,2007年,中国铝业成功回归A股上市。中国铝业本次成功归来,完满实现了香港地区、纽约、中国大陆上市的大格局,打通了全球资本市场的运作平台。作为全球排名第三的电解铝制造商,也是中国铝行业的"龙头老大",中国铝业此次回归A股不仅重固了自己的行业地位,扩大了生产规模,而且将以此为契机,以更为广阔的国内外融资平台为起点,通过全球资源配置完善产业链、提升品牌价值。

三、中国铝业风光不在

中国铝业在A股上市后,好景不长,2007年美国爆发了金融危机,进而引发了

2008年的全球金融危机。受到金融危机的影响,国际期货铝价一落千丈(如图2所示),而国内铝行业经过几年的膨胀发展,严重供大于求,产能过剩。因此,中国铝业的业绩也如铝价一样一落千丈(如图3所示),从此失去了国内铝行业的绝对霸主地位。

图2　金融危机期间伦敦期货铝的价格走势

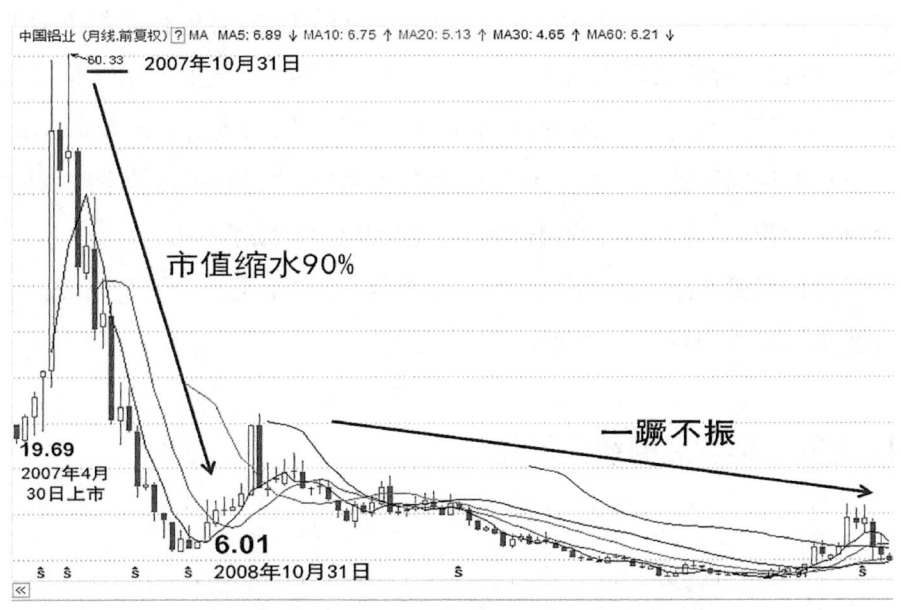

图3　受到金融危机影响时期中国铝业的股价走势

除了外部市场的不利表现,再看企业内部自身的情况。自中国铝业2007年在上交所上市以来,只有2007年最后的昙花一现创造了116.09亿元的利润,后来就由于受金融危机的波及,铝价大幅度下跌,盈利情况十分不容乐观。在2007年以后,企业的净利润再未超过10亿元。

从图4可以看出,中国铝业的亏损情况一次比一次严重,在2014年竟然达到了162.17亿元,成为A股"亏损王"。

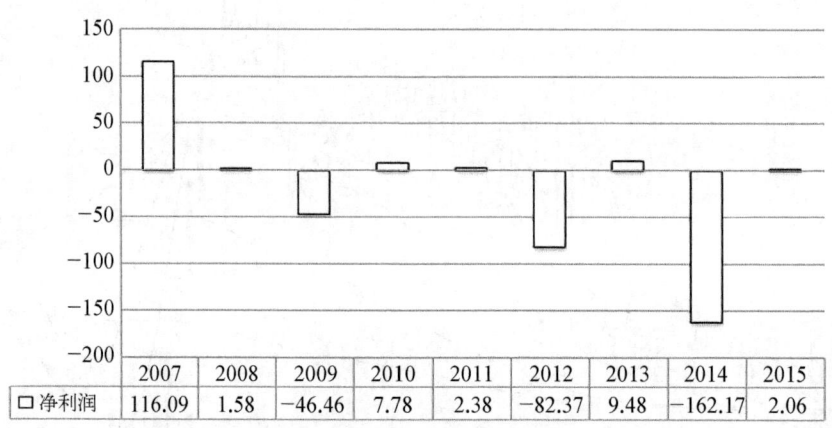

图4　2007—2015年中国铝业净利润情况(单位:亿元)

资料来源:中国铝业2007—2014年年报

对于2009年、2012年、2014年这3次巨额的亏损情况,中国铝业的年报都做了披露和解读:① 2009年年报指出,由于受到金融危机的影响,有色行业处于周期性低谷,致使产品的销售价格出现大跳水。② 2012年年报指出,电解铝销售价格继续跳水、年末计提存货跌价准备较上年末增加、财务费用上升、淘汰落后产能损失4.70亿元这4个方面的原因导致了亏损。③ 2014年年报指出,产品售价持续下跌、对个别资产计提大额减值准备、计提福利费用这3个方面的原因导致了亏损。

造成这样的巨额亏损,肯定不是一朝一夕的问题,也不是一个两个原因。下面将对中国铝业的巨额亏损背后的经营风险进行分析。

四、巨额亏损背后的经营风险

(一)外部

1. 宏观经济

2008年,美国爆发了次贷危机,而且迅速演变成全球金融危机,不单波及了全球金融市场,并且由虚拟经济向实体经济蔓延扩散,世界经济出现衰退趋势。在这样的大环境下,中国经济的增长速度放缓,加之成本上升、利润下降等因素,金融危机已经影响到中国企业的投资意愿,进而对消费增长形成限制。受影响最大的就是中国的传统制造行业,而中国的钢铁、有色金属等重要行业也已出现了周期性的行业低谷。

受金融危机影响,LME 期货铝的价格急转直下,在短短的一年时间里下降了62.2%。虽然在之后有逐步回暖的趋势,但是 2007 年刚在内地上市的中国铝业无疑受到了很大的冲击,其股价也受金融危机和铝价下跌的影响,在金融危机的当年缩水90%,从此一蹶不振。所以,中国铝业的经营风险在此时已经埋下了伏笔,其经营情况也从此开始走下坡路,辉煌不再。

近年来铝行业的产能过剩问题也已越发严重。2015 年,习近平主席提出了"供给侧改革",主要针对中国的传统制造行业开刀。而铝行业作为有色金属行业的龙头,"供给侧改革"无疑会对整个行业进行结构性的调整,对中国铝业也是一个很大的冲击。

宏观经济环境对于铝行业的影响,是中国铝业的巨额亏损经营风险的行业环境。而宏观经济环境是受到中观市场环境的影响的,所以铝行业的市场格局是导致中国铝业巨额亏损的外部直接原因。以下会针对铝行业的市场格局进行描述,剖析中国铝业巨额亏损的外部直接原因。

2. 市场格局

从整体来看,2015 年铝期货市场铝价从 10 月开始一路暴跌,甚至是已跌回 20 年前水平。在此之后,铝价稍有回升,但也只仍在万元/吨左右。市场供求不平衡的状况短时间内难以得到缓解,那么对于铝产品的价格来说则难以反弹,短期内仍将维持现状或出现小幅度上涨。近年来中国铝行业飞速蓬勃发展,截至 2014 年,产能约为全球产能的一半。所以,中国无论在氧化铝还是原铝行业,都是产能大国(如表1所示),铝价的低迷给中国的铝行业带来了很大的冲击。

表1 中外原铝氧化铝产能占比　　　　　　　　　　单位:%

品　种	中　国	全球其他国家
原　铝	52.13	47.87
氧化铝	45.65	54.35

资料来源:中国铝业 2014 年年报

具体来说,在原铝国际市场,2015年铝价开年就呈现萎靡不振的态势,在年初铝价再创新低,在持续萎靡一段时间之后,在年中有所回温。而好景不长,在产能高度过剩以及供应侧压力不断攀升的情况下,铝价再次出现大跳水,并再创新低。2015年,LME期货铝和现货铝价格走势如图5、图6所示。

图5 伦敦期货交易所期货铝价格走势

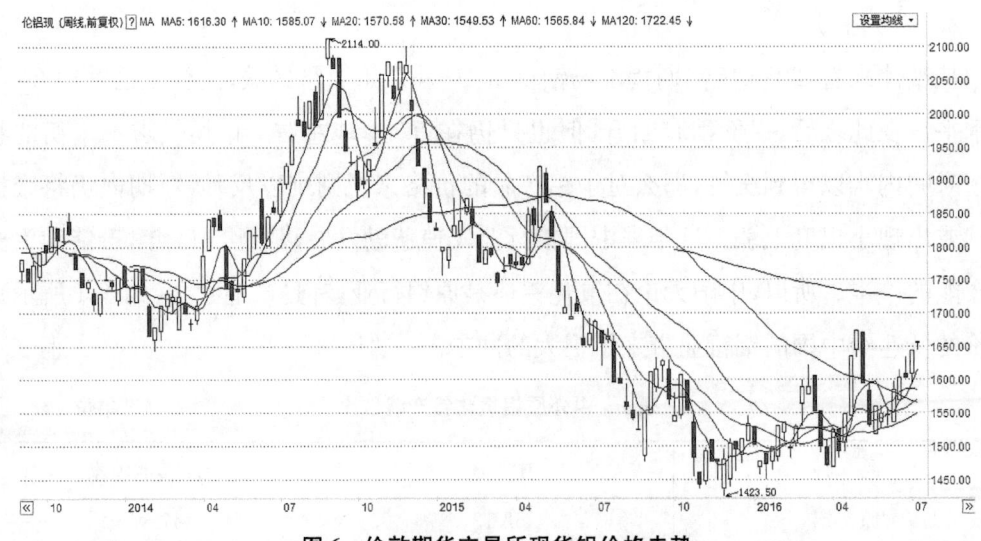

图6 伦敦期货交易所现货铝价格走势

国内原铝市场的情况同国际市场如出一辙。2015年年初,伴随着市场需求的增加和部分企业的库存锁定比率的上升,现货市场供应压力有所缓解,铝价呈回暖趋势。但好景不长,下半年供应压力攀升,铝价再创新低。期货铝价格趋势如图7所示。

图7　上海期货交易所期货铝价格走势

而氧化铝市场方面,情况同样不容乐观。在国际市场方面,国际氧化铝价格在2015年上半年表现得相对坚挺,并在4月还有所反弹。但6月以后受中国氧化铝市场拖累,12月国际氧化铝价格相对于2014年下跌43.3%。

国内市场方面,铝价持续低迷。国内电解铝企业因为长期处于行业周期低谷,普遍采取了弹性生产方式,在氧化铝需求疲软的情况下,供应侧压力再攀新高。加上行业周期低谷所带来的负面效应,使得氧化铝企业库存压力增大,从侧面对价格造成了相对压制。2015年国内现货氧化铝价格整体呈现下降趋势,且后半年的情况更为严重,年末较年初跌幅为40.71%。

所以,整体行业环境的不景气是中国铝业巨额亏损的经营风险的外部直接推手,直接导致了中国铝业的经营风险,从而带来了中国铝业的巨额亏损。然而,市场价格由供需关系决定,市场低迷不景气的背后原因是市场的供需不平衡,所以下文将进一步分析铝行业的供需关系,从而进一步深入探究中国铝业的外部经营风险。

3. 供需关系

据统计,供应方面中国的原铝和氧化铝产量均占全球产量的50%左右,而需求方面,中国原铝和氧化铝的消费量占全球的60%左右,产能利用率和全球水平相当,均略高于全球产能利用率水平。具体数据情况如表2所示。

表2 原铝氧化铝不同地区供需对比

品种	地区	产量(万吨)	消费量(万吨)	产能利用率(%)
原铝	全球	5 720	5 784	78.85
	中国	3 100	3 064	79.61
氧化铝	全球	12 086	11 781	82.78
	中国	5 865	6 183	84.21

从表2可以看出,在全球范围内原铝和氧化铝基本处于供需相持状态。对于中国市场来说,原铝产量略高于消费量而氧化铝的产量略低于消费量,但是也处于供需相持状态。

除了从全球和全国的角度来探讨供需关系,接下来我们要具体探讨中国铝业的业务范围的供需关系。根据中国铝业2015年披露的报表可以看出,中国铝业的主营产品氧化铝的生产量大于销售量,导致库存积压占用成本,电解铝(原铝的上一步半成品)方面,虽然产量和略微小于销售量,但是可以看出仍有过去积累的库存积压。同时,与上一年的量比较的过程中可以看出,氧化铝销售量在比上年减少的情况下,其生产量有10%的增长,导致库存比上年增长了50.81%。而电解铝方面,虽然产量较上年有所下降,但是其销售量也处在下降的趋势中。同时,从库存量的信息可以看出,库存较上年减少了14.12%的情况下,其库存量仍有13个单位。

所以,从表3可以看出,中国铝业电解铝和氧化铝业务层面上,其供需关系都是基本处于供大于求的状态,市场也是处于买方市场。而中国铝业也进行了相应的战略调整,降低了电解铝的生产量,具体内部战略选择的问题将在下文具体进行分析。

表3 中国铝业氧化铝和电解铝的产销情况分析

主要产品	生产量(万吨)	销售量(万吨)	库存量(万吨)	生产量比上年增减(%)	销售量比上年增减(%)	库存量比上年增减(%)
氧化铝	1 330	707	161	10.58	−0.28	50.81
电解铝	331	335	13	−2.19	−1.47	−14.12

外部环境的原因是中国铝业经营风险的表因,而导致中国铝业经营风险的本因是其内部的问题导致的。下文将具体分析中国铝业的内部经营风险。

(二) 内部

1. 企业的复杂性

在企业发展壮大的过程中,员工人数的增多、部门结构的增加,需要更多的支持、更多的规则与更多的标准来监督和约束企业的各种行为,于是就导致了组织复杂性的提升。

作为铝行业的龙头老大,中国铝业流通市值在行业平均水平和市场平均水平线以上。从图 8 中可以看出中国铝业的组织结构十分冗杂,分公司、全资子公司、控股子公司、参股公司众多,这无疑会导致一定的管理困难。

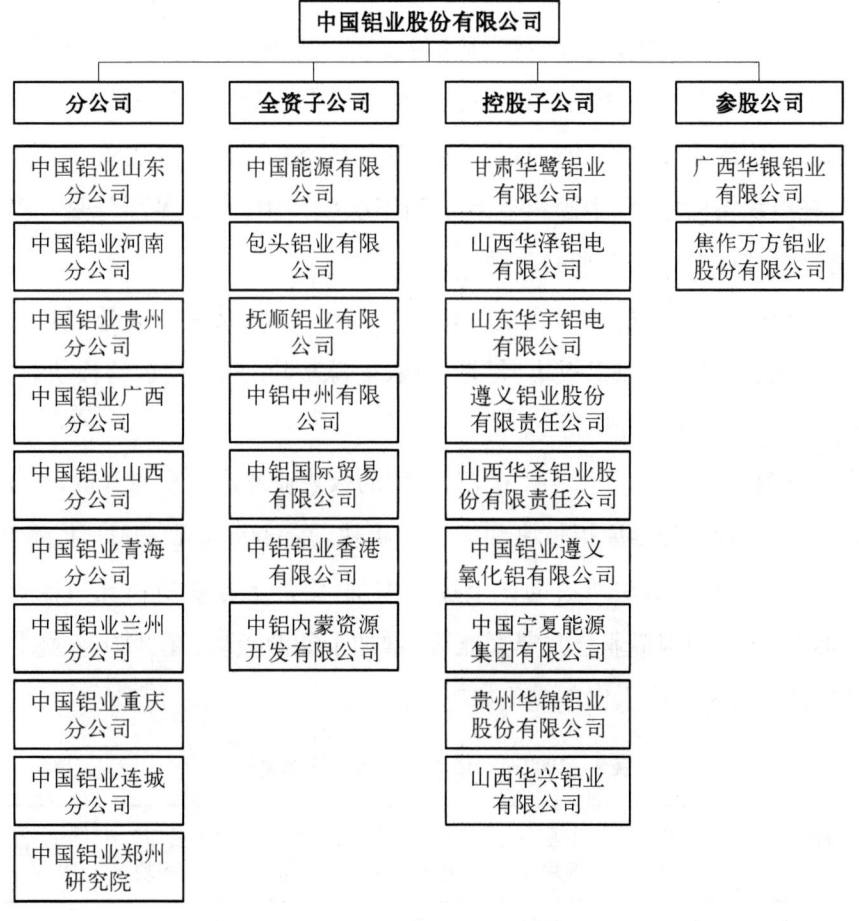

图 8　中国铝业的组织结构

在这些公司中,不免会有由于遗留因素而存在一些旧的生产工艺或者低生产率的企业,其所生产的低效率的产品侵蚀了中国铝业的高效率产品产生的利润,导致整体利润的降低。这些企业的存在不仅浪费资源,而且使中国铝业不得不去高额购买额外的资源和产能。

从公司的地点可以看出,这些组织结构内的公司分布在多个省市,横跨东西,纵跨南北,这就导致了中国铝业的组织网络过于庞大和分散,难以集中管理。从供应商的角度来思考问题也是如此,由于分散的公司地理网络,导致公司需要将供应商的网络也架设得分散,这无疑提高了公司的管理成本和决策成本,也降低了公司在供应商角度的话语权,提高了公司的生产和运输成本,而成本的提高更进一步降低了公司的净利润。

根据2015年公司披露的年报显示,在中国铝业的主要参股和控股公司中,9家净利润为负值,而其他净利润为正值的也是处于微利阶段,与巨大的资产总额和股本相比,仍是捉襟见肘的。中国铝业没有控制权的合营和联营公司中,反而其经营业绩均为正值。可见中国铝业的组织结构中,对于能为公司带来经营效益的公司,中国铝业不具有控制权,中国铝业具有控制权的公司则大都经营不善。这也就印证了之前的分析内容,在组织结构层面,中国铝业复杂的组织结构中,有很多部分是不产生价值的,这也是降低整体的利润水平的关键。

中国铝业作为一家有色金属行业的铝产品加工公司,其主要业务板块分为六大板块,分别是氧化铝板块、原铝板块、贸易板块、能源板块、总部及运营板块,可以看出其涉猎的业务范围也是十分广泛的。

根据中国铝业2007—2014年年报,对每年的板块业务进行横向分析,每年的板块业绩中,所占比重较大的是原铝板块和氧化铝板块,在2008年和2009年新增铝加工板块、贸易板块后,贸易板块所占的比重逐年增加,铝加工板块所占比重次于主要产品板块。而2013年中国铝业合并宁夏能源,增加了能源板块,在2014年抛售了铝加工板块的资产。各板块收入比例变化如表4所示。

表4 2007—2015年板块收入比例变化　　　　　　　　　　　　单位:亿元

年份	氧化铝板块	原铝板块	贸易板块	能源板块	总部及其他运营板块	铝加工板块	说　明
2015	331.34	369.73	941.31	42.91	3.02	—	
2014	307.06	404.23	1 101.08	52.42	3.48	—	
2013	339.8	499.53	1 372.83	51.59	7.89	55.28	2013年铝加工资产整体转让
2012	318.46	580.36	1 172.95	—	3.08	95.67	

(续表)

年份	氧化铝板块	原铝板块	贸易板块	能源板块	总部及其他运营板块	铝加工板块	说 明
2011	311.27	579.8	1 091.72	—	1.76	117.95	
2010	268.38	532.55	901.41	—	1.9	104.66	
2009	182.89	427.31	384.51	—	2.86	71.03	2009年新加入贸易板块
2008	309.42	515.87	—	—	未披露	109	2008年新加入铝加工板块
2007	351.3	541.77	—	—	未披露	—	

资料来源：中国铝业2007—2015年年报

2. 高额费用

(1) 巨额资产减值的计提。

中国铝业的资产减值的计提问题，总是广受大众的质疑和诟病。中国铝业在2014年计提资产减值高达76亿元，有"抛弃负担，轻装上阵，为下一年盈利打下基础"的嫌疑。这是一种利用盈余管理的手段操纵会计利润的行为。从图9中可以看出，2014年中国铝业的资产减值计提金额有了一个激增，从原来的不到18亿元，升至74.6亿元，增长了314.44%。

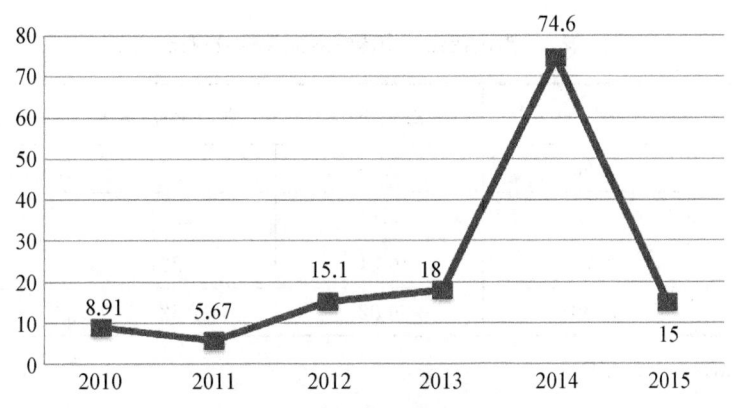

图9 2010—2015年中国铝业资产减值计提情况（单位：亿元）

(2) 高额管理费用。

2014年管理费用和之前年度相比也出现了跳跃，具体数据如图10所示，年报披露主要原因是计提了福利费用。如此高额的管理费用也反映了国企的固有缺陷。管理层级多，管理人员比例大，直接导致了企业高额的管理费用，也使企业的灵活性降低。

从图10中可以看出,除了2014年的高额管理费用,中国铝业的管理费用基本保持在25亿元左右,这无疑也为中国铝业的盈余管理的动机增加了证据。

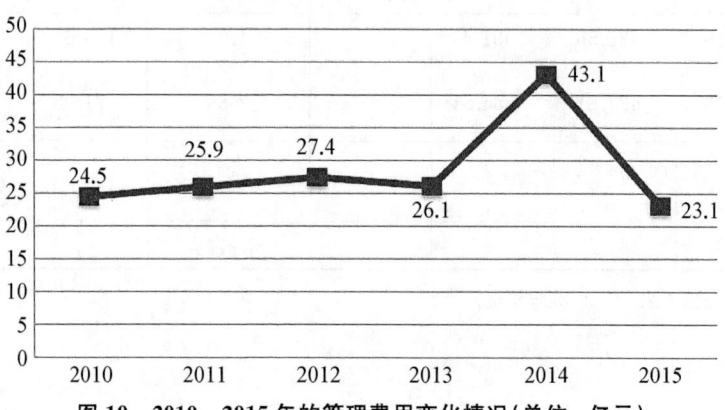

图10　2010—2015年的管理费用变化情况(单位:亿元)

和民营的铝业公司相比,中国铝业这一弊端更为明显。表5比较了中国铝业和民营的南山铝业的人员构成比例。从表5中可以看出,虽然中国铝业的资产总额相比南山铝业要大很多,但是就人员的比例来看,中国铝业的行政、财务人员的占比较南山铝业高6.12%,而销售人员相比南山铝业少了1.25%,所以中国铝业的人员构成就必然导致其高额的管理费用。

表5　南山铝业和中国铝业人员构成对比

	中国铝业(人)	所占比重(%)	南山铝业(人)	所占比重(%)
财务人员	1 689	2.23	50	0.36
销售人员	561	0.74	274	1.99
行政人员	7 734	10.21	821	5.96
生产人员	65 765	86.82	12 621	91.68

资料来源:南山铝业2014年年报

(3) 高额财务费用。

2010—2014年财务费用净额也是呈逐年攀升的趋势,具体数据如图11所示,年报披露是有息负债利率有所上升所致。

高额的财务费用从另一个方面反映了中国铝业的大量投资采用的是债务资金,包括许多海外投资,可是中国铝业病急乱投医,许多投资项目回报并不理想,甚至是

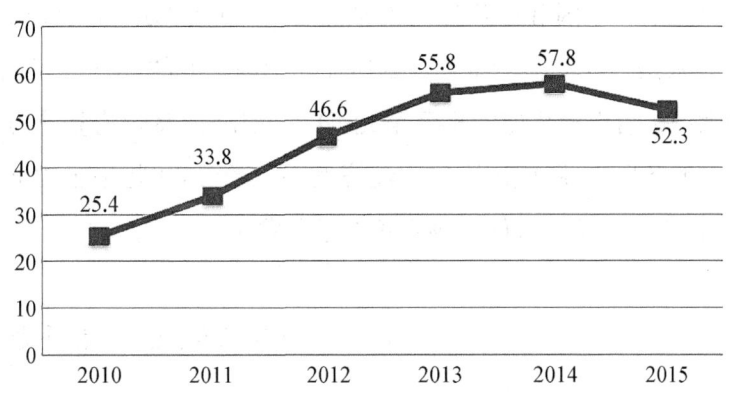

图 11　2010—2015 年企业财务费用变化情况(单位：亿元)

资料来源：中国铝业 2007—2015 年年报

亏损。比较严重的是中国铝业在澳大利亚昆士兰州的一个铝土矿项目。2007 年 3 月，中国铝业与澳大利亚昆士兰州政府签署开发协议，协议共同开发一处铝土矿。在同年 6 月，项目发展就遇到了阻力。全球铝工业市场状况出现了不利的变化，该项目遭受到诸多不利因素的影响而无法继续进行，2010 年 6 月，开发协议期满，开发工程自动终止。在后续披露的半年报中显示，该铝土矿项目开发资本性支出账面余额全额做减值处理。采用负债资金进行投资，无疑是给以后中国铝业的经营发展埋下了更大的经营风险。

3. 管理层腐败产生的代理问题

2014 年 9 月 15 日，据中央纪委报道称，中国铝业公司总经理孙兆学以及高管李光东涉嫌严重违法，接受组织调查。经查核，孙兆学利用职务之便为他人谋取利益，索取、收受巨额贿赂，与他人通奸。依据有关法律规定，给予孙兆学相关处分。①

高管腐败无疑是对中国铝业的内部治理制度敲响了警钟。由于内部治理制度的不合理，高管产生了道德风险，以谋求个人利益为己任，这对于正处于经营困难阶段的中国铝业无疑是雪上加霜的。所以不合理的内部治理制度是导致中国铝业亏损问题的催化剂之一，也是其经营风险的一个表现形式。

五、结束语

中国铝业从风光回归 A 股到现在沦落为 A 股的亏损大户，其发展历程可谓令人

---

① 欧阳艳琴.孙兆学落马缘起遭渎职举报[EB/OL].http://china.caixin.com/2014-09-16/100729117.html.

唏嘘。除了外部的市场原因和政策原因的经营风险,其内部运营的经营风险才是中国铝业最终沦为 A 股"亏损王"的根本原因所在。中国铝业的经营教训也十分值得很多传统行业的大型国有企业借鉴。事已至此,如何利用、改良现有资产,厚积薄发,控制住经营风险和财务风险,顺应国际国内经济发展大趋势,才是中国铝业现在应该真正考虑的问题,希望其有朝一日能成为真正的铝业龙头。

(执笔人:张珩,指导老师:许金叶)

冷眼看冰泉

适用课程： 管理会计理论与实务　内部控制理论与实务

编写目的： 本案例描述恒大冰泉战略定位失败的原因以及成本控制过程中出现的问题，目的在于使学生对企业财务管理、内部控制和风险管理等问题具有一定的认识并深入思考，从 COSO 内部控制整合框架五要素和成本控制理论分析问题，并提出解决方案。

知 识 点： COSO 内部控制整合框架五要素　成本控制理论

关 键 词： 恒大冰泉　许家印　内部控制

案例摘要： 本案例以许家印创立的恒大地产集团和其创立的恒大足球队为背景，描述了恒大冰泉作为自家品牌的延伸，在其投入市场过程中面临巨额亏损，分析了恒大冰泉在内部控制和成本控制方面的严重不足。本案例引起我们对企业的内部控制和成本控制的重视，如何加强企业的内部控制以减少企业的经营风险以及如何进行成本控制，是我国企业值得深入思考的问题。

2013 年 11 月 9 日，借着恒大足球夺取亚冠联赛冠军的东风，恒大集团正式宣布进军矿泉水市场。踌躇满志的球员们身着印有"恒大冰泉"4 个大字的球衣，谦逊地接受了属于他们的荣耀，也似乎在替恒大集团向世人骄傲地宣布其预见到成功未来的雄心。

考虑到恒大涉足地产和足球两大主营业务，赛场上球员和矿泉水是黄金搭档，恒大地产旗下的房产小区都有恒大冰泉的铺设点，因此，恒大涉足矿泉水行业也算是自己品牌业务的延伸。对于走多品牌路线的企业来说，发展相关联产品或上下游产品是比较容易获得成功的。

20天之内消耗了13亿元作为冰泉的广告费用,恒大试图用最短时间,以最接地气的侵略式营销达到其品牌众人皆知的目的。秉持高举高打的营销战术,显而易见,恒大冰泉意在复制恒大足球高投入而至速成的成功模式;与此同时,冰泉的硬件够硬——水源优质、水质极佳,软件也够硬——集团品牌效应明显、拥有大手笔的营销预算。这一切的一切都让管理层对冰泉的进军胸有成竹。然而愿望总是比现实美好的,一蹴而就有时也要拼一拼天时地利人和。巨额的广告投资虽然是恒大用来攻占市场的利器,但这笔支出也同时给冰泉公司带来了头痛——自进入矿泉水市场以来,截至2015年5月,营收累计虽有12.87亿元,却蚀本了40亿元。那么,这些巨额亏损的背后到底有哪些原因呢?接下来,结合内部控制和营销管理,我们从COSO模型出发分析恒大冰泉亏损的原因。

一、案例概况

(一) 恒大冰泉横空出世

2013年11月9日,恒大足球卫冕亚冠联赛,恒大集团像是要借由足球夺冠的气势,大刀阔斧地进军矿泉水领域——为了达到人尽皆知的品牌效应,恒大冰泉在20天内投入了13亿元的广告费,并快速铺设好了各级销售渠道,大街小巷公园商超,无处不见那一抹优雅圆滑的蓝。

(二) 恒大冰泉的战略定位失败——成本控制分析

1. 运输成本

恒大冰泉比其他矿泉水品牌贵了一到两倍价格。我们知道,运输半径是影响瓶装水成本的主要因素。矿泉水行业的"500公里理论"想必大家都有所耳闻,即要想从两元钱一瓶的矿泉水身上赚取利润,那么市场与水源地的间隔要控制在500千米以内。一旦运输半径超出500千米,各种成本损耗会导致运输成本直线上升,尤其是价格不稳定的油费和逢过必缴的过路费。最终,销售终端的产品价格若低于2.5元/瓶,则企业根本无法从这款产品中盈利。作为新生儿,恒大冰泉选择了知名的长白山水源,也孤注一掷地仅有长白山这一处水源,可从长白山到上海,一瓶水的运输成本至少为4元。

而再看恒大进入市场最强劲的对手农夫山泉,拥有数个水源地并分散于全国各地,并未将"鸡蛋"都放在长白山这一个篮子里,为的是什么?为的是减小运输半径,降低关键的运营成本。抛开水源数量多寡的争论,只有一处水源的昆仑山,则是另辟蹊径,借助加多宝的营销渠道搞高端定位宣传,虽然不能节流,但开源也是降低成本的有效选择。于是我们就会经常在一些加多宝专属终端上看到昆仑山的身影,这一营销渠道共享的举措也算是实现了共赢。昆仑山因此得以在一个毫无竞争压力的封闭式终端,扮演好自己的高端水角色。而走平民化、大众化的康师傅,则通过提高自己的自来水加工技术,以技术创新带动制造成本的节约,成功占据了矿泉水消费的大部分低端市场。

2. 广告费用

横向面面俱到、纵向花样百出的宣传方式,让恒大冰泉迅速赢取了消费者的好奇心。除了在全国 30 个城市共 60 家电视台的花式宣传曝光,在全国 248 家主流媒体的宣传,单单是在央视多个重量级频道的广告滚动轮播,就能让恒大冰泉一炮而红。恒大冰泉因此不仅占据了各大小商超的货架,也挤进了众多消费者的购物清单。据媒体报道估计,恒大冰泉 20 天的广告费用就高达 13 亿元。但与巨额"广告轰炸费"形成鲜明对比的,却是平平的轰炸效果:恒大冰泉 2014 年销售收入总额仅 9.68 亿元,广告费用占销售收入比重高达 134%。投资虽然如此大手笔,但广告质量依旧粗糙。

查询普华永道 2013 年、2014 年、2015 年 1—5 月对恒大审计数据就会发现,恒大冰泉在这期间的营收分别为 3 480.22 万元、96 803.72 万元和 28 430.52 万元,净利润却在第一年为 -5.52 亿元,第二年惨跌至 -28.39 亿元,2015 年上半年也是萧条的 -5.55 亿元,这也就意味着,恒大冰泉的强势挺进非但没有给恒大带来期望的口碑和利润,还"赔了夫人又折兵"。由此看来,自 2013 年进入市场至 2015 年 5 月,恒大冰泉共实现营收 12.87 亿元,但亏损却接近 40 亿元。

在公司对外宣称的说辞里,上述报告期间的连续亏损是有不可抗拒的原因的:为了迅速占领市场而付出的前期投入是正常的。推广与销售人才的引进都需要资金,广告费又占据了市场推广的大部分,人工成本的上涨也使优秀销售团队不易组成。

从以上的营业收入和利润亏损来看,恒大冰泉的轰炸式广告策略明显没有系统考虑产品销售相关的风险问题,投入的资金得不到很好的回报,后期的支出费用也没有很好的着落,产品的销售不能按照公司的战略进行,只能被迫根据市场反馈行情来下调产品价格。

(三)恒大冰泉的战略定位失败——内部控制分析

我们以 COSO 内部控制五要素理论为理论基础,对恒大冰泉战略定位失败的原因进行分析。COSO 内部控制五要素是 1992 年由美国 COSO 委员会提出的一种更精简、更具动态的内部控制基本架构。COSO内部控制框架认为：内部控制系统由控制环境、风险评估、内控活动、信息与沟通和监督五要素组成。针对冰泉失败事件的特征（尤其是核心团队缺陷、未合理评估投资风险、不能将品牌内涵与目标人群相结合），我们主要从控制环境、风险评估、信息与沟通3个方面着手分析。

1. 控制环境

一方面，恒大冰泉内部组织架构混乱是战略定位失败的重要原因，其管理团队从恒大地产空降而来，大部分人对房地产营销管理方式得心应手，但房地产市场是刚性需求，销售策略相对简单，和恒大冰泉所在的快消行业营销方式完全不同，但做惯房地产营销的管理团队依然采用房地产营销方式来做恒大冰泉。虽然公司聘请一批实战经验丰富的快消管理人员（包括被恒大高薪挖去、曾是农夫山泉灵魂人物的张华），但被一群房地产销售人员领导，英雄无用武之地，团队的磨合与合作都成了问题。这种外行人领导内行人的管理方式对企业来说是致命的，这一失误也直接导致了2014年底恒大冰泉管理层的离职潮。另一方面，管理层缺乏人文修养也和营销失败息息相关。众所周知，高端商品主要做的是品牌，包括设计和宣传，如农夫山泉营销总监钟睒睒所说，高端水有三宝：稀缺的天然水源、天然均衡的矿物元素含量和深厚的自然与人文内涵。而管理团队的素质和修养决定了产品的人文内涵，恒大冰泉的产品设计和后期宣传也体现出管理团队修养不够的短板。

2. 风险评估

COSO认为风险评估能帮助企业确定何处存在风险、怎样进行风险管理，以及需要采取何种措施等。控制活动规定了风险中应该做什么和如何做的问题，它有助于企业采取必要措施管理风险以实现企业目标。对恒大地产总公司来说，恒大横跨房地产、体育、粮油、乳制品、矿泉水等多个行业，可能导致企业有限资金被套死。而恒大冰泉缺乏必要的财务危机意识和控制活动。公司董事长许家印在2014年夸下海口说第一年销售额要达到100亿元，第二年销售额达到200亿元，第三年销售额达到300亿元之前，并没有对行业实际情况进行科学的分析论证，2014年狂投13亿元进行广告宣传前，也没有对广告投入的市场反响和对企业财务状况的影响进行风险评估，导致2014年巨亏28.39亿元。

3. 信息与沟通

企业应当充分关注目标消费者的需求，结合大数据的行为分析，研究消费者行为，这样可以更加便捷地去体味消费者需求。信息不对称与失败的沟通方式是恒大冰泉战略定位失败的根本原因。

（1）目标人群界定模糊。在恒大足球的夺冠庆功宴上，恒大冰泉宣布要进军高端矿泉水市场，消费目标群体锁定了都市白领和城市高端人群。而研究解释说，该类高端人群受教育水平较高，热衷寻求自身和家人的健康，普遍有个性化的消费主见。再看恒大的销售策略，反而与其定位的目标消费人群大相径庭。统计数据显示，恒大冰泉在全国已有超过 10 000 家经销商，同时广铺市场，在全国各个城市均有销售网点，无论大型商超还是微型小卖铺都能看到恒大冰泉的身影。这一行为完全违背了针对高端人士设定的初始意图，试问追求高端品牌的时尚人士怎么会买遍布大街小巷的产品？另一方面，高达 3.8 元/瓶的价格也让普通消费群众望而却步。而依云和百岁山一般只在大型超市或进口超市才能看见它们的身影，相比于恒大冰泉则更符合高端消费人群的心理需求。

（2）产品核心价值打造模糊。尽管恒大冰泉的定位为高端矿泉水，但是产品核心价值远远低于当时预期。首先，在水源的选择上，恒大冰泉并不占据优势，其所在的水源地汇集了农夫山泉、统一、农心等大大小小数十个品牌，同在长白山水源地，恒大冰泉却"自视甚高"。其次，恒大冰泉的产品包装盒设计上被人诟病已久，而同在高端矿泉水市场的其他产品，包装设计上非常符合高端消费人群的需求。以农夫山泉 3 款高端品牌矿泉水为例：瓶体本身采用玻璃制造，清亮通透，瓶身图案设计耗时两年，水滴形状的瓶身配合长白山典型动植物形象，质朴的文字描述，寓意特殊的数字，使这款精致又有趣的矿泉水瓶设计，几乎囊括了 2015 年包装设计领域所有重要的奖项。即使是比恒大冰泉便宜了近一半价格的百岁山，瓶身设计也是独具匠心。和其他产品比起来，恒大冰泉设计过于简陋，简单粗暴，和高端品牌的定位相去甚远。

（3）宣传缺少主题。创业初期的恒大冰泉以恒大足球队＋房地产平台的宣传方式，在恒大亚冠之夜成功推出了恒大冰泉。但之后的恒大冰泉的广告是一记硬伤，宣传完全按照房地产广告模式，以狂轰滥炸方式对消费者进行宣传，根本上背离了高端产品让消费者仰望的初衷。形象代言人换了一拨又一拨，从成龙、范冰冰到后来的全智贤、金秀贤等人，无一不是一线大腕，广告词更是随着形象代言人一年九变，从"天天饮用，健康长寿"到"健康美丽"再到让人倍感无厘头的"做饭泡茶"、"我只爱你"，又到刻意"高大上"的"一处水源供全球"、"出口 28 国"，让人眼花缭乱，目不暇接。它还挥剑直指对手农夫山泉，打出"我们搬运的不是地表水"这类广告词,对"大自然的搬运工"直接发起过挑衅。但广告词一变再变,让消费者记住的少之又少,何况作为一个定位高端矿泉水的品牌,广告却丝毫没有深意,无法让消费者留下深刻印象。相比之下,竞争对手农夫山泉的广告明显更胜一筹。"农夫山泉有点甜"让新客户了解农夫山泉是一瓶好喝的水,"我们不生产水,我们只是大自然的搬运工"让老客户放心饮用无压力。一两句话就能既阐明产品特色和优势,又结识新朋友,"笼络"老朋友。在农夫山泉2014年推出的超长可跳过广告中,农夫山泉勘探员在长白山原始森林中披星戴月地寻找优质水源,其凸显的敬业精神和强烈的责任感,为产品博得了大家的一致好评,本该在视频片头被残忍拒绝的广告插播也有了一线活路。相对于恒大冰泉广告的暴力侵入来说,农夫山泉的广告更满足了消费者对情怀和高品质的要求。

总的来说,恒大冰泉输在了战略定位失败上。恒大冰泉既想做高端水,却没有把握住高端群体消费者的心理需求,靠一味砸钱来占领市场最终的结果必然是失去自己的消费群体。

(四) 总结

以上,通过COSO内部控制五要素理论对恒大冰泉战略定位失败的原因进行分析:① 控制环境,从恒大地产空降而来、对房地产营销管理方式得心应手的管理团队似乎在快消的矿泉水行业里还没有摸到属于他们的门路和特色。② 在风险评估与控制上,恒大横跨房地产、体育、粮油、乳制品、矿泉水等多个行业,多元化发展,却缺乏必要的财务危机意识和控制活动,很可能导致企业有限资金被套死。③ 在信息与沟通的角度,恒大冰泉目标人群界定模糊、产品核心价值打造模糊、宣传缺少主题。同时,在运输费用和广告费用上占据很大的成本,导致入不敷出。因此,靠一味砸钱来占领市场,却没有把握住高端群体消费者的心理需求,最终的结果必然是失去自己的消费群体。

二、问题讨论

在恒大地产和恒大足球取得如此辉煌的情况下,恒大冰泉出现巨额亏损带给人们太多的启示,也引发人们很多的思考,重点思考如下问题:

(1) 恒大冰泉拥有两大优势:一是恒大地产旗下的恒大足球队冠名权,二是恒大房产将恒大冰泉纳入了构建好的社区纯净水体系。恒大涉足矿泉水行业也算是品牌延伸,有自家的平台优势。那什么原因导致恒大冰泉的巨亏?

（2）试述恒大冰泉的巨亏是自身原因还是整个行业问题。

（3）试述恒大冰泉可以从哪些方面改进。

（4）谈谈本案例在内部控制与风险管理方面给你的启发。

（执笔人：单潇婷,指导老师：许金叶）

"营改增"真的能提高航空公司的绩效吗?
——以南航为例

适用课程: 管理会计理论与实务

编写目的: 本案例旨在帮助学生进一步了解"营改增"政策,并关注"营改增"后税率、税种的变化对企业绩效的影响。根据本案例资料,一方面,学生可以直观地了解到航空企业在"营改增"后的涉税情况变化,比较与原先情况下的差异,从数字上感受"营改增"后对企业是利还是弊;另一方面,可以了解税收政策的变化如何间接影响企业业绩。从表面上看,税收政策变化虽然只影响了企业的应纳税额,但透过表面来看,应纳税额的变化影响了企业的现金流,进而会在绩效中体现出来,因此本案例也帮助学生思考如何根据税收政策的变化为企业创造更大的价值。

知 识 点: 增值税 航空企业成本

关 键 词: 营改增 税负 影响 绩效

案例摘要: 本案例以南航为例,对其2012年的数据进行测算并结合其年度报告数据进行分析,研究"营改增"对于南方航空公司的影响。本案例发现"营改增"对于南方航空公司这种固定资产多的企业是有利的,"营改增"能够降低企业税负,对企业长期资本投资有积极影响,对绩效提升亦有帮助。

一、"营改增"主要内容

2011年11月16日,在完善税收制度,促进现代服务业高效发展的背景下,国家相关政府部门公布了新一号税改方案——营业税改征增值税,上海为首个试验区,即从2012年1月1日起,上海市将开始实施对交通运输业以及一些现代服务业的"营改增"试验工作,从原先的征收营业税税种变为征收增值税税种。2012年7月25日,国务院常务会议上,进一步扩展"营改增"试点地区,增加到10个省市区域。在试点区域实行的"营改增"内容有:

(1) 区域内的纳税人应定义为处于该区域的单位和个人,包括提供应税服务给上述对象的非该区域的单位和个人。以500万元为分界点分为一般纳税人和小规模纳税人。应税服务是指包括陆、水、空和管道在内的运输业,以及一些现代服务业,如:有形动产租赁、文化创意、科研技术、物流和验资咨询、信息通信技术等,但仅有偿服务能被纳入应税劳务范围。

(2) 现在施行的增值税有17%和13%两档税率,"营改增"后会新加入11%和6%这两种,每个项目的具体税率是:17%的增值税税率适用于租赁有形动产的服务;11%增值税税率适用于运输服务;增值税税率6%适用于现代服务业但除上述租赁;小规模纳税人按3%的增值税税率征收。

此外,试点企业在"营改增"前若符合条件也享受到了一些营业税的税收优惠,在"营改增"后这些优惠不会终止可以沿用,采用即征即退的方法处理营业税的减免,也会对在"营改增"后出现税负增加较多情况的部分行业给予一定的税收优惠。

二、公司简介及其涉及的税收政策

中国南方航空股份有限公司(以下称为"南航"),拥有全国输送规模最大、分布运输网络最广阔、运输量最多的漂亮表现,也是国内标杆性航空公司,它率先加入了国际航空联盟,并与国航和东航组成中国航空三巨头。南航的主要业务是:通用航空业务;国内地区与已批准的国际区域和其他地区的旅客、货物、邮件、行李空运业务以及国内外航空公司间的代理业务;航空器件的维修业务;加工并对外销售和对内提供航空食品。

2012年11月1日起,根据"营改增"政策,南航增值税转型。涉及税率变化的业务主要为以下几项:

(1) 对于航空公司来说,航空运输业务所需要的固定资产投资和达到运输目的的成本支出都很高,这些成本包含了开拓航线、维修建造机场、飞机购买和租赁、飞机和机场的维护等各方面,同时这些高成本的运作需要较高的资金支持度。除了固定资产的投入以外,企业的可变成本投入也很高,南航的可变成本投入主要包括航空油料成本等。根据规定,运送客、货、邮、行李的航空运输服务适用11%的增值税税率。

（2）租出、租入有形动产在改革后是17%的增值税税率，而南航涉及经营性的和融资性的固定资产租赁、经营性的固定资产租出等租赁有形动产业务。

（3）航空地面服务和通用航空服务是航空服务的两大组成部分，其中有偿提供航空地面服务给顾客就是所谓的航空地面服务，通用航空服务是指航空降雨、航空摄影等专业航空业务活动。航空服务在"营改增"后适用增值税税率为6%。南方航空公司在"营改增"前后，各涉税业务税率变化情况如表1所示。

表1 "营改增"后南航所涉及业务税率变化情况

"营改增"中的业务项目	原营业税税率(%)	改增值税后适用税率(%)
航空运输服务	3	11
有形动产租赁服务	5	17
航空服务	3	6

资料来源："营改增"37号文件

（4）航空维修服务在"营改增"后适用17%的增值税税率，航空维修服务也是南航的重要业务之一。此外，购买固定资产及航材、支付成本费用等符合规定的增值税进项税可以抵扣销项税。南航在"营改增"后，收入项目与成本费用项目适用税率情况如表2、表3和表4所示。

表2 "营改增"前后南航收入项目适用税种及税率情况

收入项目	"营改增"前		"营改增"后	
	税种	税率(%)	税种	税率(%)
国内运输收入	营业税（交通运输业和服务业）	3	增值税	11
国内航线燃油附加		3		11
国际运输收入		0		0
国际航线燃油附加		0		0
国际安全附加		0		0
湿租飞机租赁收入		3		11
退票费改期收入		3		11
逾重行李收入		3		11
地面延伸服务收入		3		6
飞机资产租赁收入		5		17
广告收入		5		6

资料来源："营改增"37号文件

表3 "营改增"前后南航成本费用项目可抵扣税率情况(一)

直接运营成本名称	可抵扣税率(%)
航空油料耗费	17
餐食及机供品	17
机务维修成本	17
飞机租赁费	17
机场起降服务费	6
飞机进口(25吨以上)	4
其他飞机资产进口	17或0

资料来源:"营改增"37号文件

表4 "营改增"前后南航成本费用项目可抵扣税率情况(二)

其他成本和期间费用名称	可抵扣税率(%)
信息技术服务费、系统服务费	6
宣传广告费、会展会务费	6
审计咨询费	6
货物运输费	11
通用固定资产采购	17
低值易耗品、办公用品、劳保制服采购	17
其他维修费用	17
水费	13

资料来源:"营改增"37号文件

三、"营改增"后对南航的财务影响

(一)对南航税收成本的影响

增值税制度中,成本费用的扣除,应按照增值税专用发票和增值税专用缴款书这些所取得的法定纳税抵扣凭证为准,依法律文件上注明的增值税税额抵扣。在推行"营改增"后,交通运输业被新增收纳到了增值税征收范围中,同时被收编入内的还有部分现代服务业。南航原本可以进行增值税扣除的有航空燃油消耗、食品和机器产品、飞机维修费用,在这之后,可抵扣范围扩大。南航2012年可抵扣进项税额与销项税额情况如表5、表6和表7所示。

表5　2012年南航固定资产进项税额扣除情况　　　　　　　　单位：万元

固定资产项目	本年增加数	不含税金额	进项税额
飞机及发动机	216 282.58	207 964.02	8 318.56
高价周转件	12 840.12	12 346.27	493.85
运输设备	1 060.26	906.21	154.05
机器设备、电子设备及家具	1 424.99	1 217.94	207.05
合　计	231 607.95	222 434.43	9 173.52

资料来源：南航2012年年报

表6　2012年南航成本费用可抵扣进项税情况　　　　　　　　单位：万元

成本费用名称	金额	不含税金额	进项税额
航空油料耗费	368 758.56	315 178.26	53 580.30
飞机资产的维修费用	70 145	59 952.99	10 192.01
飞机资产的经营租赁费	62 351	53 291.45	9 059.55
飞机资产的融资租赁费	12 627.87	10 793.05	1 834.81
餐食及机供品	23 381.74	19 984.39	3 397.35
机场起降服务费	99 926.15	94 269.95	5 656.20
广告费	1 210.46	1 141.94	68.52
电脑订座费	6 711.82	6 331.91	379.91
办公费	1 014.88	867.42	147.46
其他可抵扣的费用（系统网络费等）	1 628.01	1 532.85	92.16
合　计	647 755.49	563 347.21	84 408.27

资料来源：南航2012年年报

表7　2012年南航营业税与增值税销项税额的分项分类测算情况

收入名称	金额（万元）	营业税		增值税销项税额		
		税率(%)	税额（万元）	税率(%)	不含税金额（万元）	销项税额（万元）
国内航线运输收入	1 053 306	3	31 599.17	11	948 924.32	104 381.68
国际航线运输收入	12 397.78	0	0	0	12 397.78	0
地区航线运输收入	18 885.04	0	0	0	18 885.04	0
合　计	1 084 588.82		31 599.17		980 207.14	104 381.68

资料来源：南航2012年年报

其中,南航飞机资产的维修费用由以下两部分组成:维修劳务成本和维修用航空材料成本。财政部有规定,若某航空公司在日常运营的线路中包括国际航线、港澳台航线和其他支线航线,而且进口了的维修器材是为运营这些线路航线而进口的,那么可以在进口关税和进口环节增值税方面得到一定比例的免征优惠,因此表6中飞机资产维修费的进项税额并非只是简单地以金额乘以抵扣税率,比例依据来源于财政部对南航核定的免征关税和进口增值税比例。

比较南航2012年营业税与增值税后,发现南航在2012年流转税税负可以下降64%左右,如表8所示。

表8　南航2012年应交营业税与增值税测算情况　　　单位:万元

年　份	营业税	增值税		
		应交增值税	进项税额	销项税额
2012	31 599.18	11 247.79	93 133.90	104 381.68

资料来源:南航2012年年报

南航在2012年11月开始实施"营改增"后,营业税与增值税总额在2011年与2012年的数据体现中有了明显的下降,减税效果较为突出,如表9所示。

表9　南航年度报表中营业税与增值税情况　　　单位:百万元

年　份	营业税	增值税	营+增总额
2011	342	3	345
2012	110	70	180
2013	21	147	168

资料来源:南航2012年年报

究其原因,在"营改增"后,虽然企业的增值税的纳税额增加,营业税的纳税额减少,但是由于企业的成本费用及购进固定资产时发生的增值税进项税额可抵扣,而且一般航空企业的固定资产的成本普遍较高,可抵扣进项税额很大,因此,企业的营业税的减少量大于增值税的增加量。在企业的实际纳税情况没有发生改变的情况下,像南航这种固定资产多的公司,"营改增"对于它们而言是合算的,使企业有更大的空间发展。

(二)对南航利润项目的影响

在经历了"营改增"的改制后,对企业能否带来好的效应,这是企业所关心的。我们发现,经营利润这一数据,是测评"营改增"后企业所承担的税负产生何种效应的一个重要且显著的指标。以下将比较南航的营业收入与营业成本在"营改增"后的变化,以此检验"营改增"对企业财务绩效的作用。

1. 对营业收入的影响

公司的收入大部分由运输收入和其他航空服务收入组成,因为营业税是价内税,在改革前,南航的航空运输业务或者其他经营业务取得的收入中包含营业税,以取得的收入的实际金额入账。"营改增"后,营业税改为增值税,产生增值税后在入账时是价税分离的,南航属于一般纳税人,其在取得收入时,要将增值税从含税收入中扣除,将不含增值税的那部分收入作为收入入账。因此在价格不变的条件下,企业取得同样的收入,改革后的营业收入将少于改革前的营业收入,而"营改增"前后南航的价格并没有明显的变化,这使得企业的营业收入总额减少。

2. 对营业成本的影响

航空公司的营业成本有别于其他交通运输企业的营业成本,具有购进成本更大、使用周期更长的特点。对于南航来说,其主营业务成本主要包括航空油料成本、高价零件、人工成本等,其他业务成本包括出租固定资产折旧或其他摊销额等。在"营改增"后,企业的购进资产、固定资产的折旧、购进资产的入账方式等方面都受到影响,企业购进资产的进项税额将从成本中分离出来,这时企业的存货的价值降低,购进资产的成本就会降低,所以企业的营业成本会相应减少。

此外,企业购入固定资产可抵扣的政策促使企业积极购入固定资产,由表 10 可知,自实施"营改增"的 2012 年起,南航比 2011 年新增了 66% 左右的固定资产,因此南航的营业成本呈现增加的趋势。

表 10 2011—2013 年南航固定资产金额增加情况　　　　单位:百万元

年　份	固定资产新增加数(主要为购买飞机所致)
2011	7 470
2012	12 439
2013	19 685

资料来源:南航 2011—2013 年年报

营业收入的减少和营业成本的增加,单看利润项目,会使企业当年的利润总额减少。但是,新增的固定资产在今后都会变成沉没成本,购进新资产后,随着规模的扩大,今后的利润可以实现逐步增长。

四、评论

营业税和增值税本质上的区别是一个为价内税,在进行入账的核算时,会将其直接计入相应的成本,而另一个是价外税,在入账时价税分离。"营改增"后南航的营业收入不包含增值税,从其 2012 年的数据上来看,"营改增"能够在一定范围内解决南航原先存在的流转税重复课税的问题,使其承受的税收负担得到了一定的减轻,起到了促使其加快固定资产变换更新速度的作用。"营改增"不仅降低了南航的税负,而且减少了资金的占用,为南航提供了更大的发展空间。

拥有众多高价值的固定资产是南航能得益于"营改增"政策的一部分原因。对于能在账面上存在一定数量的高价值的固定资产的同类企业来说,在实施"营改增"后可以抵扣固定资产进项税了,进项税抵扣额的增加使大部分企业得到了减负,因而"营改增"对于固定资产多的企业是有利的。

综上所述,"营改增"使得南航的税收成本降低,也使得南航的利润得到增长,随着企业盈利能力指标的改善,将更多地吸引潜在投资者进行投资,促进企业长远发展。税收成本的降低额能带来净利润的增加额,企业现金支出额的减少、现金流的增加会给南航带来更多的投资机会,因此,"营改增"政策对南航的长期资本投资具有积极影响,从长期看对企业绩效提升也有很大帮助。

五、问题讨论

(1) 结合本案例与其他信息,你认为有哪些方面的原因使得南航在"营改增"前后税负发生了变化?

(2) 阅读本案例后,你觉得南航应该选择什么策略来应对"营改增"对于自身的影响,从而实现企业价值最大化?

(3) "营改增"能够在一定范围内解决航空运输企业原先存在的流转税重复课税的问题,这也使得航空公司的税负得到了一定的减轻,促进了航空运输企业的健康发展。同时我们也会发现,目前"营改增"的整个税改政策在与航空运输企业制度设计的相关性与契合度方面仍然存在一定的改进空间。你能提出一些好的建议吗?

参考文献

[1] 徐曼丽.营改增对航空运输企业的财务影响及对策[J].财会月刊,2012,(32).

[2] 闵志慧."营改增"对交通运输业的影响[J].会计之友,2014,(32).

[3] 熊莉.营业税改增值税的会计处理探析[J].会计之友,2012,(35).

[4] 许晓丽."营改增"对我国航空运输企业税负及利润的影响[J].会计之友,2014,(27).

（执笔人：朱君，指导老师：陈溪）

成也萧何，败也萧何
——探寻铁狮门与财务杠杆的不解之缘

适用课程： 管理会计理论与实务　财务管理理论与实务

编写目的： 本案例通过分析美国知名房产公司铁狮门在2007年对美国第二大公寓住宅投资信托公司Archstone的收购案，旨在研究财务杠杆在房地产企业如何设立合理的"度"，为企业在合理风险下带来最大利益。

知 识 点： 财务杠杆　负债率　超额收益

关 键 词： 财务杠杆　铁狮门　房地产　超额收益

案例摘要： 2007年，铁狮门仅投入2.5亿美元，与雷曼兄弟公司通过创立地产基金，以222亿美元的价格共同收购了Archstone，获得了巨大利润。然而，受2008年次贷危机重挫，Archstone旗下物业出现贬值、信用枯竭等问题，铁狮门遭遇资金周转困难，出现难以维持运营和偿付利息的情况。

一、引言

作为美国地产行业的领军企业，铁狮门公司（Tishman Speyer）以其非上市公司的独特背景，长期精妙运用财务杠杆等金融化制度实现"轻资产"运营，与雷曼兄弟公司等投资银行多次利用地产基金等方式，在欧洲和美国大量收购地标性房产，成为当之无愧的"地王"，获得了不可计数的财富。

然而，在2008年爆发的次贷危机冲击下，铁狮门一度因为旗下物业贬值、信用枯竭等遭遇资金周转困难，出现难以维持运营和偿付利息的情况。这家拥有百余年地产开发和运营经验的公司缘何在次贷危机中无法独善其身,遭遇如此落魄的结局?是大意失荆州,还是机关算尽却在劫难逃?精明的地产公司和财务杠杆之间,到底有怎样的不解之缘?

二、背景概况

(一)行业背景

2004—2007年是美国房地产的黄金时代。在此期间,资产升值占房地产企业总收益的50%以上,财务杠杆所创造的超额收益远高于经营杠杆收益,因此财务杠杆成为地产项目运作的常用手段:通过设立地产基金进行融资,完成对标的公司的杠杆收购,资金来源包括投资银行等机构提供过桥贷款,再借助证券化途径将上述贷款分销至对冲基金及抵押贷款机构(如前"两房")——上述操作增大了资金在房地产交易市场等的流动性,同时致使收购项目的负债率达到90%以上。

在如此高流动性的市场环境里,地产和金融等合作亦不乏出现火花。一方面,地产商希望通过设立地产基金解除管理者的资本约束,获得更大投资机会;另一方面,资本提供方则企图同时分享经营杠杆的收益,以及财务杠杆撬动的资产升值收益。值得注意的是,如果投资人在交易中成为决策的主导,片面追求利益最大化,通过操纵管理团队试图控制和管理资产,那么地产基金的主要目的则转化为赚取财务杠杆撬动的资产增值收益,上述行为将影响项目发展的可持续性,降低对抗风险的能力。

2008年次贷危机爆发,美国住宅市场和商用物业市场遭受重挫,对房地产行业造成的影响主要有:① 为应对风险及缓解现金流压力,房地产企业不得不减少自主操盘项目,包括出售名下土地,甚至放弃土地购买期权。② 为了避免大量烂尾资产的形成,正在建设的项目则必须以高成本、低回报的结果继续完成。

(二)公司概况

1. 铁狮门公司

铁狮门公司是美国少数没有上市的地产业大亨,业务涵盖物业开发、设计、建筑、物业管理、投资管理、租务、税务和风险管理。其中,铁狮门最有实力的能力是项目金融化。

1997年,铁狮门发起创立了第一只私募基金,开启金融化制度。铁狮门借助设立地产基金的方式,收购克莱斯勒中心、高露洁总部大厦、纽约时报大厦、大都会人寿大厦(原泛美大厦)等美国著名地标性物业,合作方包括旅行者集团、纽约雇员养老基金和教师养老基金等。通过基金金融化,铁狮门仅在收购中持股10%以下,但作为项目操盘者,完成整个项目的设计、开发、销售和运营;同时,铁狮门的盈利点还包括地产开发产业链各环节的项目管理费及基金超额分配的收益。数据显示,仅在2007年,铁狮门所有项目平均收益率达到了40%以上,而其各项目的投资入股占比大多低于5%。

2. 合作方雷曼兄弟公司(Lehman Brother)

雷曼兄弟公司曾是美国规模最大的投资银行之一,以雄厚的财务实力和融资能力著称。2008年9月15日,在次贷危机加剧的形势下,雷曼兄弟宣布申请破产保护,总债务达6 130亿美元。

其中,在商业地产上激进的投资和风险资产是将雷曼兄弟推向破产的重要原因。数据显示,在2008年三季度之前,雷曼兄弟控股的商业地产市值达到398亿美元,其中58%是债权,26%是股权,16%是证券。

3. 被收购对象Archstone公司

Archstone公司是美国第二大公寓住宅投资信托(REITs)公司。直到收购完成时(2008年),Archstone在欧美市场控股住宅大楼达到436栋(总计78 207套公寓)。

三、案例概况

(一)收购方案

2007年5月,铁狮门打败了主要竞争对手黑石集团,通过与雷曼兄弟共同成立地产基金,以总价222亿美元(含83亿美元承债)收购了Archstone,并同时承担标的公司的所有债务,以将其私有化(如图1所示)。此次交易以每股60.75美元的价格现金

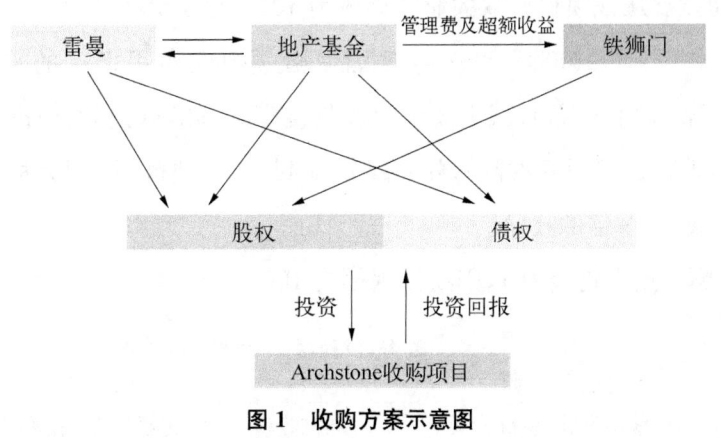

图1 收购方案示意图

收购,并于 2007 年 10 月正式收购完成。此次交易是当时美国地产界的第二大 REITs 私有化交易。

交易完成后,铁狮门方的主要盈利点有:① 1%的股权分红;② 提取每年经营收益的 13%作为项目管理费;③ 参与超额收益的分享。

其中,根据管理协议,当基金年化总收益率超过 10.5%时,管理团队将从超过部分提取 30%作为提成。

雷曼兄弟方的重要盈利点是:通过证券化让渡抵押贷款、赚取价差收益,并通过股权投资和保留的部分高息贷款获得投资收益。

(二) 融资方案

此次收购金额计 222 亿美元,资金的主要来源包括:① 铁狮门和雷曼兄弟各提供 2.5 亿美元股本金(共计 5 亿美元);② 雷曼兄弟、美国银行和巴莱克银行提供 64 亿美元的担保融资(雷曼兄弟占 47%);③ 房利美、房地美分别提供 71 亿、18 亿美元抵押贷款(Archstone137 物业);④ 64 亿美元其他渠道贷款。

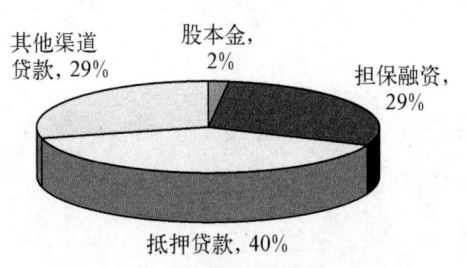

图 2　222 亿美元收购资金主要来源

由图 2 可见,铁狮门与雷曼兄弟公司以 5 亿美元的股本,融资撬动了 222 亿美元的资本,负债率 97.75%,杠杆率达 1∶44。

(三) 财务杠杆之"成"——3 年获 40 倍收益

交易完成后,铁狮门占有 1%股权,同时以项目管理费等名义获得每年经营收益的 13%,并获得项目超额收益的 30%。根据收购时的市场环境,铁狮门通过投入 2.5 亿美元,3 年间能够从该项目获取的业绩提成为 107.5 亿美元。

计算过程如下:以 2004—2007 年美国曼哈顿地区商用楼宇的平均上涨幅度 178%为基准(财务杠杆收益),减去 3 年门槛收益率 34.92%(经营杠杆收益),得到超额收益 143%,即铁狮门超额收益的分成部分为 43%,以铁狮门的 1%股权计算,意味着 3 年间能够获得 43 倍的收益。

例:设铁狮门投入资金为 1,则项目规模为 100,

$$43 = \{\underset{\text{项目总额}}{100} \times (\underset{\text{财务杠杆收益}}{178\%} - \underset{\text{经营杠杆收益}}{43\%})\} \times \underset{\text{超额收益分配率}}{30\%}$$

获得收益　项目总额　　　超额收益　　　超额收益分配率

(四)财务杠杆之"败"——过高的收购价格和收购杠杆

由于2008年全球金融危机爆发,美国房地产行业出现价格下跌和信贷枯竭情况,商业地产更是由于受失业率上升和出租率下降影响导致租金收入大幅下降。数据显示,到2008年10月前,此次收购涉及的359处公寓大楼(共88 000套公寓)遭遇了25%的贬值幅度,并于次年进一步贬值至约50%。2009年,Archstone旗下地产的租金收入仅能偿付债务及利息总额的一半,无力偿还部分贷款。

过高的收购价格和收购杠杆是导致这个系统崩溃的另一主要原因。铁狮门在2008年出售了30多处房产,获取数十亿美元的回流现金,但上述金额远远无法支付物业的运营成本和负债所需偿还的利息。2009年,铁狮门和雷曼兄弟合股的地产基金被迫进行债务重组,尽管银行再次追加5亿美元作为流动基金,但仍无法弥补负债和物业亏损。

四、问题讨论

(1) 在本案例中,财务杠杆有哪些优势,又存在哪些弊端?

(2) 导致铁狮门收购案的成败分别主要有哪些原因?谈谈你的理解。

(3) 描述财务杠杆的使用条件和适用环境。

(4) 如果你是一个地产公司的管理者,通过本案例的学习,你将如何进行风险管理?如果运用财务杠杆,你将通过哪些措施预防失败?

(执笔人:邹悦,指导老师:方宗)

审计理论与实务

SHENJI LILUN YU SHIWU

德国大众集团舞弊问题研究

适用课程： 审计理论与实务

编写目的： 本案例通过对德国大众集团违规舞弊整个案例的分析，探究上市公司违规舞弊的动因和手段，探寻市场和政府的监管方式，试图寻求规范资本市场的方法。

知 识 点： 舞弊动机　监管机制

关 键 词： 舞弊　舞弊三角理论　动机

案例摘要： 较之中国资本市场，欧美资本市场已经历长足充分的发展，但是违规舞弊行为却还是屡见不鲜。究其原因，违规舞弊的动因是人们因无限的欲望而摒弃了应坚守的道德与原则。本案例讲述了一个全球知名德国企业在行业竞争压力和利益的驱使下，背弃了德国人血液里应有的谨慎与负责精神，铤而走险走上了汽车尾气排放软件作弊之路。本案例运用舞弊三角理论对德国大众集团作弊动机进行分析，同时从其舞弊手段、市场和政府反应等多方面入手，探究大众集团违规全过程，最后得出研究结论与启示。

与中国的资本市场相比，欧美资本市场已经历长足充分的发展，但是违规舞弊行为却还是屡见不鲜。究其原因，违规舞弊的动因是人们因无限的欲望而摒弃了应坚守的道德与原则。本案例讲述了一个全球知名的德国企业在行业竞争压力和利益的驱使下，背弃了德国人血液里应有的谨慎与负责精神，铤而走险走上了汽车尾气排放软件作弊之路。

一、大众集团背景

(一) 大众集团概况

公司名称：Volkswagen，总部：德国沃尔夫斯堡，创建时间：1937年，创始人：Ferdinand Porsche(费迪南德·保时捷)，时任 CEO：Matthias Mueller(马蒂亚斯)。截至2015年5月，大众集团在20个欧洲国家以及11个美洲、亚洲、非洲国家运营119家工厂，全球范围内雇佣员工592 586个，旗下产品热销153个国家，是世界四大汽车生产商之一。2015年大众集团在世界500强中排名第八，同行业第一。①

德国大众集团发展至今，历程如下：德国大众汽车公司始成立于1937年3月28日；英国政府于1945年6月介入接管大众集团；甲壳虫汽车于1949年投入生产；1973年帕萨特投入生产；1979年捷达出现；1983年6月第二代Golf投入生产；德国大众集团于1991年兼并了斯柯达、西亚特；大众集团于1998年拓展并购之路，先后兼并了兰博基尼、宾利、布加迪、斯堪尼亚；2002年的巴黎车展上，作为大众汽车制造史上的第一款SUV，途锐第一次公开露面；德国大众又于2012年7月5日成功收购保时捷，到此为止形成了德国大众集团旗下12个品牌的格局。

(二) 大众集团全球业务

大众集团共有自动化和金融服务两大业务部门，其中自动化部门又包括私家车部门和商用车及动力工程部门，这两个部门囊括了大众汽车旗下12个品牌，如图1所示。

(三) 各业务部门的表现

各业务部门的表现如表1、表2和表3所示。

(四) 大众集团股权结构

大众集团股权结构如表4所示。

根据以上股权结构，50.7%的股份是由保时捷和皮耶希家族共同持有，由这两大家族共同控制大众集团，可见它是一个典型的家族型企业。

---

① 德国大众集团官网[EB/OL]. http://www.volkswagenag.com/content/vwcorp/content/en/investor_relations/Warum_Volkswagen.html.

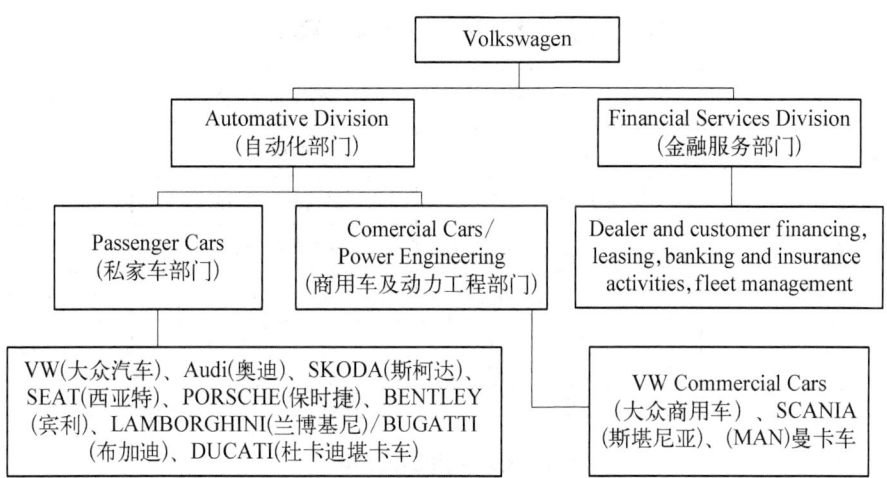

图 1　大众集团全球业务①

表 1　各业务收入与总销售收入对比②

项　目	2013(亿欧元)	2014(亿欧元)	增长比率(%)
总销售收入	1 970.0	2 025	2.8
私家车部门销售收入(占比)	1 401.0(71.1%)	1 436(71%)	2.5
商用车及动力工程部(占比)	349.0(17.7%)	339.0(17.7%)	−2.9
金融服务部(占比)	220.0(11.2%)	249.0(12.3%)	13.2

表 2　大众集团私家车全球市场份额对比③

市　场	2013 年(辆)	2014 年(辆)	增长比率(%)
全球	9 047 417	9 490 921	4.9
欧洲(占比)	3 333 765(36.8%)	3 519 706(37.1%)	5.6
北美(占比) (其中：美国)	884 440(9.8%) (611 747)	884 454(9.3%) (599 734)	0 (−20)
南美(占比)	831 465(9.2%)	690 101(7.3%)	−17.0
亚非(占比)	3 616 163(40%)	4 022 640(42.4%)	15.2
其他市场(占比)	381 584(4.2%)	374 020(3.9%)	−2.0

---

①　德国大众集团官网[EB/OL]. http://www.volkswagenag.com/content/vwcorp/content/en/investor_relations/Warum_Volkswagen/Warum_Volkswagen.html.

②　德国大众集团年报[EB/OL]. http://annualreport2014.volkswagenag.com/additional-information/moving-globally.html.

③　德国大众集团年报[EB/OL]. http://annualreport2014.volkswagenag.com/additional-information/moving-globally.htm.

表 3 大众集团商用车全球市场份额对比①

市　　场	2013 年(辆)	2014 年(辆)	增长比率(%)
全球	683 170	646 466	5.4
欧洲(占比)	418 247(61.2%)	425 424(65.8%)	1.7
北美(占比)	6 121(1.0%)	8 331(1.3%)	36.1
南美(占比)	160 834(23.5%)	104 728(16.2%)	−34.9
亚非(占比)	30 443(4.5%)	35 082(5.4%)	15.2
其他市场(占比)	67 525(9.8%)	72 901(11.3%)	8

表 4 大众集团股权结构②

持　　有　　者	持股比例(%)
Porsche Automobile Holding SE, Stuttgart(保时捷公司)	50.7
State of Lower Saxony, Hanover(德国萨克森政府)	20
Qatar Holding(卡塔尔财团)	17
Others(其他)	12.3

二、大众集团主要高管

(一)大众集团监事会主席——费迪南德·皮耶希

大众集团监事会主席费迪南德·皮耶希于 1993 年加入大众,当时任职主席和首席执行官。在他领导期间,大众集团聘用了通用汽车公司几名高级管理人员,后来在沃尔夫斯堡的采购和生产优化业务也得到了拓展。但是因为通用汽车公司几名高级管理人员的加入,通用汽车公司刑事指控了大众汽车,包括这几名从通用出走的雇员。此事不仅使大众集团遭受经济损失,品牌形象也受到一定影响。之后大众汽车进行了业务精简和业务重组,目标成本也明显降低,由此大众汽车在皮耶希的领导下取得了丰厚的利润。并且大众汽车从此进入高端市场,大众和奥迪两个品牌也被提升为高端产品品牌。此后不久兰博基尼以及布加迪 SAS 在皮耶希的带领下被大众集

---

① 德国大众集团年报[EB/OL]. http://annualreport2014.volkswagenag.com/additional-information/moving-globally.htm.
② 德国大众集团官网[EB/OL]. http://www.volkswagenag.com/content/vwcorp/content/en/investor_relations/share/Shareholder_Structure.html.

团成功并购。

皮耶希在大众任职期间曾扭转乾坤、业绩显赫,挽救了大众汽车在北美区域的惨淡的业务。后来在皮耶希的领导下大众汽车生产了大众新甲壳虫,这款甲壳虫轿车在北美取得的成绩超越了第四代高尔夫,这次成功表明大众汽车生产的汽车迎合了北美买家的确切需求。

(二)大众集团CEO——马丁·文德恩

大众集团CEO马丁·文德恩(Martin Winterkorn),于1981年进入德国奥迪汽车公司,任职董事会成员助理。在此两年后,他负责测试实验室和奥迪测量技术采样的工作。随后他又升迁至中央质量保证部门。文德恩在1994年3月升任大众汽车总经理,大众汽车的质量保证工作由他负责。后来大众汽车公司的产品管理也由他负责。文德恩在2000年7月加入大众汽车的研究和开发部门,在总裁费迪南德·皮耶希批准下获得了生产新甲壳虫汽车的权限。文德恩2007年1月1日担任大众汽车集团CEO,2015年9月23日因"排放门"事件引咎辞职①。

(三)大众集团斯柯达CEO——范安德

现任大众集团斯柯达CEO范安德(Winfried Vahland),他在1990年进入奥迪汽车公司,主要负责奥迪财务运转,同时任职盈利分析及价格核定部门负责人。范安德于2010年5月被大众集团任命为斯柯达汽车董事会主席。由于2015年9月18日的大众集团尾气"排放门",斯柯达拒绝任命其就任新北美分部的总裁。大众集团官方声称,由于范安德在大众的北美市场发展战略方面与公司高层意见相差甚远,所以拒绝任命其就任新北美分部的总裁,与大众集团此次身陷舞弊门这件事情无关。但是北美是大众的重点开拓角逐市场,范安德难以承受北美市场每况愈下的业绩压力,所以拒绝此次新的人事任命,决然离开大众集团。

三、保时捷与皮耶希家族恩怨史

(一)保时捷与皮耶希家族源自一人

保时捷汽车帝国的缔造者费迪南德·保时捷,于1930年建立保时捷公司。他又于1938年领导建造第一家生产大众汽车的工厂,所以是保时捷与大众汽车的名副其

---

① 德国大众集团官网[EB/OL]. http://www.volkswagenag.com/content/vwcorp/content/en/investor_relations/share/Shareholder_Structure.html.

实的奠基者。费迪南德在去世后将自己保时捷和大众的遗产公平地分给儿女们：路易斯·皮耶希(Louise Piëch)和费里·保时捷(Ferry Porsche)，由此看出保时捷公司的所有者是皮耶希与保时捷家族。

路易斯·皮耶希的儿子费迪南德·皮耶希进入保时捷公司，从发动机调试部门做起，逐步擢升为保时捷高层人员，但后来被家族内部亲戚解雇被迫离开了保时捷公司。此后费迪南德·皮耶希又加入奥迪公司，随后一步步擢升为大众公司的 CEO 及监事会主席，在大众集团任职期间战功赫赫，取得了骄人的业绩[1]。

(二) 大众反收购保时捷

保时捷自 2005 年起便蠢蠢欲动有意收购大众，所以公司筹划了精妙的收购手段与方式。保时捷与大众都是上市公司，根据相关法律规定收购必须进行公告。由于大众汽车在德国经济命脉中占据举足轻重的地位，所以德国政府曾经为大众汽车量身制定了《大众汽车公司法案》，以此规避大众汽车被恶意收购的风险。具体体现在该法案规定如果某方持有大众汽车公司股票比例超过发行在外总股本的 20%，投票权不能超过 20%这个上限。因此由于德国政府涉入持有大众股票比例 20.1%，这就使外界投资者无法完成对大众汽车的收购，也就无法对大众集团实施控制。但是保时捷公司精细巧妙地筹谋，利用欧盟《反垄断法》破除了《大众汽车公司法案》相关反被收购阻碍，并利用期权规则掩人耳目，在 2009 年一次大幅度增持大众汽车股份高达 50.7%，成功收购大众。

但是好景不长，保时捷因为收购控制大众给自己带来了高额负债(举债收购)，同时 2008 年爆发的金融危机令保时捷雪上加霜，加速了资金链断裂。鉴于保时捷此种濒于崩溃的财务状况，大众汽车不同意合并。保时捷公司无力回天，被迫与大众汽车达成合资协议，协议约定大众汽车以 39 亿欧元收购保时捷汽车 49.9%股权，同时可以使用认购权收购剩下的 50.1%股权。随后大众汽车在 2012 年 7 月成功反方向收购保时捷，取得保时捷控股权[2]。

---

[1] 时芳胜.权利的游戏：比电视剧更精彩的大众汽车现实版"宫斗"[EB/OL].http://business.sohu.com/20150928/n422289317.shtml.

[2] 时芳胜.权利的游戏：比电视剧更精彩的大众汽车现实版"宫斗"[EB/OL].http://business.sohu.com/20150928/n422289317.shtml.

四、大众集团舞弊的表现

本案例通过舞弊三角理论对德国大众集团的舞弊动机进行分析,包括压力、机会和自我合理化三因素。

(一)大众集团表现一:压力

大众品牌在市场上最强劲的对手就是丰田,但是大众品牌近年来在市场上的表现越来越不尽如人意,最核心的盈利能力也被丰田赶超,图2、图3就是大众与丰田的营业收入和利润对比情况。

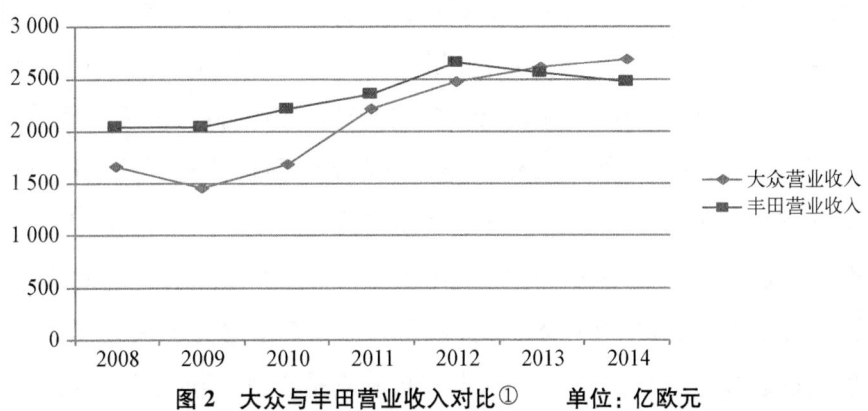

图2 大众与丰田营业收入对比① 单位:亿欧元

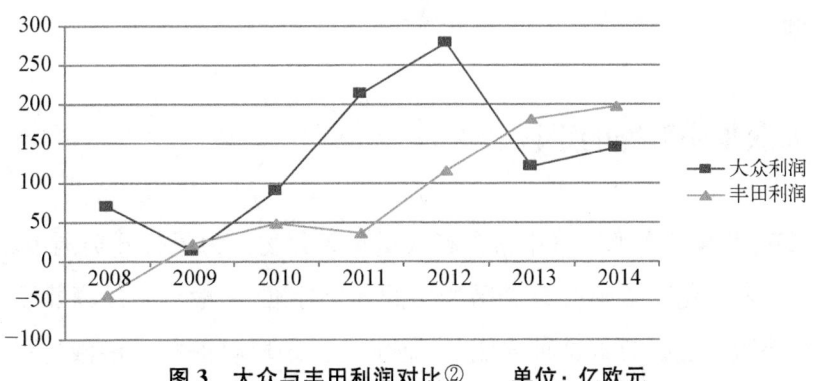

图3 大众与丰田利润对比② 单位:亿欧元

(二)德国大众表现二:机会

内部控制不健全,未能及时发现舞弊行为。因为根据大众集团内部规章制度规

---

① 财富论坛[EB/OL].FORTUNE.http://www.fortunechina.com/global500/14/2015.
② 财富论坛[EB/OL].FORTUNE.http://www.fortunechina.com/global500/14/2015.

定,大众汽车有关排放装置类的相关决定都必须由集团总部的高管裁定,区域高层管理人员根本无决定权。

（三）德国大众表现三：自我合理化

根据舞弊动机相关理论,一般企业舞弊者都会找某个冠冕堂皇的理由来自我合理化,德国大众集团对其此次的舞弊行为也不例外。大众汽车的舞弊行为发现于2013年美国西弗吉尼亚大学针对当下各汽车品牌在美国销售的多种款型柴油发动机汽车开展的尾气排放检测中,不想深受消费者青睐的大众捷达和帕萨特让人大跌眼镜,它们尾气排放中的氮氧化物在上路测试中严重超标,而它们在实验室检测中都是达标的。大众汽车这一舞弊行为被公开后,美国空气治理委员会马上介入调查,要求大众汽车给予合理解释。大众汽车给消费者和公众就尾气中氮氧化物排放超标的解释是"各种技术方面出现的问题和消费者超出预期的不当使用情况",同时也承诺将会在2014年12月宣布召回可能存在尾气排放氮氧化物超标的约50万辆柴油车,对这个尾气问题会予以解决。然而大众汽车并没有认识到自己犯下的错误,更不用说吸取教训痛改前非,在2015年5月美国空气治理委员会再次展开上路测试时,大众柴油车的尾气排放虽然有些许减少,但氮氧化物排放依然严重超标。因此美国空气治理委员会又介入与大众汽车进行多次商谈,但大众汽车给出的解决方案仍仅仅是毫无诚意的改进技术。大众汽车一再的欺人和自欺就是自我合理化的表现。一个全球知名的德国企业在行业竞争压力和利益的驱使下,走上了汽车尾气排放软件作弊之路,令人唏嘘。

五、大众集团舞弊的手段

大家都知道,柴油车的尾气中常含有大量氮氧化物。为了打开美国市场,柴油车尾气排放中的氮氧化物必须符合美国严格的环保标准,一般汽车厂商除了会采用在柴油车上安装微粒过滤装置这种方法外,通常也会采取喷射尿素溶液这种手段。问题是尿素溶液一旦用完,就需要到修车厂去进行加冲,这对于消费者来说不仅耗费精力也耗费钱。还有关键的一点是,通过喷射尿素溶液处理尾气这种方式会对汽车有某种程度的损害,这是像大众这种汽车标杆企业所不能容忍的。

所以不是为了满足客户的本质需求,而是为取得消费者的青睐,大众铤而走险采用了一种违规欺骗消费者的做法：车主平常用车时不开启喷射尿素溶液的尾气后处理系统,在车主自己无法打开或关闭这一软件的情况下,通过软件让这一系统只在尾气排放检测时启动。也就是说,车辆受到尾气排放检测之后,被安装作弊装置软件的大众柴油车就会随之喷射尿素溶液,以此掩人耳目,获得达标理想的检测效果。在检测结束后,大众柴油车回到正常状态。

六、德国政府当局对大众集团舞弊的处理

德国总理默克尔在2015年9月22日严厉要求这家德国老牌企业以"绝对的透明度"彻查这次的舞弊事件。

2015年10月8日德国检方搜查大众总部及私人住宅彻查"尾气门"。

由于整个舞弊事件仍在调查阶段,德国政府当局还没有对大众集团做最终的处罚。

七、尾声

德国大众集团通过尾气排放装置实施舞弊行为,手段极其高明,是技术型舞弊手段,与以往其他公司的财务舞弊手段不同。究其舞弊动机,就是为了完败其竞争对手日本丰田,降低成本,扭转大众在北美市场的表现,实现其全球汽车行业领头羊的地位,这才铤而走险走上了违规的道路。市场和政府对此类违规要加强监管力度,市场应加强媒体与舆论监督。尤其是政府不要一味偏袒、姑息与纵容自己的民族企业,这样的态度只会让它们走向堕落的深渊。

八、问题讨论

(1) 如德国大众这样的上市公司违规舞弊的动因和手段是什么?
(2) 针对此种违规,市场和政府的监管方法是什么?
(3) 规范资本市场的方法一般有哪些?

(执笔人:吕亚萍,指导老师:卢新生)

跨国公司商业行贿如何治理?
——基于法国阿尔斯通的案例研究

适用课程：审计理论与实务

编写目的：结合"审计理论与实务"课程的相关知识,通过对公司的组织结构、发展历史、财务情况、高级管理人员以及行贿事件的发生过程与曝光后果进行分析,能够发现商业行贿的成因、手段以及治理方法。近年来,跨国公司海外行贿的事件逐渐被曝光,尤其在西方发达国家,商业行贿几乎成为跨国公司的惯用手法。一些企业利用跨国公司的外部性,通过贿赂企业高管、政府官员等利益相关者,获取合同订单。跨国公司的海外行贿行为严重破坏了公平的国际商业环境,反跨国公司商业贿赂已经迫在眉睫。本案例中的阿尔斯通公司因其跨国行贿的金额大、时间跨度长以及地域影响广,遭到了多个子公司所在地司法部门的起诉和罚款。其中,美国司法部门对其开出的7.72亿美元罚单,是迄今为止美国政府对海外行贿问题所开出的最大罚单。因此,本案例对审计课程中有关商业行贿的审计教学提供了较为详尽的参考,帮助学生理解和分析跨国公司行贿交易的复杂性与隐蔽性,思考跨国行贿的治理方法。

知 识 点：商业贿赂的识别　审计查证途径　跨国行贿的惩处

关 键 词：商业行贿　跨国公司　腐败

案例摘要：本案例以法国阿尔斯通公司为研究对象,主要分析了海外行贿的背景、手段以及后果。在此基础上,可以探讨跨国公司商业贿赂的原因及其对策,以及在审计视角下应当如何对跨国行贿问题进行识别和查证,同时进一步探讨对中国市场及政府监管跨国公司海外行贿有何启示。

跨国行贿严重破坏了世界政治与经济秩序,其现象大量出现在发达经济体中,政府公开项目行贿腐败问题尤其严重,但诸多海外行贿案件都未能被披露,已经查明的行贿案例中,其惩处力度是否合宜也有待考证。在审计过程中,应当如何对跨国公司的海外商业行贿进行识别、查证和惩处,从而有效治理商业行贿行为,这是值得我们深思的问题。

一、公司介绍

(一)阿尔斯通发展概况

法国阿尔斯通集团(Alsthom Ltd.)是一家总部位于法国巴黎的著名能源和运输设备制造商,以其创新环保的技术而闻名于世,其主营业务包括发电设备制造、输配电业务、交通设备等,是法国的能源巨头和工业支柱之一。自1928年公司成立以来,阿尔斯通的足迹已经遍布全世界近百个国家和地区。1998年,阿尔斯通同时于巴黎、伦敦和纽约上市,但2003年进行财务重组以后,先后从伦敦和纽约退市。

阿尔斯通集团自成立以来,经过了扩张发展、破产危机以及再发展等3个阶段:

(1) 1928—2000年为"收购合并,发展上市"阶段。阿尔斯通成立后,先后在各个业务相关领域收购了电气和液压设备制造工厂、铁路设备公司以及电气工程承包公司。大举收购后,阿尔斯通与英国通用电气公司(GEC)合并了其电力和交通运输等领域的业务。合并后阿尔斯通改名为通用电气阿尔斯通(GEC Alsthom)。

(2) 2000—2008年为"苦难深重,破产危机"阶段。2000年阿尔斯通被迫承担20亿欧元发电机组技术修理费;2001年前后英法海底隧道的预算由48亿英镑上升至106亿英镑,给总承包商阿尔斯通造成了极大的经济收益亏损;"9·11"事件后游船业务骤减,阿尔斯通被国际银团逼债,经济状况雪上加霜;2003年再计入5 100万欧元弥补美国子公司亏损,同时股价大跌;2004年集团面临破产危机,法国政府投入32亿欧元进行救助并因此拥有了其21%的股份,2006年法国布伊格集团收购了法国政府所持有的这部分股份。

(3) 2008—2015年为"行贿指控,一团乱麻"阶段。2008年金融危机时期阿尔斯通股价大幅下跌,面临第二次破产危机。此后,阿尔斯通接连收到多个国家和地区的行贿指控。公司在面对巨大压力的情况下,最终于2014年被美国通用电气集团以123.5亿欧元完成了收购,与此同时,给予法国政府20%阿尔斯通的股份选择权。

(二)企业架构与关联关系

从股权结构来看,2013—2015年阿尔斯通的股权中58%为机构投资者,11.3%为个体投资者,1.3%为公司员工。其中,布伊格集团占据阿尔斯通29%的股份,是阿尔斯通的最大股东。

从组织结构来看,阿尔斯通集团内部治理包括审计委员会、提名与薪酬委员会、道德合规与可持续发展委员会,分别负责企业的内部控制及监督、高级管理人员的任用及薪酬安排、企业道德和可持续发展建设方面的工作,委员会主席均为其董事会成员。董事会成员具体情况如表1所示。

表1 董事会成员具体情况

姓 名	职 位	Audit	N&R	EC&S	股 份
Patrick Kron	总裁兼首席执行官				16 011
Candace K. Beinecke	律师事务所主席		√		600
Olivier Bouygues	Bouygues 副首席执行官		√		2 000
Bi Yong Chungunco	Lafarge 法律总顾问			√	500
Pascal Colombani	Valeo 董事会非执行主席	√		主席	600
Lalita D. Gupte	ICICI 非执行主席	√			500
Gérard Hauser	首席董事		主席		5 002
Katrina Landis	BP 集团执行副总裁			√	500
Henri Poupart-Lafarge	Alstom 交通运输部副总裁				26 024
Klaus Mangold	Rothschild 监事会主席		√		500
Phillippe Marien	Bouygues 财务总监	√			90 543 867
Sylvie Rucar	顾问				500
Geraldine Picaud	Essilor group 财务总监				0
Alan Thomson	HAYS plc 非执行主席	主席			1 500

阿尔斯通董事会成员以及各高管之间存在关联关系,如图1所示。

从图1中信息可以看出,阿尔斯通总裁Patrick Kron与交通运输部副总裁Henri Poupart-Lafarge同为巴黎综合理工学院校友,又与Gérard Hauser同为Pechiney公司和美国国家罐装食品公司的同事。因此以上三者在阿尔斯通集团有较紧密的私交。而董事会中的Olivier Bouygues和Philippe Marien则均在阿尔斯通大股东布伊格集团中任重要职位。由于阿尔斯通集团得到法国政府的关照以及重视,同时Patrick Kron与Henri

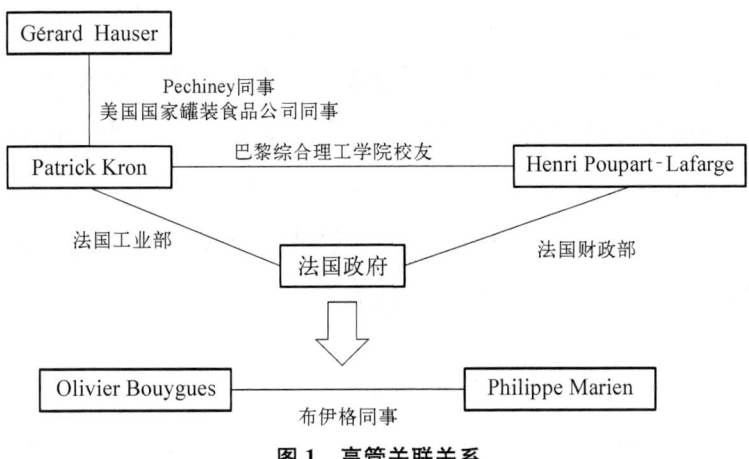

图 1　高管关联关系

Poupart-Lafarge 分别有法国工业部和法国财政部的政府工作背景,因此在法国政府的干预下,布伊格集团与阿尔斯通集团之间的联系愈发紧密。

二、财务分析

通过阿尔斯通财务年报所披露的数据,本案例汇总了其中的部分关键财务指标以供分析。如表 2 所示,所列财务分析包括了净销售额、营业收入、金融负债的成本、净利润等数据。其中,非持续经营收益一项指,阿尔斯通集团 2014 年已经结束的业务活动带来的净利润。从表 2 数据可以看出,2014 年阿尔斯通集团的销售额、营业收入和利润都有大幅的下降,营业收入和净收益等各项指标都跌至负值。

表 2　阿尔斯通关键财务指标　　　　　　（单位：千欧元）

年份 指标	2014	2013	2012	2011	2010
净销售额	6 163	20 269	20 269	19 934	20 923
营业收入	(621)	1 008	1 187	1 072	764
金融负债的成本	(119)	(268)	(165)	(142)	(86)
非持续经营收益	113	—	—	—	—
净收益	(701)	566	818	744	490
净收益(集团股份)	(814)	556	802	732	462
会计年度结束日期	3月15日	3月14日	3月13日	3月12日	3月11日
会计年度长度(月)	12	12	12	12	12

而阿尔斯通在巴黎证交所自上市以来的市场表现如图 2 所示。本案例选取 CAC 40 基准线与阿尔斯通的股价进行对比,以消除市场环境在分析中所产生的影响(注:CAC 40 是法国重要的股票指数,由巴黎证交所以其前 40 大上市公司的股价进行编制)。通过对比可以分析得到,2005—2007 年股价上涨幅度较大,但是 2008 年金融危机发生后,阿尔斯通又以较大的跌幅跌回发行价格。2012 年起,阿尔斯通股价始终处于 CAC 40 基准线之下,并且回升趋势不明显。

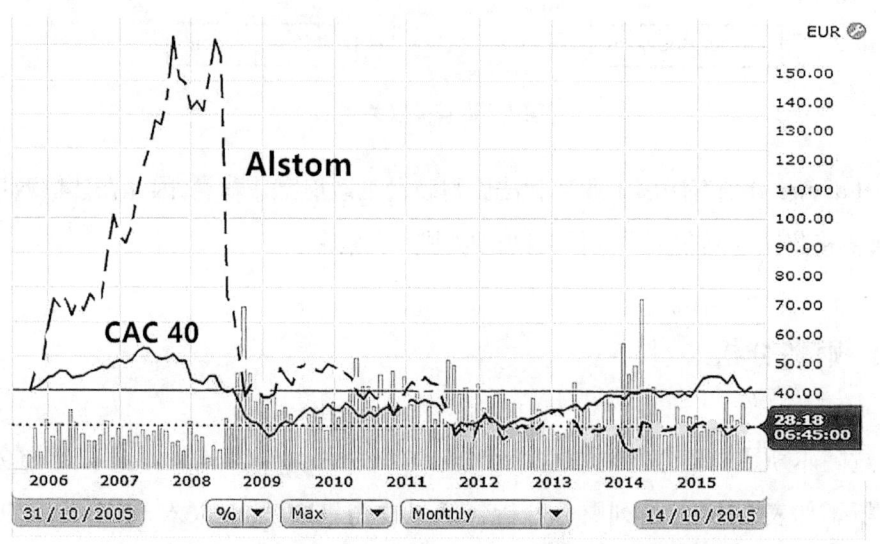

图 2　阿尔斯通在巴黎证交所自上市以来的市场表现

三、阿尔斯通行贿事件

(一) 阿尔斯通行贿经过

1998—2014 年,阿尔斯通集团历时超过 10 年、跨越全球多个城市的重大跨国行贿案件逐渐被媒体曝光,阿尔斯通集团多个海外子公司遭受当地司法部门与警方的起诉和调查。

1998—2003 年,阿尔斯通前顾问和分公司前 CEO 承认曾通过行贿手段大量获取当地工程合同,例如在巴西圣保罗地铁扩建项目中利用 680 万美元的贿金获取超过 4 500 万美元的工程合同。

2000 年,马来西亚反贪局指控阿尔斯通在某发电站项目中通过行贿 5 460 万美元获取订单。同时,阿尔斯通受到西班牙政府的控告,在某政府高铁项目中存在支付回扣行为。另外，2000年阿尔斯通集团还在沙特阿拉伯国有电力项目中收集了官员们的个人信息以向其行贿，通过向所谓的"伊斯兰教育基金会"进行公益救济，行贿赂之实。

2002年，阿尔斯通向墨西哥的电力和地铁部门行贿超过54万英镑。另外，在世界银行赞助的赞比亚电厂建设中，阿尔斯通子公司通过向赞比亚高管领导的顾问委员行贿11万欧元获得此项水电厂建设合约。为此，世界银行于2012年对阿尔斯通处以950万美元罚款，并将阿尔斯通集团归入世界银行黑名单。

随后的2002—2010年，阿尔斯通英国子公司均存在向立陶宛发电站通过行贿获取合同的行为。

2008年，毕马威（KPMG）在某次审计过程中发现大笔转账，经查明均为阿尔斯通在欧洲、美洲、亚洲等各地开设的离岸影子公司支付的行贿款项。瑞士和法国政府在此基础之上对其进行调查，发现1995—2003年阿尔斯通从这些影子公司将行贿资金转账给项目负责官员等利益相关者，并成功取得工程合同。

2003—2014年，阿尔斯通公司承认利用Mr. Paris以及quiet man等代码伪装雇佣合法顾问，为7 500万元美元的行贿资金打掩护，获取了超过40亿美元的合同，并取得了3亿美元的利润。

2013年，阿尔斯通向某电厂出售锅炉，阿尔斯通方面高管和买方贸易公司共同向政府主管部门行贿，金额高达数十万美元。为此，两者支付了8 800万美元罚款给司法部门。

（二）阿尔斯通行贿手段

从阿尔斯通的行贿手段来看，主要包括直接行贿、第三方间接行贿以及隐蔽行贿等。直接行贿指阿尔斯通子公司的营销人员直接向负责工程项目的官员等利益相关者支付贿金以获取工程合同。第三方间接行贿指阿尔斯通通过咨询商等第三方向政府官员和公司高管支付高额的项目回扣，这也是阿尔斯通最常用的行贿手段。隐蔽行贿则是通过对工程负责人进行全方位的"高度关注"，再以其他名目行贿赂之实。例如阿尔斯通子公司向虚假的教育基金会进行捐款救济，然而这个所谓的教育基金会并没有员工，阿尔斯通集团只是借用捐赠的名义进行行贿，以获取工程订单，如图3所示。

在支付行贿资金的过程中，阿尔斯通主要是通过设立一些离岸影子公司，通过MR. Paris以及quiet man等虚拟代码，伪装雇佣合法的顾问，将行贿资金假装合法支

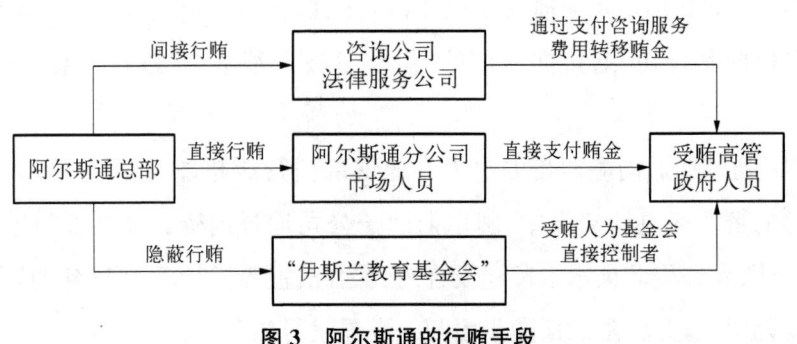

图 3　阿尔斯通的行贿手段

付给这些顾问。实际上,阿尔斯通是将这些资金汇给海外的市场营销工作人员,为他们在当地获取订单提供行贿资金。

四、行贿的曝光及市场反应

美国政府对阿尔斯通跨国行贿的调查已经持续了多年。2014 年,阿尔斯通集团面临被西门子集团和美国通用电气集团争相收购的局面,法国政府、美国政府乃至整个能源界对阿尔斯通都有很大的关注。因此,司法部门对阿尔斯通的调查和查处也更加被重视。阿尔斯通同意通用电气收购资产后,美国司法部门依照《海外反腐败法》向其提出指控。2014 年 12 月 22 日,阿尔斯通终于承认了海外行贿的行为,并接受美国司法部 7.72 亿美元罚款。

美国司法部门正式公布对阿尔斯通的诉讼后,媒体舆论并没有显示出很大的关注,因为跨国行贿的现象在跨国公司,尤其是发达国家的跨国公司中屡见不鲜。同时,由于阿尔斯通集团近年来不断面临调查和起诉,已经前科累累,因此媒体并没有表现出任何讶异与轰动。然而,其股价仍然受到了不小的冲击。如图 4 所示,将阿尔斯通的股价与 CAC 40 的指标进行对比,图中所示的纵轴百分比代表与阿尔斯通股票初始发行价格的对比,0% 基准线处即为发行价格。可以看出,行贿丑闻爆出后,阿尔斯通股价持续走低,始终低于 CAC 40 指标,说明行贿事件对阿尔斯通股价仍然具有一定的负面影响。

五、政府对行贿行为的处理

阿尔斯通作为分布世界各地的大型跨国集团,其在全球的多个子公司都曾经因

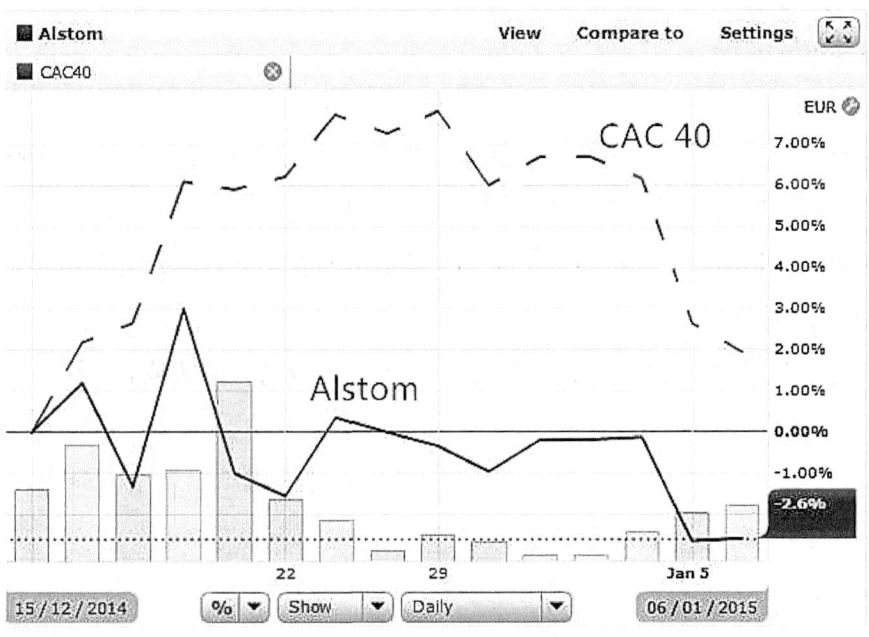

图 4　阿尔斯通行贿曝光后的市场反应

为存在行贿等恶劣行为,受到当地警方的指控和调查,以及当地司法部门所开具的民事罚款的惩罚。如表 3 所示,司法部门所开出的处罚金额较大的罚单主要包括:2011 年瑞士子公司所受到的 3 100 万欧元罚款、2012 年水电厂建设合约所受到的 950 万美元罚款,以及 2014 年美国分公司所受到的 7.72 亿美元罚款等。

表 3　阿尔斯通受罚情况表

时间	机构	详情	处罚金额
2011 年	瑞士司法部	瑞士分公司行贿	3 100 万欧元
2012 年	世界银行	赞比亚电厂建设行贿获取订单	950 万美元(列入黑名单)
2014 年	美国司法部	美国分公司海外行贿	7.72 亿美元

2014 年,美国司法部正式对阿尔斯通提出指控,指出阿尔斯通的美国分公司在埃及、印尼、沙特阿拉伯等地通过行贿获取了金额高达 40 亿美元的工程合同,并最终对阿尔斯通处以罚金 7.72 亿美元。这也是美国政府历史上在海外行贿和腐败问题上的最大金额罚款。2014 年 12 月 22 日,美国司法部副部长詹姆斯·科尔在一项声明中表示,阿尔斯通海外行贿的腐败行为持续时间长、涉及范围广,在全球范围内都造成了恶劣的影响。海外行贿被披露后,阿尔斯通在政府的调查过程中不但不予合作,甚至存在误导调查的行为。综上原因,美国司法部对其进行了巨额罚款。

六、问题讨论

(1) 阿尔斯通所受惩处力度是否适当?阿尔斯通今后应如何消除负面影响?

(2) 跨国行贿与本土行贿相比,具有哪些特殊性质?

(3) 跨国公司商业行贿的行贿动机和手段有哪些?请从审计角度分析,应当从哪些途径进行识别和查证?

(4) 跨国公司商业行贿为何屡禁不止?如何从内部与外部防范和治理?

(执笔人:马筠凡,指导老师:卢新生、李寿喜)

迪威视讯财务报告造假案分析

适用课程： 审计理论与实务

选用课程： 审计理论与实务

编写目的： 结合"审计理论与实务"课程所学知识，能够充分利用企业财务报告、重大事项公告等公开披露的信息对企业经营状况的真实性、合理性进行专业分析，是十分必要的。企业如果通过虚构业务、虚增资产等行为操纵利润，从而作出虚假财务报告，对企业经营活动作出不实陈述，其后果必然误导信息使用者的决策，动摇社会公众对会计信息质量的信心，最终破坏整个资本市场的生存与发展。作为会计专业工作者，对此必须具备专业分析能力和识别能力。"迪威视讯"在上市之后曝出财务造假案，然而其虚构业务的行为可以追溯到上市之前。本案例为识别企业利用各种手段进行财务造假提供了很好的案例依据，可以锻炼学生对企业会计舞弊的分析和识别能力。

知 识 点： 财务舞弊　会计信息披露　财务报告分析

关 键 词： 迪威视讯　信息披露　财务造假

案例摘要： 本案例以上市前后的迪威视讯为背景，叙述了该公司自2013年7月收到中国证监会调查通知书之后所揭露出来的一系列财务报告造假行为。该公司在2010—2012年间通过注册空壳公司、隐瞒关联交易、虚构业务等造假手段，虚增了与部分客户间发生的营业收入，进而达到了虚增利润的目的。

2013年7月29日，中国证监会提出对在深交所创业板上市的深圳市迪威视讯股份有限公司(简称迪威视讯，代码300167)进行深入调查，从而发掘了迪威视讯隐藏的秘密：在2010—2012年间，迪威视讯每年都存在财务报告造假行为，这一行为延续了至少3年。

一、公司介绍

(一) 业务范围与行业定位

迪威视讯在产品服务等诸多方面均处于国内领先地位,例如"智慧城市"服务以及云数据中心的运营。此外,迪威视讯致力于为客户解决问题,提供可行的应用方案,服务内容从软件产品、硬件产品的设计、开发、制造到有关技术服务的协助,目前已成为先进视觉综合应用方案提供商、专网视频通讯解决方案及产品供应商。

公司先后获得多次荣誉,通过了ISO90001质量体系的认证和产品的相关认证,包括国防通信入网证。同时公司作为高新技术企业顺利获得了国家认证,曾经获得中组委颁发的"材料设备供应优秀服务单位"称号,在深圳的中小企业评选中被评定为"自主创新百强中小企业""深圳市软件百强企业"等。然而,这些获得的荣誉却未能阻止其财务造假的欲望。

(二) 公司成立与资本发展历程

迪威视讯的前身是深圳市迪威视讯技术有限责任公司。这家公司设立于2001年9月,登记备案地址在深圳。成立之初,公司记载实收资本3 000万元,出资方包括两家公司和若干个人,这两家公司分别是:北京安策科技(2007.10.24,企业名称改为北京安策恒兴投资)和深圳桑海通投资,其余的自然人股东是:唐庶、顾微、卢立君、马汉军和暴凯等。

2008年2月26日,公司召开了股东大会,决定对整体进行股份制改革,尝试将其改为股份有限公司,相应的称谓也发生了变化,改成"深圳市迪威视讯股份有限公司"。2008年3月19日,公司重新领取了《企业法人营业执照》,正式成为股份有限公司。其后,迪威视讯又召开了董事会议和临时股东大会,进一步深化公司的股份制改革,根据多次会议决议和修改后的公司章程的规定,迪威视讯决定提高公司的注册资本。2008年5月6日,迪威视讯最终决定吸收的新任股东名单由以下3家公司组成:东方富海投资管理公司、深港产学研创业投资公司和深港优势创业投资合伙企业。这3家公司采取了货币投资的方式,获得注资后,迪威视讯的实际注册资本增加到3 336万元人民币。

2011年1月25日迪威视讯成功在深交所上市,股票代码300167,法定代表人为季刚,注册资本4 448万元。上市后,迪威视讯通过资本公积金转增股本的方式不断增加公司的注册资本,目前已达到30 024万元。

(三) 公司股权现状与8家控股子公司

迪威视讯从成立到上市,股权结构发生了多次改变。北京安策恒兴有限公司成为最高持股人,持股比例39.99%。安策恒兴也是迪威视讯的创始股东之一,成立之初的出资比例为21.67%,经过多年的收购股份,安策恒兴成为迪威视讯最大股东,其董事长季刚成为迪威视讯实际控制人。迪威视讯股权结构如表1所示。

表1 迪威视讯股权结构

持 股 人 名 称	持股比例(%)	持 股 人 名 称	持股比例(%)
北京安策恒兴	39.99	安然	1.17
工商银行	2.75	周立春	1.04
谭璐	2.11	包雅娟	1.04
交通银行	2.00	唐庶	0.88
彭朝晖	1.75	其他	45.94
农业银行	1.33		

资料来源:迪威视讯2015年年报

此外,迪威视讯旗下有多家控股子公司,其中控股比例达到百分之百的全资子公司有3家(深圳迪威新软件技术、深圳硕辉科技和南京迪威视讯),另外5家子公司的控股比例也达到50%以上(中视迪威激光显示技术、深圳中威讯安科技开发、深圳图元科技、鄂尔多斯高投互联科技和山东鸿昌通信工程)。根据中国证监会对实际控制人的认定,可以判断迪威视讯掌控的这8家子公司股权足以令其成为它们的实际控制人,在公司的日常经营方面拥有一定的话语权。这8家公司各自负责迪威视讯的技术开发、软件开发及销售等事宜。

二、虚增收入使业绩快报与审计后报告严重不符

(一) 虚增营业收入

迪威视讯每一年都会在当年年度财务报告和中期财务报告的合并报表的附注中,列示应收账款往来款排名在前五位的企业的应收账款金额和所占总应收账款的比重。公司财务报告中记载的2010—2012年3年的销售收入约为2亿元、2.3亿元和2.25亿元。

2010年年报显示,按照与迪威视讯的日常业务往来金额多寡排名的重大客户

名单上,前五位依次是:华光通信局、广州东方四海科技有限公司、佳杰科技(上海)、四川蜀杰通用电气、额济纳旗文化广播文化局。根据合并财务报表附注中的数据显示,这5家公司占迪威视讯该年度收入的比例分别是7.7%、7.5%、6.9%、4.8%和4.4%。

至2011年年度财务报告中按照各企业为迪威视讯创造的交易金额的多少记载的客户名单发生了较大的变化,除了华光通信局保持了其第一大合作伙伴的地位不变之外,上年度其他4家公司的地位全部被替换掉了,而当年度登上重大客户名单的其他4位新合作伙伴的排位顺序依次是神州数码(中国)、广东鸿日盈通、金鹏电子信息、商丘市公安局。这些公司占年度销售收入比重依次是12.9%、9.9%、8.1%、7.1%和6.6%。

2012年,迪威视讯的五大客户再度发生变化,华光通信局屈居第二,而在上年度排名中消失的广州东方四海跃居第一,商丘市公安局仍然排在末尾,其他两家依次是河北天宇通信技术和本溪市公安局。迪威视讯与这5家公司日常业务往来获得的收入占年度销售收入的比重依次是17.4%、12.2%、12%、11.8%和6.9%。

从2010—2012年的年度报告提供的这些数据中我们可以看到,在中国证监会发现迪威视讯公司存在虚增营业收入行为的连续3个会计年度里,该公司历年年报记载的按照业务往来获取的营业收入金额多少排名的客户名单中,名列前五位的大客户们贡献的营业额合计数占公司当年度营业总收入的比重逐年攀升,幅度虽不大却也在增加。

图1是迪威视讯2010—2014年的销售收入与净利润的折线图,图中灰线显示的是公司的销售收入状况,呈逐年上涨的趋势,与之相对的,黑线所代表的公司净利润不仅没有增加反而一年比一年更低,近乎呈直线下降的趋势,到2014年已然成为负数,意味着公司这一年亏损936万元。自2010年起,迪威视讯就开始走下坡路,连续5年业绩下跌且跌落幅度一年比一年大,早在2010年业绩转变伊始时,净利润同比下降仅7%,但到了2014年跌落比率已经高达273%。

(二)业绩快报变脸

迪威视讯的董事会曾经三度公开致歉。究其原因,主要是公司2012—2014年公开的业绩快报令人诟病,3年之间营业收入和净利润年年缩水,快报中公开的业绩表现均低于审计后的实际业绩。具体如下:

2012年迪威视讯年报披露过程可谓一波三折,2013年4月1日是公司最初约定

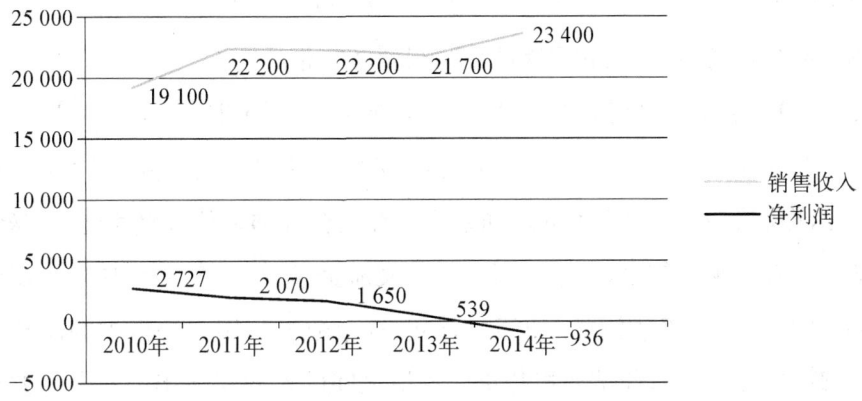

图1　迪威视讯2010—2014年销售收入与净利润折线图(单位：万元)

的披露时间,之后由于审计人员的日程安排有变动推迟到4月19日,但是年报最终的正式披露时间却是4月23日。实际披露的年报中,迪威视讯的一些重要财务数据与早期公开的快报中统计的数字不一致,例如公司利润报表中涉及的营业总收入就减少了2 718万元,而归属于上市公司股东的净利润则降低了633万元,公司却没有提及业绩缩水的原因。

2013年2月,迪威视讯发布了上一年度的业绩快报,其中的数据虽然尚未经过注册会计师的审计,但是也是由公司财务部门推测计算后得出的。公司财务部门预计全年营业收入为25 200万元,净利润为2 605.7万元。而经大华会计师事务所审计后公开的正式年报中的数据与此前的业绩快报存在较大差距,正式披露的年报中公司该年度营业收入22 500万元,净利润1 973.1万元,与年初公布的净利润数据相比下降了24.3%。对于业绩快报出现差异的情况,公司董事会反应迅速,随即就此事公开向众多投资者致歉,态度诚恳地请求各位投资者的谅解,并宣称公司今后一定会提高财务部门和其他相关人员的业务能力,加强对职工专业素养的培养,从根本上防止此类现象再次发生。这是迪威视讯第一次就此事公开致歉,但是随后的表现证明对此事公司所做的行为仅仅只是"道歉"。

2014年年初,迪威视讯披露了《2013年度业绩快报》,在这份经由公司财务部门推测计算的报告中,整个一年的销售收入应为36 700万元,净利润为2 307万元。然而历史仿佛重演了一般,大华会计师事务所审计过后,公司业绩再度缩水,营业收入降至21 700万元,实际实现的净利润也大幅度缩水,最终仅为521.52万元,减少比例达到77.39%。2014年4月28日,公司董事会第二次为业绩快报的"变脸"向社会各界表示歉意。即使董事会仍态度诚恳地请求各位投资者的谅解,再三保证会加强人员培训,同样的现象一定不会再发生,但是道歉言犹在耳,同样的事情却再次发生了,这样的道歉又有何诚意可言,又如何能够取得投资者的信任呢?

很显然,董事会的公开道歉毫无作用,公司的业务培训也收效甚微。2015年年初披露的《2014年度业绩快报》,公司相关部门推测计算出的当年年度销售部收入为23 100万元,净利润为-394.5万元。而事实上经过会计师事务所审计过后,毫不意外地发现测算的业绩继续缩水,低于实际发生的交易金额,2014年公司核准实现的销售收入金额23 400万元,净利润额-935.8万元,这个数据与年初快报中的净利润结果相比较,下降了137.24%,业绩快报与正式年报之间的差异与上年度两者的差异丝毫未见缩小。为此,公司董事会第三次致歉。业绩快报一而再、再而三地出错,公司采取的行动也仅仅是道歉以及请求谅解,却迟迟不肯给社会各界一个合理的解释。

三、财务报告造假暴露出的疑点迹象

(一)贡献重大收入的大客户生存信息可疑

作为迪威视讯在招股说明书中公开的大客户,金德轩进出口有限公司和港骏电子有限公司的经营期限未免过于短暂,仅仅是昙花一现,令人心存疑惑。表2和表3是两家公司的信息。

表2 深圳市金德轩进出口有限公司基本信息

注册号	4403071237344
企业名称	深圳市金德轩进出口有限公司
经营场所	深圳龙岗区横岗城市中心花园10栋819-820房(办公住所)
法定代表人	杨世青
认缴注册资本总额(万元)	100
认缴实收资本总额(万元)	100
企业类型	有限责任公司
成立日期	2006年8月4日
经营期限	2006年8月4日—2016年8月4日
批准日期	2010年12月31日
年检情况	2007年度已年检
备注	该企业已吊销

表 3　深圳市港骏电子有限公司基本信息

注册号	4403071268663
企业名称	深圳市港骏电子有限公司
经营场所	深圳龙岗区横岗城市中心花园 10 栋 911 房(办公住所)
法定代表人	张李旺
认缴注册资本总额(万元)	200
认缴实收资本总额(万元)	200
企业类型	有限责任公司
成立日期	2007 年 6 月 26 日
经营期限	2007 年 6 月 26 日—2017 年 6 月 26 日
批准日期	2012 年 1 月 15 日
年检情况	2008 年度已年检
备注	该企业已吊销

金德轩进出口有限公司在工商局登记备案的基本资料注明,该公司建立时间是 2006 年 8 月,次年即为迪威视讯进献营业收入达 1 004 万元,继而成为其排名第三位的重要合作伙伴,在 2007 年年检之后注销。

同样,港骏电子有限公司建立时间是 2007 年 6 月,成立之后的第二年即 2008 年荣登迪威视讯重要客户名单之上,位列第四,并在当年度为其创造了 627 万元的收入,在 2008 年年检以后注销。

除了短暂的存续时间之外,两家公司的注册地址也十分接近,接近到仅仅是上下层的距离,这不得不让人怀疑,这是否是迪威视讯为了虚构销售而设立的皮包公司?

(二) 已入资产账上的专利技术,产权却不明晰

迪威新软件是迪威视讯名下 100%控股的全资子公司,该公司重点依靠的专利技术有 3 项,全部围绕视频会议系统衍生而来:第一项是该系统的语音激励控制方法,第二项是视频会议的 NAT 穿越系统和方法,第三项是与视频会议系统相关的回声处理方法。

然而,当在我国的专利查询系统中,对归属于迪威新软件的 3 项技术进行查询后发现,结果显示这几项专利的产权似乎尚不明晰:

(1) 第一项专利——视频会议系统的语音激励控制方法在专利查询系统中的案件状况为"等待诉讼"。而"等待诉讼"通常意味着专利权纠纷。可是迪威视讯官网公开的招股说明书和积年的财务报告中都没有表明,母公司或者旗下的子公司之一在

该案件中是重大诉讼或仲裁的一方。

(2) 第二项专利——视频会议的 NAT 穿越系统和方法在专利查询系统中的案件状况为"驳回失效"。而"驳回失效"表示该技术根本没有获得专利权。

(3) 第三项专利——视频会议系统的回声处理方法的有关记录在查询系统中可以找到,查询结果记录着迪威新软件是此项专利的申请方,但奇怪的是在迪威视讯对外公开的招股说明书中,罗列出的以 2010 年 6 月最后一天为截止日期的公司无形资产清单中,除自外部购买的 9 项专利、专有技术和 1 项自行研发的专有技术外,并无该回声处理方法专利的存在。①

尚未获得专利权却已将其作为自身的无形资产,不免有虚增资产之嫌。

(三) 3 个中标项目真实性存疑

在招股书及积年财务报告附录中,迪威视讯详细列举了每一年度的关键中标项目。不过,经过考察,起码有 3 个中标项目存在重大问题,涉及金额超过 1 000 万元。

(1) 江西省公安厅购买视频指挥系统项目。

2010 年 7 月,迪威视讯与合作伙伴华仁达电子签署了"江西公安厅购买视频指挥系统"的合同,合同约定的交易金额为 697 万元;而在本年度公开的销售合同明细中,就同一个项目名称和交易金额,迪威视讯与华仁达电子签署协议的日期却是 2010 年 8 月。相同的客户名称、相同的项目名称、相同的合同金额,却有两个不同的签约时间。

除时间不符外,更多的信息则显示该项目与华仁达电子或者说迪威视讯并无关系。江西省公安厅官网公布的"江西省公安厅采购视频指挥调度系统项目"中标公告显示的中标方是思创数码科技股份有限公司,中标金额 953 万元也略有不同。既然公开的中标方与华仁达电子毫无瓜葛,那么华仁达电子如何就该项目与迪威视讯合作,迪威视讯又如何能取得华仁达电子提供的 697 万元收入呢? 可以推测,在迪威视讯年末财务账面上记载的属于华仁达名下的应收账款余额 571 万元也值得怀疑。

(2) 略阳县教育信息化工程项目。

2010 年 8 月,迪威视讯为"略阳县教育信息化工程"和荣造科技签署了合作协议,协议约定的交易金额为 232 万元。

该招标项目被拆分成 7 个包,汉中市政府采购中心公布的略阳县教育系统信息化项目公开招标采购公示中对投标企业的资质有一定要求,其中一条规定:投标企业需

---

① 王杰,李茉.解剖一只老鼠仓:博时精选马乐作案迪威视讯[EB/OL].http://finance.sina.com.cn/360desktop/money/fund/20131209/131517574654.shtml.

在我国境内注册,具备独立法人资格和相关经营范围,注册资本不少于500万元。迪威视讯参加了该招标项目的第二个分包项目——"略阳县安防应急指挥、视频会议系统"的竞标,其参与竞标的标书获得了招标单位的认可,取得的评分最高,成为该分包项目的首位候选人。工商资料显示的注册资本仅为200万元的荣造科技,并不符合投标要求,没有作为竞标候选人的资格,其实荣造科技并没有出现在每个包的候选名单中,荣造科技因何要以该项目为名向迪威视讯购置产品?

(3) 教育网络视频会议系统采购项目。

2010年11月,迪威视讯与教育部采购部门达成合作意向,签署了关于"教育网络视频会议系统采购项目"的合同,合同中注明的交易金额为129万元。但中国教育政府采购网"2009年教育网络视频会议系统采购项目"中标公告公示的中标供应商却是北京百勤科技,中标金额为220万元,与上文签署的合同中约定的不一致。既然教育部采购部门是与百勤签订该项协议,迪威视讯又是怎么在没有中标的条件下,获得129万元的采购合同呢?

四、案发之后的后果

(一) 市场反应

迪威视讯披露违规事件爆发后,股票价格几经起伏。2013年10月证监会宣布迪威视讯披露违规后,其股价迅速下跌;2014年5月,公司高管变动再度影响股价;2014年年底证监会开出的《行政处罚决定书》令股价跌入谷底。2011—2014年迪威视讯股价走势图如图2所示。

都说"经一事,长一智",但这在迪威视讯上似乎不适用,迪威视讯并没有因为违规行为被揭露或者证监会的处罚而收敛,反而执迷不悟。尽管2014年12月30日深圳证监局向迪威视讯下达了行政处罚决定书,但是一年之期未满,迪威视讯积习难改,再次被曝出信息披露违规问题,产生不利影响,原本上涨的股价又迅速跌落。2015年迪威视讯股价走势图如图3所示。

(二) 行政处罚

根据我国《证券法》的内容,上市公司不仅是信息披露的义务主体,也是承担违背信息披露条款行为的重要责任人。在2010—2012年连续3个会计年度的公开财务报告中有不实陈述行为的迪威视讯已经满足了我国《证券法》第193条的内容,达成违反

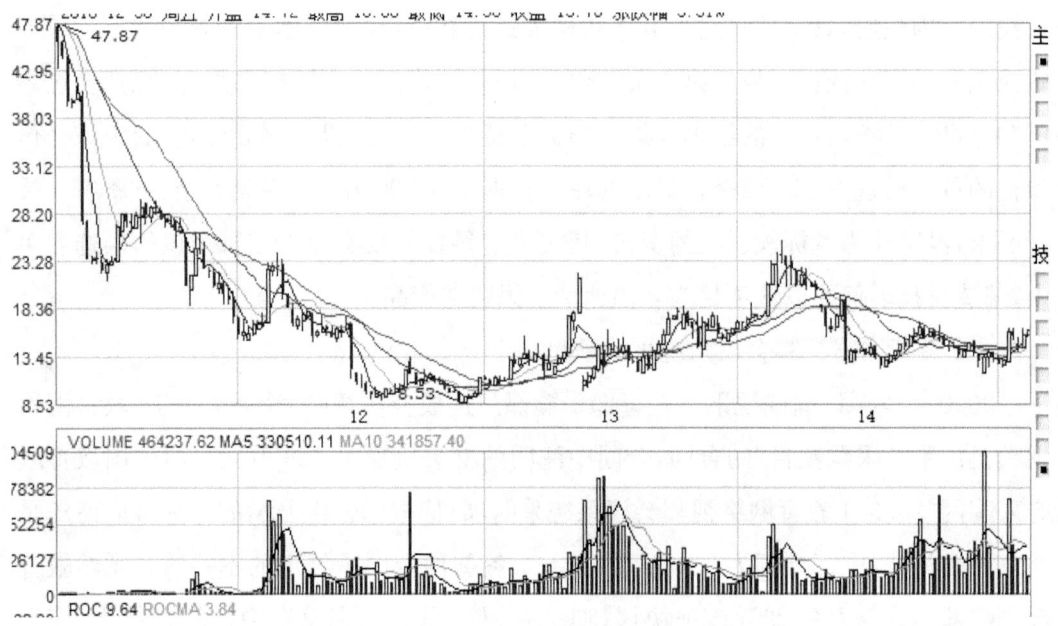

图 2　2011—2014 年迪威视讯股价走势

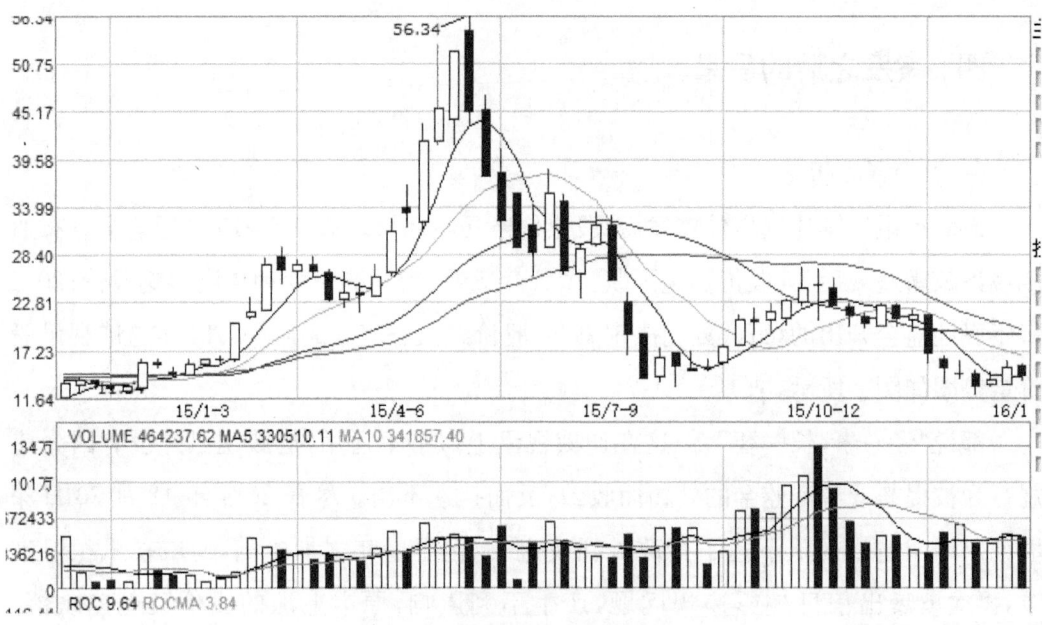

图 3　2015 年迪威视讯股价走势

了《证券法》第 63 条条款的事实。迪威视讯是相关侵权行为的责任方。按照上述行为存在的违法事实、构成违法情节以及可能对社会造成的危害程度，证监会可凭借《证券法》第 193 条的条款，责令迪威视讯进行整改，给予警告处罚，并要求其缴纳罚款 60 万元。

担任公司董事长并兼任总经理一职的季刚直接决策和组织了2010—2012年期间虚构协议、虚拟营业收入和利润的活动,受到了证监会的警告,并缴纳了30万元的罚款。

接受公司的任命担任副总经理,在任职期间主持财务和行政方面工作的林劲勋,参与了整个进程,被证监会给予警告处分,并被要求缴纳罚款30万元。

祝鹏长期以来一直是公司财务部门的成员,2008年后担任部门总监掌管了公司财务部,具备了解相关情况的条件。祝鹏应当承担建立公司财务内部控制制度与流程的责任,并保证内控系统有效运行,但是很显然其未能履行职责,未能迅速发现并改正财务部一直以来都存在的内部控制机制失效的境况,是迪威视讯信息披露违规的次要责任人,同样受到了证监会的警告处罚,并被处以5万元罚款。

虽然被判罚款60万元,但迪威视讯并未被证监会追究其欺诈发行股票的嫌疑,更没有因此被移送司法机关,已是不幸中的万幸。尽管暂无被控告欺诈发行股票之忧,根据证监会行政处罚决定认定的内容,迪威视讯也有可能因披露信息不实的行政处罚,诱发民事索赔案,而最终难逃刑事责任。因此对迪威视讯而言,信息披露违规需要承担的后果还远远没有完结。

五、问题讨论

(1) 迪威视讯操纵财务信息的动机有哪些,哪一个是最主要的动机?

(2) 迪威视讯财务造假的手段有哪些,对财务报告有什么影响,对公司有什么影响?

(3) 通过案例可以得到什么样的启示?提出解决方案。

(执笔人:戴文思,指导老师:李建华)

中国恒大集团公司负面问题研究

适用课程： 审计理论与实务

编写目的： 本案例描述恒大地产的上市历程及丑闻曝光、市场反应，其目的在于使学生对上市公司舞弊、丑闻等问题具有一定的认识并引发思考。

知 识 点： 借壳上市　财务造假　舞弊

关 键 词： 恒大地产　丑闻　香橼

案例摘要： 本案例以许家印创立的中国恒大集团为背景，分别描述了中国恒大集团如何借壳上市、发展壮大，被香橼发现财务造假等一系列的丑闻，以及曝光后的市场反应。这一案例引起我们对企业负面问题的重视，如何发现大型企业的负面问题以及潜在风险，值得深思。

一、中国恒大集团公司概况

（一）中国恒大集团公司简介

中国恒大集团（以下称为恒大集团）是世界500强企业，总部设在广州，是一家集房地产、金融、快速消费品、旅游、体育等于一体的多元化集团。它的总资产达到数千亿人民币，员工8万余人，年销售规模超过4 000亿元。

（二）中国恒大集团公司主营业务及子公司

1. 民生住宅

恒大集团已成为世界第一房企，并在北京、上海、山东、山西、河南、辽宁、湖南、江西、湖北、江苏、黑龙江、吉林、广西、四川、海南等地有20多个分公司，数百个房地产项目。

2. 文化旅游

目前恒大致力于打造中国海南海花岛、恒大海上威尼斯等大型综合文化旅游项目。

3. 金融

恒大集团成立的金融产业旗舰——恒大金融集团,基于产业与金融相结合的创新发展模式,致力于打造融合银行、互联网金融和保险等在内的多元化金融控股集团。目前,恒大保险在寿险保费中排名前20,总资产达到600亿元。

4. 健康

恒大健康产业集团是恒大集团旗下进入医疗行业的龙头企业,目前发展了国际高端医疗、美容美体、恢复疗养平台、抗衰老服务等服务。

5. 体育

2015年11月6日,由恒大集团与阿里巴巴共同入股,联手打造了恒大淘宝足球俱乐部。恒大集团还在2012年创办了被评为全球最大足球学校的恒大足球学校。

(三)中国恒大集团公司的上市历程

1. 借壳上市

在2002年8月,琼能源发表声明,恒大实业接受了来自琼能源4 186.45万股的转让,从而恒大实业股份将增至26.89%股权,成为其最大股东,并改其名称为恒大地产。恒大上市后股权结构如表1所示。

表1 恒大上市后股权结构

股 东	上市后持股数(股)	上市后持股比例(%)
鑫鑫BVI	9 270 619 497	61.8
均荣	931 713 205	6.21
Indopark	689 850 805	4.60
Merrili lynch	201 552 000	1.34
雅立	604 656 000	4.03
周大福代理人有限公司	110 742 000	0.74
公众股东	3 190 866 493	21.28
总计	15 000 000 000	100

2. 携7 889万元弃壳

在恒大实业成功入主琼能源之后,把房地产开发作为其主营业务,并于2003年前6个月资产重组,将琼能源更名为恒大地产。然而,股市长期萎靡不振,恒大地产没有通过这个平台进行额外融资。与此同时,恒大地产从2003年起在广东投资建立了大规模现代化的钢铁基地,年产量高达1 000万吨,而这个项目有着超过房地产的资金需求。

恒大集团董事局主席许家印对公众发表声明,恒大集团在房地产开发上的经验、资金、技术等有着明显优势,可以让恒大集团作为一个"蓝筹"股在房地产界培育而生,并在2006年5月22日,正式改名为"绿景地产"。

2006年7月20日,持有绿景地产股份的恒大集团以7 889万元的价格转手给广州市房地产开发有限公司。民间流传这件事与恒大集团的资金链紧缺有关。但无论怎样,恒大集团几经易手最后还携7 889万元弃壳而去无疑是明智之举。①

二、中国恒大集团公司的丑闻

(一) 资不抵债

从恒大历年年报中整理归纳,其居高不下的资产负债率如表2所示。将其与同房地产行业的碧桂园的利润表作比较,碧桂园每年的利息支出占收入比重少于5%,如表3所示。2006年,也就是恒大利息支出占收入比重最低的一年也达到过10%,2007年的上市冲刺,更是高达29%,如表4所示。除此之外,还有近年来年年为负的经营现金流,如表5所示,让人不禁为其担忧。可以看出,近年恒大的飞速发展是建立在高债务基础之上的。

表2 2006—2010年恒大地产的资产债务率

年　　度	2010	2009	2008	2007	2006
资产负债率(%)	82	75	70	96	107

表3 碧桂园历年利息支出占收入比重②

年　　度	2009	2008	2007	2006
主营业务收入(千元)	9 202 812	15 712 790	17 735 011	7 940 937
银行利息支出合计(千元)	458 516	757 568	(141 820)	217 703
减:资本化利息(千元)	69 178			
计入当年利润表的利息支出(千元)	389 338	757 568	(141 820)	217 703
计入当年利润表的利息支出占收入的比重(%)	4	5	—1	3

---

① 全景网.冒险家许家印[EB/OL].2010-04-22.http://www.p5w.net/zt/dissertation/company/201004/t2939341_1.html.

② 全景网.冒险家许家印[EB/OL].2014-04-22.http://www.p5w.net/zt/dissertation/company/201004/t2939341_1.htm.

表4 恒大历年利息支出占收入比重①

年度	2009	2008	2007	2006
主要业务收入(千元)	1 635 130	3 606 791	3 166 692	1 983 304
银行利息支出合计(千元)	517 293	1 197 802	385 982	147 356
可换股优先股产生的利息支出(千元)			519 089	45 715
利息支出合计(千元)	517 293	1 197 802	905 071	193 071
利息支出占收入比重(千元)	32%	33%	29%	10%
减:资本化利息(千元)	521 293	1 216 873	777 401	118 076
计入当年利润表的利息支出(千元)	(4 247)	(19 071)	127 670	74 995
计入当年利润表的利息支出占收入的比重(%)	0%	−1%	4%	4%

表5 2012—2015恒大地产现金流量表   单位:万元

报告期 项目	2015-06-30	2014-12-30	2014-06-30	2013-12-31	2013-06-30	2012-12-31
经营流动现金流量净额	−994 740.7	−4 548 453.6	−3 988 781.5	−3 887 124.0	−794 507.6	−557 362.1
投资活动现金流量净额	627 401.1	−1 239 077.4	−1 111 379.3	−1 313 449.6	−487 821.9	−781 036.9
融资活动现金流量净额	1 189 348	4 759 817.1	4 711 969.7	7 441 222.2	2 804 022.6	1 109 538.6

(二)财务造假

夸大资产和低估负债的行为应为恒大业绩靓丽的原因之一。

1. 夸大资产

(1)按照恒大的财务报告经营活动产生的现金流量,从2010—2011年计算恒大现金流量的利息收益回报率低于央行的利率。2010—2011年底,其经营现金流量平均回报率也一直低于0.5%。而其他地产企业的经营性流动现金量平均息金回报率大部分都处于0.5%—1.5%这个范围内。因此,恒大所公布的华丽的现金流量可能并

---

① 全景网.冒险家许家印[EB/OL].2010-04-22.http://www.p5w.net/zt/dissertation/company/201004/t2939341_1.htm.

不属实。

(2) 恒大集团与应收账款相关的其他收入都是被夸大的。在2011年6月公开的中期报告里,应收账款的其他业务部分有所增加,但这并不说明相关部分的收入。涉及此类款项的金额约为28亿元。

(3) 投资资产从2006年公示以来,已经通过该科目而给利润表带来的会计利润高达95亿元。

(4) 在恒大公布的财务报告里,夸大了恒大的投资组合最少100亿元,相当于其账面价值的1/3。

2. 低估负债

2010年,恒大集团与湖南雄震投资有限公司曾为了一个信托融资项目而合作过。在此次融资中,需要创设一个项目公司的恒大,在账务管理上,将其列为恒大集团的子公司。这种融资一般是表外负债,因过程产生了或有负债,所以该笔负债不需并入母公司财务报告中。但该报告表明,恒大与雄震的合同尚有特别之处。比如恒大需通过12次交易,回购合作伙伴的权益。有次强制回购中,根据协议,恒大需要回购高达49%雄震的股权,其价值为1 900万元人民币。而事实上,一旦签署类似的协议,这已经是一种责任,而不应作为或有负债处理。[①]

三、中国恒大集团公司丑闻的曝光及市场反应

2012年6月,香橼(Citron Research)公司发表了一份关于恒大地产的调查报告,宣称已是资不抵债的恒大集团,以前的出具财务报告并非属实,投资人的钱被滥用于满足个人喜好。香橼公司发布报告当天,恒大集团的市值蒸发了130亿港元,截至收盘前暴跌了11%有余。面对巨额市值的蒸发和投资者的质疑,恒大地产迅速反应,于午间紧急召开澄清发布会,并发表公告回击,由罗兵咸永道事务所提供无保留意见审计报告,在恒大集团公关团队的努力下,公司股票下午有所反弹,但接近尾盘时再次下滑。

四、研究结论与启示

虽然恒大对香橼的报告迅速反应并逐条进行了澄清,在一定程度上挽回了估价

---

① 宋振庆.恒大"隐疾"[N].中国房地产报,2011-12-26.

和部分投资者的信心。但对于发展时间过短、增速过快的恒大来说,是减慢步伐、调整战略、构建新型商业模式的时候了。同时这也为恒大敲响了警钟,要时刻注意存在的负面问题,并想办法解决。否则,东窗事发是迟早的事。

五、问题讨论

(1) 中国恒大集团借壳上市有什么利弊?

(2) 除了本案例中的丑闻,你还能发现中国恒大集团其他的问题吗?

(3) 假如你是企业高管,你认为企业应该如何建立有效的内部控制制度,并在丑闻出现时如何及时处理?

(执笔人:钟萱,指导老师:戴书松)

中科云网：餐饮大佬转型中的重大违规解密

适用课程： 审计理论与实务　财务会计理论与实务　财务管理理论与实务

选用课程： 审计理论与实务

编写目的： 上市公司在经营失败时，为了避免连续两年亏损戴帽或退市，可能会通过盈余管理或财务造假，操纵会计报表，也可能通过跨界忽悠式重组拉抬股价，为大股东高价减持股票套利提供机会。本案例目的在于引导学生关注上市公司在经营业务转型或战略重组时，可能出现的操纵会计信息或公司股价等重大违规行为，为"审计理论与实务""财务会计理论与实务"和"财务管理理论与实务"等课程的学习提供重要风险关注点。

知 识 点： 收入　合并报表　关联方披露　《证券法》关于公司高管与大股东操纵信息和股价的责任认定

关 键 词： 隐瞒关联方　虚增利润　提前确认收入　操纵股价

案例摘要： 中科云网科技集团股份有限公司原名北京湘鄂情集团股份有限公司，主营业务为中式餐饮。2009 年 11 月公司在深圳证券交易所中小板上市，成为我国第一家在国内 A 股上市的民营餐饮企业。由于公司业绩持续下滑，股价暴跌，为了避免退市，公司不仅采用了一系列舞弊手段操纵信息披露，而且通过一连串忽悠式重组拉抬股价，最终受到证监会的处罚。

中科云网科技集团股份有限公司（以下称为"中科云网"），原名北京湘鄂情集团股份有限公司，于 2009 年 11 月 11 日在深圳证券交易所中小板挂牌上市（股票代码：002306），成为我国第一家在国内 A 股上市的民营餐饮企业。自 2012 年 12 月中央关于抑制公款吃喝的规定发布后，该公司业绩持续大幅下滑，转型之路由此开启。2013

年它先后收购江苏晟宜环保和合肥天焱生物技能两家环保公司。2014 年通过并购与合资方式成立深圳市爱猫新媒体网络科技有限公司,并于当年 7 月 1 日发布公告称,决定将湘鄂情集团股份有限公司更名为中科云网科技集团股份有限公司,开始进军大数据领域。① 同年,公司由于经营亏损巨大而无法按时、足额筹集资金偿付 2012 年公司债券应付利息及回售款项,正式宣布构成对该期债券的实质违约。此次违约成为国内首例公司债的本金违约事件。2014 年 12 月 19 日证监会张晓军通报,近期证监会开展了打击市场操纵的专项行动,依托大数据系统对涉嫌操纵 18 只股票的涉案机构和个人立案调查,其中第一家被点名的就是中科云网。早在 2014 年 10 月 12 日,中科云网就收到证监会《调查通知书》。同年 12 月 26 日,公司实际控制人孟凯也被证监会立案调查。② 2015 年 4 月 30 日,中科云网收到退市风险警示。审计机构在 2014 年也出具了无法表示意见的审计报告。曾被国家工商行政管理局认定为"中国驰名商标"的中科云网为何从餐饮大佬变为违规的惯犯,其中的原因值得我们深入挖掘。

一、公司概况

(一) 公司成长及发展

中科云网的前身是孟凯于 1995 年创办的"湘湘菜馆"。1999 年,孟凯北上考察,看准北京市场在中高端餐饮业上的空白,于是投资 300 万元,成立了北京湘鄂情酒楼有限公司,并租赁北京定慧寺甲 2 号(现湘鄂情总店)一层楼,为湘鄂情的中高端餐饮业发展迈出了关键一步。在北京市场取得成功后,孟凯开始扩大经营规模,不断开立分店,经过两轮增资扩股,注册资本增至 1 400 万元。由于湘鄂情定位为中高端餐饮,它成了很多官员公款吃喝的聚集地。孟凯在北京慢慢拥有了包含众多政府官员的人脉网络。之后湘鄂情开始瞄准政务消费市场,它的门店多开在某部委、某大院旁边,对政务消费的依赖很重。

2009 年 11 月 11 日湘鄂情在深圳中小板上市,成为 A 股市场民营餐饮上市第一股。湘鄂情以 18.9 元/股的发行价,共募集资金 8.85 亿元。孟凯的身价达到 34 亿元,

---

① 桂小笋.湘鄂情拟更名中科云网 牵手中科院计算所进军大数据[EB/OL]. http://news.xinhuanet.com/finance/2014-07/02/c_126700262.htm.

② 新浪财经.18 只个股涉市场操纵被证监会立案调查[EB/OL]. http://finance.sina.com.cn/focus/18manipulation/.

荣登中餐第一富豪宝座。上市后湘鄂情经营绩效在中餐行业名列前茅,全国23家门店综合毛利率达到64.33%,超过全聚德综合毛利率的54.64%。①

2012年4月12日,湘鄂情集团以不超过1.35亿元收购上海齐鼎餐饮发展有限公司90%股权,正式进入中式快餐业;并取得学生餐资格认证,拓展至学生餐领域。2012年7月,湘鄂情收购北京龙德华100%股权,进军团膳餐饮服务市场。快餐和团膳是对公司现有业态的有效补充,促进湘鄂情集团向综合性餐饮服务商转型。同年8月,它收购上海味之都,快餐业务确立,定位于都市白领消费和家庭消费。对味之都的整合与平稳过渡,使公司快餐业务实现了较好发展。借助上市的东风,公司通过并购拓展多元业务,已经从"单一酒楼"模式演变成包括中式餐饮事业部、快餐事业部、团膳事业部、食品工业事业部四大模块的集团公司。2012年底,集团"湘鄂情"品牌门店遍布北京、上海、南京、合肥、成都、武汉、太原、长沙、西安、株洲、拉萨、海口、呼和浩特、泰州、深圳等十余座城市。

从成立至2012年湘鄂情发展迅速,曾被国家工商行政管理局认定为"中国驰名商标",并先后获得"全国绿色餐饮企业""中国烹饪协会会员""全国特级酒家""中华餐饮名店""第五届全国烹饪技术比赛"团体金奖、"2008年北京市纳税千强企业、连锁餐饮业前五强""2009年首届京城餐饮50强企业前十强"等荣誉。

(二)公司发展受阻及转型

2012年12月4日中央出台关于抑制公款吃喝的相关规定,湘鄂情酒楼业务重要收入来源的公务、商务等单位宴请市场骤然降温。2013年和2014年,营业收入分别大幅下滑41.19%、22.7%,净利润分别巨亏444万元、718万元。公司开始调整业务结构,希望在酒楼业务稳健正常经营的前提下,计划用3—5年时间实现大众餐饮业务与酒楼业务的"二八转换"。即使大众餐饮业务占到公司营业收入的八成,而酒楼业务营业占比降至两成左右。但是,由于酒楼业务无法提供足够的资金支撑,公司在大众餐饮业务拓展上不得不放缓并购进程。此外,酒楼业务的高房租、高长期待摊费用(主要为酒楼开办装修投资)、高人工费用以及在顾客心目中"湘鄂情"中高端品牌形象,使得公司在由中高端餐饮业务向大众餐饮业务转型过程中赢利非常困难。

2013年,湘鄂情开始向环保产业转型。2013年7月,该公司以4 000万元收购肯菲登特艾蒄控股公司51%股权而间接控制江苏晟宜环保公司。2013年12月,与合肥

---

① 中国企业评论. 湘鄂情商业传奇"十步"路线图[N]. 中国企业报,2015-01-06.

天焱绿色能源开发公司共同投资设立合肥天焱生物技能科技公司,该公司主要从事生物质能源设备的生产制造业务,进而持有合肥天焱51%股权。2014年2月公司收购了合肥天焱其余49%股权,至此拥有合肥天焱100%股权。

2014年,公司通过并购和合资等方式,开展影视文化业务和大数据业务。2014年3—7月,相继收购了中视精彩、笛女影视各51%股权,并且与中科院计算所、山东广电新媒体、安徽广电信息网络进行合作,也对中科天玑增资扩股,成立深圳市爱猫新媒体网络科技有限公司。为了迎合这种转型,公司于2014年8月25日,更名为中科云网科技集团股份有限公司。[①]

二、中科云网的违规行为

(一)隐瞒关联方

2014年12月13日,中科云网与深圳家家餐饮服务有限公司(以下称为"深圳家家")达成协议,前者向后者出让"湘鄂情"系列商标及旗下3家公司100%的股权,价格为3亿元。其中"湘鄂情"系列商标包含"湘鄂情""湘鄂缘""荷舍"等,共计164项商标,转让价格2.3亿元。3家子公司分别为北京湘鄂情快餐连锁管理有限公司、北京湘鄂情速食食品有限公司、上海楚星湘鄂情餐饮服务有限公司,转让价格分别约为2 200万元、300万元和4 500万元,共计7 000万元。由于受湘鄂情发展状况较差的舆论影响,2015年2月6日,协议内容变更:3家子公司股权终止受让,商标价格下调至1亿元。然而种种迹象表明,中科云网与深圳家家存在关联关系。

深圳家家成立于2011年6月27日,注册资本仅500万元,工商登记地址为深圳市南山区南海大道联合大厦401室,主营为长沙米粉等快餐小吃。而实际在联合大厦401室办公的是一家电商公司,深圳家家餐饮只是挂名而已。[②]

深圳家家是香港家家投资发展有限公司(以下称为"香港家家")的全资子公司,香港家家为萌芽投资有限公司(以下称为"萌芽投资")的全资子公司,萌芽投资为永德集团有限公司的全资子公司,永德集团的唯一董事及唯一股东为李文。其中,萌芽投资和永德集团均在英属维尔京群岛注册,公司信息较为隐秘。但是工商资料显示,

---

① 韩永先. 中科云网前景有待观察[N]. 中国经济时报,2014-09-11.
② 吴绵强. 孟凯"贱卖"湘鄂情商标背后 接盘者背景神秘[EB/OL]. http://stock.hexun.com/2014-12-23/171686460.html.

其实际控制人李文出生于1978年,高中文化程度,身份证号信息显示其为武汉人氏,与孟凯同为湖北老乡。

此外,深圳家家的副总经理杨群,曾为中科云网湖南片区负责人。深圳家家全资子公司家家餐饮管理的法人代表刘贤林曾任中科云网行政副总厨,其妻罗水莲还曾任中科云网第一届监事会监事、湘鄂情北京定慧寺店总助、武汉洪山店总助。2013年5月2日,孟凯堂兄孟庆偿作为萌芽投资的董事签署了香港家家《2013年度周年申报表》。同时,杨群、刘贤林、孟庆偿都是中科云网的原始股东。所以中科云网的这次商标转让存在隐瞒关联方的嫌疑(如图1所示)。①

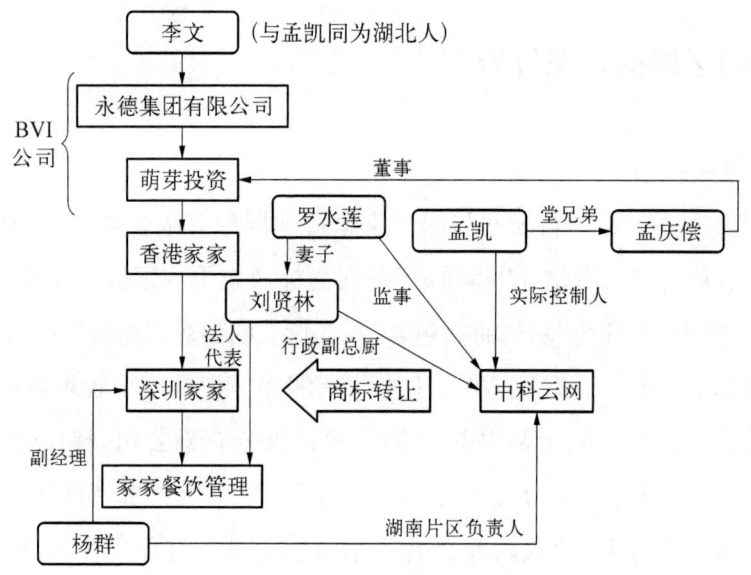

图1 中科云网与深圳家家餐饮服务有限公司关联关系图

资料来源:新闻整合

(二)虚增利润

中科云网2012年年度报告及2014年一季报存在虚假陈述。中科云网2012年年报违反《企业会计准则》确认加盟费收入共计1 480万元、确认股权收购合并日前收益1 556.05万元,合计3 036.05万元。中科云网2014年一季报违反《企业会计准则》,提前确认收入3 418.8万元,成本1 769.23万元,利润总额1 649.57万元。中科云网通过这些违规行为,达到了虚增利润的目的。

2012年3月1日,江苏湘鄂情与上海汉月尚投资中心签订《特许经营合同》,约定

---

① 高山. 孟凯的危险"朋友圈"[N]. 上海证券报,2015-05-20.

上海汉月尚向江苏湘鄂情支付加盟费共计780万元,加盟期限为2012年3月1日—2017年2月28日。为确保加盟店顺利运营,2012年7月3日,双方签订两份《补充协议》,约定江苏湘鄂情向上海汉月尚支付加盟保证金共计580万元,作为江苏湘鄂情履行《特许经营合同》相关义务的保证金。《补充协议》约定,若江苏湘鄂情按约定为上海汉月尚提供了店面平面设计、培训了第一批人员、建立了财务管理制度、提供了相关管理制度,上海汉月尚于2013年12月31日前退还江苏湘鄂情全部保证金。

2012年3月31日,江苏湘鄂情确认其他业务收入780万元。2012年7月25日,江苏湘鄂情收到加盟费780万元,同时向对方支付保证金580万元。2012年7月31日,江苏湘鄂情将580万元保证金计入其他应收款,未冲减其他业务收入。

(三) 违规确认加盟费收入

2012年12月,合肥湘鄂情与上海比昂健康生活企业发展有限公司(以下称为上海比昂)签订《特许经营合同》,约定上海比昂向合肥湘鄂情支付加盟费900万元,加盟期限为2012年12月15日—2017年12月14日。2012年12月31日,合肥湘鄂情确认其他业务收入900万元。但中科云网提供的说明称其与上海比昂合作加盟事宜因故搁置,900万元加盟费未能到账。

(四) 违规确认味之都股权收购合并日前收益

2012年8月,中科云网、上海齐鼎餐饮发展有限公司、齐大伟(持有上海齐鼎97%股权)签订《股权转让协议》,约定中科云网向上海齐鼎收购上海味之都餐饮发展有限公司90%股权,收购价格1.35亿元。至2013年1月7日,1.35亿元收购款由中科云网全部支付完毕。2012年12月31日,中科云网根据2012年7月齐大伟出具的《协议承诺书》,将味之都2012年5—7月的各项收益共1 203.22万元确认为营业外收入。

(五) 违规确认玖尊坊股权收购合并日前收益

2012年9月,上海湘鄂情与武汉楚地融金投资管理有限公司签订《股权转让协议》,约定上海湘鄂情向楚地融金收购上海玖尊坊餐饮有限责任公司100%股权,收购价格1 000万元。同年9月28日,上海湘鄂情向楚地融金支付转让款1 000万元。《股权转让协议》同时约定,楚地融金承担玖尊坊2012年10—12月的场地租金及人员工资,合计金额为352.83万元。12月13日、31日,玖尊坊共确认营业外收入352.83万元。

(六) 提前确认收入

2014年2月20日,南京凯沣源与凤阳县神光物质电业有限公司签订《设备销售合同》,约定向凤阳电业销售 2 套干馏气化机组,合同款价 4 000 万元(含税价,不含税价为 3 418.8 万元)。同年 3 月 31 日,南京凯沣源确认主营业务收入 3 418.8 万元,主营业务成本 1 769.23 万元。调查发现,前述合同约定所售 2 组干馏气化机组在 2014 年 3 月底前未生产完工。中科云网 2014 年一季报违反《企业会计准则》提前确认收入 3 418.8 万元。

(七) 频繁修正业绩预告

中科云网多次修正业绩预告,损害投资者的利益。自 2011 年起,中科云网的定期报告开始出现披露两次以上的情况。尤其是在 2013 年后,公司所有的定期报告均有更新。比如在 2014 年 4 月 28 日发布的 2014 年一季报中,中科云网预计 2014 年上半年净利润为 5 000 万—6 000 万元。2014 年 7 月 16 日修正业绩预告,重新预计 2014 年上半年净利润为 800 万—1 800 万元。而中科云网在 2014 年半年报中披露,2014 年上半年净亏损 658 万元。中科云网发布盈利预告后,投资者可能因此看好公司而买入公司股票。但是中科云网业绩预告不准确且修正频繁(如表 1 所示),对投资者造成误导,损害投资者的利益。①

表 1 中科云网多次修改业绩预告历程

项　目	业绩预告发布日期	预计净利润(万元)	实际净利润(万元)
2014 年一季度业绩预计	2014-02-28	500—3 000	1 954.62
	2014-03-03	6 000—7 000	
	2013-04-15	3 000—4 000	
2014 年上半年业绩预计	2014-04-28	5 000—6 000	−658
	2014-07-16	800—1 800	
2014 年前三季度业绩预计	2014-08-28	扭亏为盈	−8 080
	2014-10-15	亏损(8 500—9 500)	

资料来源:根据中科云网公告整合

(八) 通过忽悠式重组误导投资者,拉抬股价

中科云网被市场公认为"故事大王",善于编题材讲故事进行炒作。在 2013 年 7 月—2014 年 7 月,一年之间,中科云网进行了 3 次大转型,先后涉及环保行业、影视文化行业和大数据业务。这些行业都是当时的社会热点行业,中科云网通发布公告宣

---

① 马元月,姜鑫.中科云网借信披忽悠投资者[N].北京商报,2014-10-24.

称转型这些热点行业,属于释放"利好"消息。与眼花缭乱的转型消息相伴,中科云网的股价也一路上扬。2013年6月—2014年10月,中科云网的每股股价由2.9元上涨至12.45元,上涨幅度达到近400%(如图2所示)。

图2 中科云网2013年6月—2014年10月股价趋势

资料来源:东方财富通

2014年7月28日,中科云网发布公告称其与安徽广电信息网络股份有限公司签署《合作协议》。安徽广电将安徽省内家庭智能有线电视云终端交由中科云网独家投资建设、双方共同运营管理,双方约定500万用户的家庭智能有线电视云终端的部署,进军智能家居市场。2014年7月29日,中科云网开盘后股价连拉3个涨停板。2014年7月29日最高价(收盘价)为6.13元/股。在此之后股价呈不断上涨趋势,8月5—7日连续3天大幅上涨,2014年10月9日,股价达到最高峰,当日最高价为12.45元/股(如图3所示)。

然而股价大涨之时,却有大股东在减持。也就是说中科云网转型后股价不断上涨,投资者看好公司买入时,大股东却在减持。中科云网涉嫌通过发布对外投资"利好"来抬升股价,从而方便大股东减持促使资金出逃。[①]

中科云网通过频繁转型社会热点行业进行炒作推高股价,从而方便股东减持促使资金出逃。与此相呼应的是中科云网的多项收购协议无疾而终。2014年5月,中科云网终止收购中昱环保51%的股权。2014年10月23日,中科云网停止收购合肥

---

① 杨佼,张志伟."餐饮第一股"老板被查幕后[J].人民文摘,2015,(2).

图 3 中科云网 2014 年 7—10 月股价变化

资料来源：东方财富通

天焱 49%股权。2014 年 11 月 26 日,中科云网停止收购中视精彩 51%股权。中科云网的转型完全是为了迎合市场热点进行炒作,多次收购"雷声大雨点小"。市场一冷,相关资产就会遭到无情抛弃,所以这更突出了中科云网通过转型释放"利好"消息,推高股价的嫌疑。

三、中科云网的违规后果

2014 年 10 月 12 日中科云网收到证监会《调查通知书》,因涉嫌证券违法违规行为,遭到证监会调查。同年 12 月 26 日,公司实际控制人孟凯也被证监会立案调查。[①] 孟凯持有的 18 156 万股公司股份分别处于中国证监会冻结和司法冻结状态,占公司股本总数的 22.7%,占控股股东持有公司股份总数 21 156 万股的 85.82%。中科云网在 2012 年年度报告及 2014 年一季报中存在虚假陈述,证监会于 2015 年 8 月 27 日对中科云网给予警告,并处以 40 万元罚款。

孟凯作为时任董事长、总裁,是对中科云网 2012 年年度报告和 2014 年度一季报信息披露违法行为直接负责的主管人员。证监会对孟凯给予警告,并处以 15 万元罚

---

① 新浪财经. 18 只个股涉市场操纵被证监会立案调查[EB/OL]. http://finance.sina.com.cn/focus/18manipulation/.

款;证监会对詹毓倩(时任 2012 年副总裁兼财务总监)、周绍兴(时任 2014 年财务总监)给予警告,并分别处以 10 万元罚款;证监会对万钧等 4 人给予警告,并分别处以 5 万元罚款;证监会对阎肃等 11 人给予警告,并分别处以 3 万元罚款。证监会共计对 18 名高管给予警告,共罚款 88 万元。

四、问题讨论

(1) 中科云网采用哪些手段操纵会计报表?

(2) 中科云网采用哪些手段操纵公司股价?

(3) 中科云网操纵公司信息与股价带来哪些后果?

(执笔人:方烨,指导老师:李寿喜)

瑞士信贷集团：天价罚单的背后故事

适用课程：审计理论与实务　公司治理　商业伦理

选用课程：审计理论与实务

编写目的：良好的公司治理和内部控制可以促进公司的健康运行，对于跨国金融机构，根据客户的需求推出各类创新服务，如帮助客户避税等服务，必须注意跨国法律风险。在《审计理论与实务》、《公司治理》和《商业伦理》等课程教学中，引导学生关注金融机构的合规经营与满足客户需求的平衡是非常重要的。

知 识 点：金融机构　跨境避税　合规经营

关 键 词：瑞士信贷集团　帮助美国人避税　美国政府　重罚

案例摘要：2007年美国爆发次贷危机后，2010年美国颁布《多德-弗兰克法案》(Dodd–Frank Act)，该法案被称为打"肥猫"法案，即对大型金融机构所有违规行为实施重罚。瑞士信贷集团由于帮助美国公民大量避税，于2014年5月被美国政府处以26亿美元的罚金。本案例剖析了瑞士信贷集团具体违规行为及其结果，表明金融机构必须平衡好追求业绩增长与合规经营的关系，同时对政府部门来说，对大型金融机构必须严格监管，以避免大型金融机构的违规行为给金融市场带来系统性风险。

2013年10月15日，瑞士在经济合作与发展组织的见证下，与多国签订了《多边税收征管互助公约》，成为该条约的第58个签约国。该条约旨在议定展开国家间的税收征管合作，对跨境逃税避税活动进行打击，从此，瑞士拥有300多年历史的银行保密制度终结，这也成为政府部门加强对银行管理的一个新契机。

本案例选取瑞士信贷集团帮助美国人避税，以及瑞士信贷集团在销售住宅抵押贷款支持债券过程中误导消费者最终被美国政府重罚等一系列事件进行分析，探讨了大型金融机构在进行国际市场开拓时,必须坚持合规性经营,否则必将给公司带来重大打击的问题。

一、瑞士信贷集团发展历程

(一)瑞士信贷集团概况

瑞士信贷集团英文名为 Credit Suisse Group AG,是一家国际性的大型金融控股公司,总部位于瑞士的苏黎世,其下包括投资银行、私人银行、资产管理以及为以上3块业务提供营销和资源支持的共享服务集团。为了给客户提供一体化的金融服务,瑞士信贷使用"综合银行"经营模式。这是融汇了私人银行、财富管理与投资银行服务等多功能的打包金融服务。

私人银行,主要向个人、公司和机构提供全面的建议,以及一系列的财务解决方案。财富管理部门提供全球私人客户所需的财富保值增值的管理方案。私人银行与财富管理部门的主要业务包括为客户提供财富管理服务和资产评估服务等。公司机构业务主要是满足公司和机构客户的需要,全球大约1 600个雇员,包括在52个办公室的560个客户经理。大部分的客户是瑞士本地的大公司、中小企业、机构投资者、财务公司、物流公司和大宗商品交易者。资产评估业务主要是为世界各地的政府、机构、公司和个人客户提供全方位的各类资产的价值评价服务。瑞士信贷在全球41个国家有300个办公室,33 770个客户经理和21个记账中心(booking centers)。2014年底,财富管理业务管理资产8 906亿瑞士法郎。

投资银行的职责是为国内外各类企业和机构客户提供在全球资本市场进行融资的金融服务,其核心业务包括:证券首次公开发行和再融资、证券非公开发行、企业债券发行、并购及重组的金融中介服务。客户主要包括公司、政府和机构投资者,机构投资者主要包括世界各地的养老金、对冲基金机构等。

瑞士信贷在全球的业务范围可以按区域划分为4个主要的部分:瑞士、美国区、亚太区和EMEA①。美国区包括14个国家:美国、加拿大、加勒比海和拉丁美洲国家。亚太区包括12个国家,其中私人银行和财富管理部门的枢纽是新加坡和中国香港地区。EMEA区域总部在英国,包括29个国家,拥有9 600名员工以及63个办公室。这29个国家中既包括法国、德国、意大利、西班牙、英国等发达国家,也包括俄罗

---

① EMEA 为 Europe, the Middle East and Africa 的字母缩写,为欧洲、中东、非洲3地区的合称,通常是用作政府行政或商业上的区域划分方式。

斯、波兰、土耳其和中东地区等新兴市场。

瑞士信贷在2007年美国次贷危机触发的全球性金融危机中受到的影响很小,但开始收缩其投资银行业务,通过大量裁员来削减成本。2008—2012年,美国、德国和巴西相继开始调查瑞士信贷帮助本国公民大量恶意避税问题。2014年5月,瑞士信贷与美国政府达成认罪协议,承认帮助美国富人进行大量避税活动,并同意支付26亿美元的罚金。瑞士信贷的股价在2011年和2012年之间跌幅很大,主要原因在于这两年间瑞士信贷关于帮助富豪逃税以及洗钱等负面问题频发,严重影响了其在美国业务的进行。

(二)瑞士信贷集团发展阶段

1. 与瑞银集团争夺瑞士国内商业银行市场

瑞士信贷最早于19世纪中叶发源于瑞士第一大城市——苏黎世,日益涉足商业银行、投资银行、资产管理、信托租赁和保险等所有金融业务,1870年在纽约成立瑞士信贷对外办事处。1890年在瑞士和承销经营业务处在领先地位。1905年取得Oberrheinische Bank在瑞士巴塞尔的分支机构,从而在瑞士之外的其他地方开设子公司。1905年,在巴黎开设代表处,主要是经营客户国际账户的保管。1939年SKA在纽约建立子公司Swiss American Corporation,主要是经营承销、投资和投资咨询业务,1940年在纽约开设纽约代理处。1962年从美国投资银行White Weld处收购White, Weld and Co. AG苏黎世,后将其改名为Clariden Finanz AG。1964年被授予全业务银行的营业资格,允许在美国吸收存款开展所有银行业务。1977年瑞士南部基亚索分支机构涉嫌外汇交易欺诈,Credit Suisse被迫对其业务进行重整,从传统的苏黎世银行向国际银行转变。1982年,子公司SASI在美国纽交所上市,成为第一家在纽约上市的瑞士公司。1988年控股了第一波士顿公司,后将其改组为瑞士信贷第一波士顿(Credit Suisse First Boston,简称CSFB),CSFB成为全球投资银行业中的一个重要品牌。1989年瑞士信贷进行了公司重组,成立了瑞士信贷控股(CS Holding),瑞士信贷控股作为集团母公司,瑞士信贷银行和瑞士信贷第一波士顿则作为瑞士信贷控股的控股子公司。20世纪90年代Credit Suisse收购当时同属瑞士大银行之一的人民银行(Bank Leu),成为瑞士第一大银行,这一地位直到1997年才被瑞银集团取代。1993年,瑞士信贷集团再次收购Swiss Voksbank,对瑞士国内银行的整合才告一段落。

2. 进军保险市场

保险业务是金融业务的一部分,在经过金融"大爆炸"之后,欧洲、美国和日本的金融法律法规都已经不限制金融机构对保险业务的渗透,金融控股公司对保险公司的收购能够轻而易举地得到各国官方的批准。

1994年瑞士信贷与瑞士再保险(Swiss Re)建立了紧密的战略联盟,1995年收购NAB(Neue Aargauer Bank)。1995年瑞士信贷与全球著名的保险机构丰泰集团(Winterthur Group)建立战略联盟,1997年瑞士信贷进而兼并了丰泰集团,并通过此后对保险公司的一些中小型收购,瑞士信贷集团成为全球保险领域重要的一员。为了提高国内零售银行业务的盈利性,瑞士各大银行1996年开始减少分行数目,通过裁减雇员以降低成本。瑞士信贷银行在1996年4月曾希望与瑞士联合银行进行合并,但遭到后者的拒绝,于是在7月宣布了合并其本身与Volksbank共376间分行网络的重组计划,并决定在1996年关闭21间分行,在后来3年内共关闭1/3的分行,裁减3 500名或15%的国内员工,全球共裁员5 000人。

3. 拓展美国的投资银行市场

瑞士信贷很早就在美国开展了业务。1870年瑞士信贷在美国纽约成立代表处,1964年它发展成为全能性银行后,在美国正式推出存款业务。1978年瑞士信贷宣布与美国第一波士顿公司开展为期10年的战略合作,并于1988年取得美国第一波士顿公司44.5%的股权,将其改为瑞士信贷第一波士顿公司。2005年,瑞士信贷将瑞士境内的私人银行业务与美国投资银行业务进行重组,设立了Credit Suisse Securities(USA)LLC。在瑞士,私人银行部门会保留一个Swiss Booking Center,在这里账户可以建立并保留,并且可以通过瑞士的IT平台接受服务。2002年,瑞士信贷规定,对于跨境的账户应该按照客户的居住地进行管理,也就是说如果一个德国的客户在Swiss Booking Center建立账户的话,他应该到German desk去接受服务,而German desk属于EMEA领域,为美国居民服务则为American desk即SALN。

在1988年完成对第一波士顿公司的收购后,瑞士信贷集团的投资银行业务便一直以美国市场为中心,并取得了巨大的发展,CSFB迅速成为全球顶级投资银行之一,一度在全球投资银行业中排名前三强。2000年,瑞士信贷集团再以CSFB的名义收购全球一流的投资银行帝杰集团公司(Donaldson, Lufkin & Jenrette, DLJ),试图进一步稳固其在全球投资银行中的地位。①

瑞士信贷在2003年开始聚集重点发展瑞士信贷、瑞士信贷第一波士顿和丰泰保

---

① 国搜百科,http://baike.chinaso.com/wiki/doc-view-193077.html#m2.

险3个战略业务单元。2007年重组了5家瑞士信贷私人银行,如Clariden(克兰顿银行)、Bank Leu(人民银行)、Bank Hofmann(豪夫曼银行)以及Banca di Gestione(BGP银行)和Patrimoniale(帕特里蒙艾尔)等,形成新的私人银行机构。

如图1所示,瑞士信贷集团(Credit Suisse Group)的子公司是瑞士信贷银行(Credit Suisse)、瑞士信贷第一波士顿(Credit Suisse First Boston)和丰泰保险(winterthur)。瑞士信贷银行(Credit Suisse)的主营业务是私人银行(Private Banking)公司与零售银行(Corporate & Retail Banking)。瑞士信贷第一波士顿(Credit Suisse First Boston)的主营业务是机构证券(Institutional Securities)、财富与资产管理(Wealth & Assets Management)。丰泰保险(winterthur)的主营业务是寿险与年金(Life & Pension)和非寿险(Non-life)。

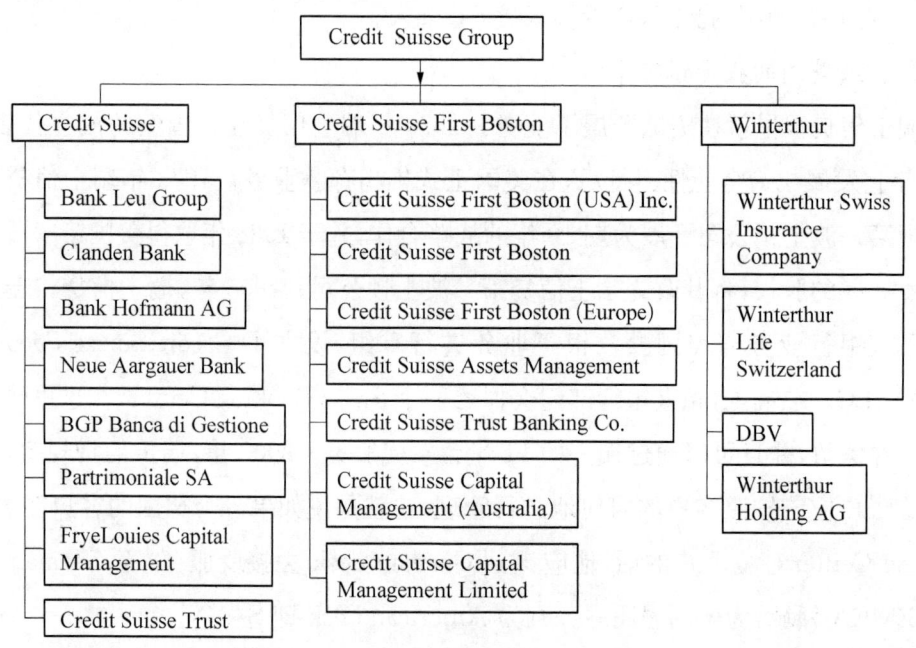

图1 瑞士信贷集团的基本构成

二、瑞士信贷帮助美国人逃税的事件经过

自20世纪晚期开始,由于国际金融市场竞争日趋激烈,瑞士信贷积极开拓美国市场。瑞士信贷利用所在国家——瑞士是中立国,且有银行为客户保密的传统的优势,大量吸引美国客户到瑞士信贷银行开户,为其提供各种金融服务并对外保密。大批

美国公民可以通过瑞士信贷银行账户隐瞒各种财产与收入,从而规避向美国国内税务局进行纳税,这些不对外公开的银行账户,有很多是以虚假姓名开设的户头。瑞士信贷不仅知晓上述活动违法,并且故意帮助与鼓动其客户开设这样的账户。瑞士信贷在美国执法部门开始调查后,故意不保留关键证据或者让其遗失与损坏。2014 年 2 月,美国参议院通过调查发现,瑞士信贷银行帮助隐瞒的美国富人财富高达 100 亿美元。2006 年,瑞士信贷银行隐瞒的 2.2 万名美国富人财产高达 135 亿美元。美国政府要求查阅在瑞士信贷银行开户的美国公民的全部相关材料,但瑞士信贷银行仅向美国政府提供了 238 位美国客户的姓名。

2014 年 5 月 19 日瑞士信贷集团在美国政府威胁要吊销其在美国营业执照的高压面前,被迫接受美国监管部门拟定的认罪协议,并同意向美国政府支付 26 亿美元的天价罚金。

瑞信帮助美国人逃税的具体手段如下:

(1) 非美国的银行家在美国宣传证券产品,招揽客户。

从事证券交易或提供投资建议必须向美国证监会注册。虽然瑞士信贷在美国有经证监会注册的具有经纪人和证券咨询资格的公司——Credit Suisse Securities (USA) LLC,但是这个公司的许可证仅适用于本公司自己的员工。尽管在法律上和公司内部政策上都明确规定了禁止银行家在美国与客户见面,但是很多银行家仍然会违反规定,以旅行的名义从事美国法律和银行政策所不允许的活动。比如,有的银行家提供瑞士账户的报表,提供投资建议,不留证据地进行地下证券交易;有的银行家接受领导的教唆,伪造旅行目的,如以参加客户孩子的婚礼为借口与客户见面;有些银行家在与客户见面时把账户表格塞在体育杂志中偷偷交给客户。据报告显示,2001—2008 年,SALN 瑞士信贷客服经理每人前往美国最少 150 次,平均每天见 3—4 名客户,总资产达 1.1 亿瑞士法郎。

(2) 结构化交易,避免形成纸质报告。

在美国,每超过 10 000 美元的交易就会自动生成现金交易报告(CTRs),瑞士信贷的客户经理向客户提议,进行结构化消费,比如将原来需要一次性消费 15 000 美元的交易分成几次完成。

(3) 利用第三方,提供旅行卡或信用卡。

2005 年瑞士信贷开始委托第三方信用卡或旅行卡发行者向客户发行信用卡或旅行卡,客户可以二选一。旅行卡是一种预付卡,瑞士信贷会从客户账户中先向第三方拨付一笔款项,这笔钱会进入客户所持有的卡,客户可以秘密取款,使用时不会形成纸质的证据。客户的姓名不会出现在旅行卡上面,但是信用卡上面会出现。其流程如图2所示。

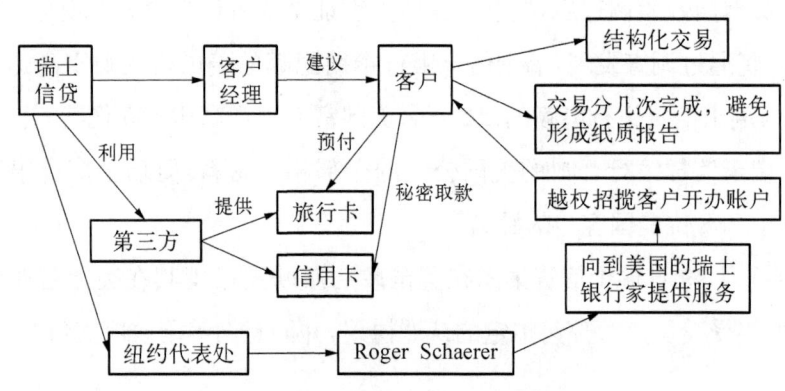

图2 瑞士信贷帮助客户逃税的流程

(4) 在银行赞助的活动中安排他们与潜在的客户见面。

2006—2008年瑞士信贷印发了一种日历,上面清楚地记着银行家可以参加纽约的瑞士球赛以及几场在佛罗里达举行的高尔夫球赛。在球赛举行期间,瑞士信贷会邀请很多客户与银行家们在一起讨论账户事宜。

(5) 在瑞士境内为美国客户提供服务。

到美国旅行的瑞士银行家鼓励他们的美国客户来瑞士和他们洽谈业务,这样就不会形成违反瑞士保密法的纸质的证据。瑞士银行家帮助美国客户亲自到瑞士查阅他们的账户报表,而不会把报表寄到美国;帮助他们进行财务交易,比如购买或者出售证券,进行存款、转账、取款活动,或者填写表格说明自己的账户应该怎样被管理。这些离岸的私人会面避免了遭受美国证监会的起诉。因为银行家的客户在美国境外,他们又没有在 SEC 注册,所以才能在提供投资建议、进行证券交易时不用考虑法律后果。

为了更方便地服务来瑞士旅行的账户持有者,瑞士信贷在苏黎世机场建立了一个全方位服务办公室,办公室名字为"SIOA5"。2008年底,苏黎世机场的账户比瑞士信贷其他的分支机构数量都要多,大约有9 400个账户,总价值11亿瑞士法郎。与其他的银行亭或自助取款机不同,苏黎世机场办公室提供瑞士信贷所有的银行服务,而不仅仅是货币兑换或取款服务。机场的美国服务办公室在2006—2009年间经营,持续3年。在这3年中,瑞士信贷既为既存的账户服务,也开设新账户。美国的账户持有者为了管理账户,也会去除苏黎世机场之外的瑞士信贷的其他机构。

(6) 建立境外壳公司,隐藏真正的资产所有者。

在美国建立信托基金或者法律实体是合法的,因此建立境外壳公司、信托基金或者法律实体代替人成为名义的账户所有者以阻碍对美国账户和账户所有者的识别成为避税的惯用手段。

据瑞士信贷披露,2008年,持有资产40亿瑞士法郎的1 243名客户是以境外实体为名义所有者进行开户。

瑞士信贷不但采用境外公司为名义所有者的方式为客户开户,一些银行家还将客户介绍给提供建立经营法律实体建议的中介或受托人,积极帮助法律实体的建立。典型的中介有两家,一家是号称"外部信托专家"的Doerig Partner,另一家是专注于建立境外公司的一家瑞士公司Sinco Truehand。两家公司的职员Beda Singenberger和Josef Doerig都因协助美国人避税被起诉。其中Sinco Truehand的职员Singenberger的运作如下:瑞士信贷将客户介绍给Singenberge,2006年Singenberge到美国旅行并与Wajsfelner见面,同年,Singenberge组建了一家香港公司,即Ample Lion Inc.,Wajsfelner是唯一的股东,Singenberge是名义的管理层。在Ample Lion Inc.建立之后,瑞士信贷与Ample Lion Inc.任何的交流都要通过Sinco Truehand来进行。2006年7月Ample Lion Inc.的资产为330万美元,2007年12月31日为570万美元,2008年12月5日Wajsfelner将资产转移至他的个人账户,Ample Lion Inc.的企业资产为230万美元。2008年12月Ample Lion Inc.关闭。2009年6月Wajsfelner将资产转移至瑞士的其他银行。

三、美国政府对瑞士信贷违规行为的处罚

2014年2月,瑞士信贷集团因为未得到美国证监会的批准,就向美国公民提供跨境证券经纪服务和投资顾问服务而被迫向美国证监会支付了1.96亿美元的罚金。同年5月,美国联邦检察官要求瑞士信贷的母公司承认协助数千个账户的美国持有人隐瞒财富和逃税。在美国弗吉尼亚州的东区法院,瑞士信贷集团相关高管与美国相关执法部门官员签订了认罪协议。认罪协议规定,瑞士信贷集团将向美国政府支付总计约26亿美元的罚金,其中18亿美元交给美国司法部,上交美国国库;1亿美元支付给美国联邦储备委员会;7.15亿美元支付给纽约州金融服务监督局。在处罚协议上

代表美国政府签署的代表有：检察总长 Eric H. Holder，副检察长 James M. Cole，司法部税务司助理司法部长 Kathryn Keneally，弗吉尼亚州东区法院检察长 Dana J. Boente 以及美国税务总局官员 John Koskinen。Eric H. Holder 表示："对瑞士信贷集团违规行为实施重罚的案例表明，任何金融机构，无论其规模多大，是否是全球金融巨擘，都不能凌驾于法律之上。瑞士信贷集团密谋帮助美国公民利用海外账户大量隐匿财产，恶意逃税，当一家银行从事这一不轨行为时，它就要想到美国司法部将会尽最大可能对其进行刑事处罚。"

四、参考资料

本案例的关注要点在瑞士信贷集团的违规问题上，与此相关的参考资料除了前文中提供的背景资料之外，还包括瑞士的金融监管制度和美国的金融监管制度等相关资料。如果需要进行瑞士信贷集团的扩展研究，该集团 2007—2014 年各年度报告可资参考。

五、问题讨论

从瑞士保密制度的终结，到瑞士信贷集团帮助美国人逃税的事件，瑞士信贷集团带给人们太多的启示，引发人们太多的思考。结合瑞士信贷集团帮助美国公民避税的事件，重点思考如下问题：

(1) 瑞士信贷集团是怎样帮助美国公民避税的？跨国金融机构如何平衡追求业绩增长和合规经营之间的关系？

(2) 美国政府重罚瑞士信贷集团帮助美国公民避税的制度背景是什么？这是否表明美国政府金融监管出现了转型？

(3) 美国的金融监管与瑞士的金融监管有哪些不同，对中国政府加强金融监管有哪些启示？

（执笔人：刘斯杨，指导老师：李寿喜）

安达信:国际审计巨头因何陨落?

适用课程: 审计理论与实务　财务会计理论与实务　舞弊检查与防范

编写目的: 要求学生通过安达信会计师事务所的审计失败案例,了解公司财务造假的手段和不良影响,并对审计失败的原因进行分析,由此掌握公司财务舞弊的审计方法。

知 识 点: 美国会计准则　美国审计准则　审计工作底稿

关 键 词: 安达信　会计师事务所　审计失败

案例摘要: 安达信会计师事务所是国际审计巨头,但因为未能及时揭示美国安然公司和美国世界通信公司的财务舞弊,受到美国政府的处罚及投资者集体诉讼,最终破产。本案例具体阐述了安然公司和美国世界通信公司的舞弊手段及安达信审计失败的原因及后果,目的在于帮助审计人员改进审计技术,预防审计失败。

2001年12月,安然公司(Enron Corporation)因股价出现雪崩被迫破产,随着安然公司一起陨落的还有伴随安然公司整整16年的安达信(Arthur Andersen LLP,以下称为"安达信")会计师事务所。在安然事件中,安达信事务所未能保持审计独立性导致了审计失败,并在安然丑闻爆发后试图销毁安然的资料以掩盖自身的过失,仅仅4个月的时间安达信事务所便从"国际审计五大"之一走向破产边缘。随后爆发的世界通信公司财务丑闻对安达信事务所无疑是雪上加霜,安然事件爆发4个月后,安达信事务所宣告破产。

一、安达信概况

(一) 安达信简介

安达信成立于1913年,在世界五大会计师事务所中一度雄踞第一的宝座,2002年因安然公司财务舞弊丑闻爆发被迫退出审计领域。[①] 其情况简介如表1所示。

表1 安达信会计事务所情况简介

公司名称	Arthur Andersen
全球总部	日内瓦
行政总部	Chicago,America
成立时间	1913年
创始人	Arthur Andersen 和 Clarence Delaney
经营范围	审计、税务筹划和管理咨询等
公司规模	分布在近100个国家和地区,拥有近10万名员工
寿　　命	89年

(二) 安达信的发展历程

1. 初创信誉,快速发展

安达信最初创建人是 Arthur Andersen,他于1885年5月30日生于美国伊利诺伊州 Plano 市,16岁时因为父母双亡而成为孤儿。迫于生计,他只好白天送报,晚上上学。1908年 Arthur Andersen 通过了注册会计师考试,成为伊利诺伊州最年轻的注册会计师。1913年 Arthur Andersen 作为美国西北大学会计教授,联合从 Price Waterhouse 事务所离职的 Clarence Delaney 一起在芝加哥建立 Andersen, Delaney & Co. 审计事务所,1918年因为 Clarence Delaney 的离开,事务所改名为 Arthur Andersen & Co. 会计师事务所。安达信会计师事务所刚开始只有两名合作伙伴和6名员工。1915年,安达信公司要求其客户——一家轮船公司对一艘本会计年度之后但于财务报表披露之前沉没的轮船的成本进行披露。这也是当时第一家会计师事务所为了保证所披露的公司财报的准确性而采用这样的标准。对公认会计原则的捍卫和对审计诚信的坚持为安达信事务所奠定了良好的声誉。到了20世纪20年代,安达信会计师事务所在美国

---

① 张立民.安达信国际会计公司[J].财会通讯,1993,(6).

设立了6家分所,年收入达到200万美元,并成功度过20世纪30年代的经济危机。

2. 更新换代,迅速扩张

1947年1月由于安达信会计师事务所奠基人Arthur Andersen的离世,事务所陷入混乱,几欲破产。这时,Arthur Andersen的学生Leonard Spacek联合其他合伙人,将安达信事务所整合成主要提供审计和管理咨询业务的公司。当时Leonard Spacek只有39岁,作为管理合伙人,尽管没有合伙人协议,他仍然决定每年给Arthur Andersen的遗孀支付60万美元的年金。由于Leonard Spacek始终秉持Arthur Andersen在世时期的诚信操守和高标准审计要求,安达信事务所发展很快。这家1947年还排名在第20位的会计师事务所,很快地成为国际会计师事务所"八大"之首,公司的收入也从800万美元飙升至1.3亿美元。[①]

3. 咨询审计分家,悲剧初现端倪

1952年,安达信会计师事务所为美国通用电气公司在肯塔基州的Louisville市的公司总部家电工业园安装的一套电子计算机信息系统,标志着安达信会计师事务所正式涉足了咨询这一领域,并且在信息技术咨询领域引领行业的发展。两年后成立了安达信咨询公司(Anderson Consulting),发展迅猛。然而,这家咨询公司却因为外界对安达信会计师事务所同时提供审计和咨询业务的公允性的质疑,一直想要从安达信会计师事务所中独立出来。1989年,安达信咨询公司如愿以偿地从安达信会计师事务所中分离出来,成为独立运营实体。在20世纪90年代,安达信咨询公司与安达信会计师事务所摩擦不断,因为安达信咨询公司与安达信会计师事务所的咨询业务存在相互竞争,而且安达信咨询公司每年还要向安达信会计师事务所上交15%的利润,作为安达信品牌使用费。到1997年,安达信咨询业务迅猛的发展让它稳坐世界咨询公司第一的交椅,同时与安达信会计师事务所的纷争也更加激烈。最终安达信咨询公司向安达信会计师事务所支付了12亿美元的分手费,成功脱离安达信事务所,并且改名为Accenture公司,专门提供战略、企业管理、数字化、信息技术和运营管理等方面服务。"Accenture"来自"Accent on the future"的缩写,意即"重在未来"。分家后的Accenture咨询公司2001年7月19日正式在纽约证券交易所上市,2016年该公司获得329亿美元的收入,拥有39.4万名员工,遍及全球120个国家200多个城市,其客户包括94%的《财富》杂志全球100强企业和3/4的全球500强企业。2016年

---

① 任明川.安达信的猝死及其教训[J].财务与会计,2003,(4).

《财富》杂志将 Accenture 咨询公司评为全球最受尊敬的信息技术咨询公司。而分离后的安达信会计师事务所则因为频频涉及审计失败的行政处罚和民事诉讼赔偿,从世界第一大会计师事务所的宝座上跌落,只能混迹于"五大"中的末流。

4. 频频卷入丑闻,地位岌岌可危

从20世纪末开始,安达信一改以往严谨的审计态度频频陷入会计丑闻,接二连三地受到美国证券交易委员会(下称 SEC)的调查。在1997年的阳光公司和2001年的垃圾处理公司破产案中,安达信均由于出具了不实的审计报告而误导投资者从而受到了 SEC 的起诉。不仅如此,安达信还长期占据着"五大"中由于审计问题而赔付和解金额最多的"宝座"。①

5. 安然事件爆发,带来致命一击

2001年10月安然公司因资金链断裂而股价暴跌,SEC 开始对安然公司进行会计报表操纵的问题进行调查,但安达信位于休斯敦地区的分所却做了一件令所有人都意想不到的事情:他们开始迅速销毁有关安然公司财务报表的文件。2001年底,安然公司宣布破产。2002年1月安达信承认销毁文件并将负责安然审计的资深合伙人 David B. Duncan 除名。而 Duncan 则申辩:这是总部的授意。经过初步调查,因安达信在安然公司会计丑闻爆发后非但没有协助司法部门调查还销毁了相关记录,美国相关执法部门于2002年3月14日对安达信提起了刑事诉讼,指控其销毁重要法律证据。安达信也由此成为美国审计行业第一个被提起刑事诉讼的大型审计机构。2002年3月26日安达信的 CEO Joseph Berardino 被迫下台。2002年4月3日,安达信国际机构任命安达信(法国)负责人阿尔多·帕多索为安达信美国事务所的首席执行官,安达信的关于税务筹划的咨询业务也在4月底正式并入德勤(Deloitte & Touche)事务所,安达信随后宣布裁员达7 000人以上。②

由于美国证监会禁止被提起刑事诉讼的会计师事务所提供审计业务,安达信的审计业务被迫终止。由此导致安达信美国事务所的注册会计师纷纷离职,自寻出路,安达信全球的海外事务所也被其他国际大所如普华永道(PWC)、毕马威(KPMG)、安永(Ernst & Young and Grant Thornton LLP)、德勤等吞并,如表2所示。2002年6月15日,安达信被法院认定犯有阻碍美国监管部门调查安然财务舞弊案的罪行。安达信在休斯敦法院陪审团认定有罪后被迫对外宣告,从2002年8月31日起不再从事

---

① 中国总会计师.安达信———一个 CPA 审计帝国的覆灭[J].中国总会计师,2011,(4).
② 中国总会计师.安达信———一个 CPA 审计帝国的覆灭[J].中国总会计师,2011,(4).

上市公司的所有审计业务,至此,安达信近百年的审计生涯宣告终结。

表2 安达信海外公司纷纷寻找新东家①

2002年3月	安达信(香港)	并入普华永道
	安达信(中国)	
2002年4月	安达信(俄罗斯、新加坡、新西兰)	并入安永
	安达信(菲律宾)	
2002年6月	安达信(中欧)	
	安达信(巴尔干半岛)	
	安达信(意大利)	
2002年4月	安达信(英国)	并入德勤
	安达信(瑞典)	
	安达信(荷兰)	
	安达信(德国)	并入毕马威
	安达信(澳大利亚)	

二、安达信对安然公司的审计失败

(一)安然公司概况及舞弊

1. 公司简介

安然公司是1930年成立于休斯敦的一家主营电力和天然气、能源及商品运输的公司,同时,安然公司也为全球客户提供金融和风险管理服务。到2000年12月,投资安然公司股票的人数将近6万人,安然公司年营业收入达到1 010亿美元,公司总资产为620亿美元,在全球近50个国家和地区都有大量业务,员工超过两万名,是美国最大的能源公司,名列《财富》杂志2001年全国500强企业第七位。在美国世界通信公司破产之前是美国有史以来规模最大的破产企业。②

2. 安然公司的舞弊手段

(1)通过设立结构复杂的经济实体,进行关联方交易。

1997—2001年,安然公司通过设立一系列结构复杂的特别目的实体(Special Purpose

---

① 王兵,刘峰.安达信倒塌:研究发现了什么?[J].会计研究,2010,(7).
② 阳钰.安然事件&安达信会计公司[J].时代财会,2002,(6).

Entities,简称 SPE)虚报盈余 5.86 亿美元,通过关联方交易隐藏债务 25.82 亿美元。

2001 年第二季度,安然公司将价值 10.5 亿美元的位于北美的 3 个燃气电站,出售给了关联企业 Allegheny 能源公司,该交易市场估计比公允价值约高出 3 亿—5 亿美元。

2001 年第二季度,安然公司将早在 1999 年底就已列为损毁资产,早就在报表中注销的总价达 4.4 亿美元的生产石油添加剂的工厂以 1.2 亿元的价格卖给了关联企业 EOTT。

(2) "巧用"SPE。

对本应纳入合并报表的 3 个 SPE,安然公司却没有进行会计核算,导致 1997—2000 年期间多计,乃至增加了 4.99 亿美元的利润,少算了数亿美元的负债;2000 年成立了 4 家 SPE,并由其认购了安然总额为 1.72 亿美元的普通股股票,而安然在未收到 SPE 公司缴纳认股资金的情况下,仍将其记录为实收资本的增加,并同时增加了公司应收款项,由此安然虚增了资产和股东权益 1.7 亿多美元。安然公司在美国境内外设立有总计达 3 000 家的 SPE,其中有 900 家位于海外的避税天堂,安然公司通过这些结构复杂的 SPE 进行相互交易,以便大量在表外融资,低估了公司负债,高估了公司利润。

(3) 创造性"运用"金融工具。

2000 年度,安然公司通过把能源产品在期货、期权市场上"金融化"获得了将近 7 亿美元的税前利润。

(二)安达信对安然的审计

1. 安达信与安然的渊源

安达信与安然公司的合作关系要从 1985 年安然公司成立之时说起。安达信除了为安然公司提供审计服务之外,还包揽了安然公司的内部审计和咨询服务。到了 20 世纪 90 年代中期,安达信更是包揽了安然的外部审计工作。到 2001 年止,安达信已经连续 16 年为安然公司提供审计服务与咨询服务,安达信 2001 年从安然公司收到的 5 200 万美元收入中有 2 700 万美元来自咨询业务。[①]

2. 安达信在安然事件中的表现

在安达信为安然公司提供外部审计服务的这 16 年里,安达信对安然公司 1997—2000 年间的财务造假置若罔闻,均出具了无保留意见的审计报告。2000 年,安达信分别为安然公司出具了财务报告审计报告和内部控制审计报告,其中财务报告审计报告是无保留意见加解释性说明段——对会计政策变更的说明,而内部控制审计报告

---

① 阳钰. 安然事件 & 安达信会计公司[J]. 时代财会,2002,(6).

则是标准的,即认为安然公司的内部控制,是能够合理保证其财务报表可靠性的。[①]然而,根据 SEC 的事后调查显示,安达信对安然公司的财务舞弊现象并非一无所知,相反,安达信已经意识到问题的严重,却在安然财务造假曝光之前并没有采取任何措施,还在安然事发后销毁了上千份安然公司的资料。

3. 安达信对安然公司审计失败

安达信对安然公司的审计,存在以下严重问题[②]:

(1) 安达信为安然公司出具的审计报告与内部控制评价报告都存在重大错报和缺陷,安然事件爆发后,安然管理当局经过与安达信协商,安然公司于 2001 年底重新向 SEC 提交了修改后的财务报告和内部控制评价报告,并在报告中明确指出 1997—2000 年间的财务报表存在重大错报。

(2) 安达信在安然事件中缺乏形式上的独立性;安然公司的雇员中不乏前安达信的员工,甚至包括了首席会计师和财务总监等高级职位,多达 100 多名,甚至在董事会中也有一半的董事与安达信有着各种直接或间接的关系。

(3) 安达信在已觉察安然公司内部控制存在重大缺陷,以及会计报表存在重大错报时,未采取及时的改正措施。美国监管部门的调查显示,安达信在安然财务造假被媒体披露前就已觉察到安然公司会计报表存在重大错报,非但未及时向有关监管部门报告或采取纠正行动,并且在美国证监会已经宣布要对安然公司舞弊进行调查后,销毁了审计工作底稿。

4. 安达信审计失败的后果

(1) SEC 处罚事务所和个人。

安然事件中审计人员所受到的处罚如表 3 所示。

表 3 CPA 受到的处罚

CPA	职 位	处 罚
David B. Duncan	global partner for Andersen's audits of Enron from 1997 until December 2001	2008 年 1 月 29 日被实施永久禁令,不得从事会计执业
Michael Odom	Practice Director at Andersen for the Gulf Coast Region	2008 年 1 月 28 日被暂停执业两年
Michael Lowther	Concurring review partner for the Enron audits	2008 年 1 月 28 日被暂停执业两年

---

① 葛家澍,黄世忠.安然事件的反思——对安然公司会计审计问题的剖析[J].会计研究,2002,(2).
② 葛家澍,黄世忠.安然事件的反思——对安然公司会计审计问题的剖析[J].会计研究,2002,(2).

(2) 民事诉讼赔偿。

2002年8月27日,安达信环球与安然股东和雇员达成协议,同意支付6 000万美元以解决由安然破产案所引发的法律诉讼。但安达信美国就没有那么幸运了,作为安然的外部审计师,它仍然是这起集体诉讼的被告之一。

(3) 刑事处罚。

2002年6月15日,安达信被法院认定犯有阻碍政府调查安然破产案的罪行。2002年10月16日,美国休斯敦联邦地区法院对安达信妨碍司法调查作出判决,罚款50万美元,并禁止它在5年内从事业务,此次裁决使安达信成为美国历史上第一家被判"有罪"的大型会计行。

在安达信退出审计行业的3年后,美国最高法院认为先前认定安达信妨碍司法公正的判决缺乏充分证据,作出了推翻判决的决定。2005年12月5日,美司法部放弃了对安达信的诉讼。这一决定使安达信负责安然审计的David B. Duncan可能免除牢狱之灾。虽然这个最终裁定的现实意义只限于给安达信的"冤假错案"还一个清白,但市场已经抛弃了安达信。[1]

三、安达信对世界通信公司的审计失败

(一) 世界通信公司

1. 世界通信公司简介

世界通信公司是一家成立于1983年的美国通信公司,2003年因财务舞弊案件破产。2002年7月21日,世界通信公司申请破产保护时,申报的账面资产总额高达1 070亿美元,成为美国有史以来最大的破产案。

2. 世界通信公司的舞弊手段

世界通信公司与安然的做法在很多方面如出一辙:同样是做假账,同样是巨额债务压榨融资困难,同样是CFO违规操作,同样是CEO事发前不久辞职,同样也是由安达信做审计。安然事发后,世界通信公司想以主动承认舞弊的方法来摆脱破产的命运,但其所做的补救不过是杯水车薪,无法挽救其破产的命运。

SEC和美国司法部门查明世界通信公司利用以前年度计提的各种准备金如递延

---

[1] 葛家澍,黄世忠.安然事件的反思——对安然公司会计审计问题的剖析[J].会计研究,2002,(2).

所得税、预提费用、坏账准备等冲销成本，虚报利润高达 16.35 亿美元，如表 4、表 5 所示。①

表 4　冲销合并分录 1　　　　　　　　　　　　　　　　　　单位：百万美元

会计分录	2000 年 3 季度	2000 年 4 季度	2001 年 3 季度
借：各种准备金科目	828	407	400
贷：线路成本	828	407	400

表 5　冲销合并分录 2　　　　　　　　　　　　　　　　　　单位：百万美元

会计分录	2001 年 1 季	2001 年 2 季	2001 年 3 季	2001 年 4 季	2002 年 1 季
借：固定资产	771	560	762	941	818
贷：线路成本	771	560	762	941	818

世界通信公司利用预付容量这个借口，让其下属分支机构将之前已经确认的成本转化到固定资产资本支出等账户中，这就达到世界通信公司想要冲回线路成本以及夸大资本支出的目的；而世界通信公司利用该手段夸大的成本达到了 38.52 亿美元这一惊人数字。②

世界通信公司在收购 MCI 时，利用创造性并购会计的手法，将收购价格胡乱地分摊至未完工研究开发支出，此举导致其商誉被严重低估，如图 1 所示③。

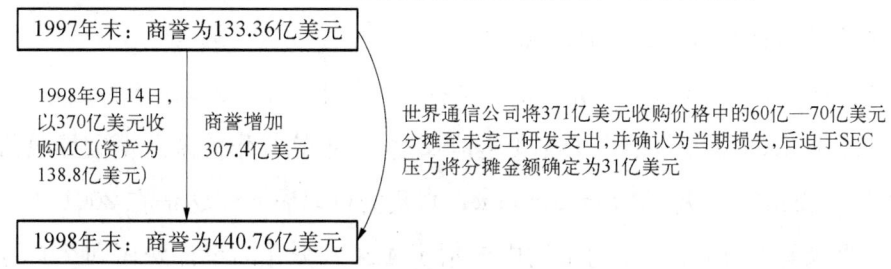

图 1　世界通信公司低估商誉

世界通信公司一方面通过确认 31 亿美元的未完工研发支出压低商誉，另一方面通过计提 34 亿美元的固定资产减值准备虚增未来期间的利润，如图 2 所示④。

---

① 黄世忠.安达信对世界通信公司审计失败原因剖析[J].中国注册会计师,2003,(6).
② 黄世忠.安达信对世界通信公司审计失败原因剖析[J].中国注册会计师,2003,(6).
③ 黄世忠.安达信对世界通信公司审计失败原因剖析[J].中国注册会计师,2003,(6).
④ 黄世忠.安达信对世界通信公司审计失败原因剖析[J].中国注册会计师,2003,(6).

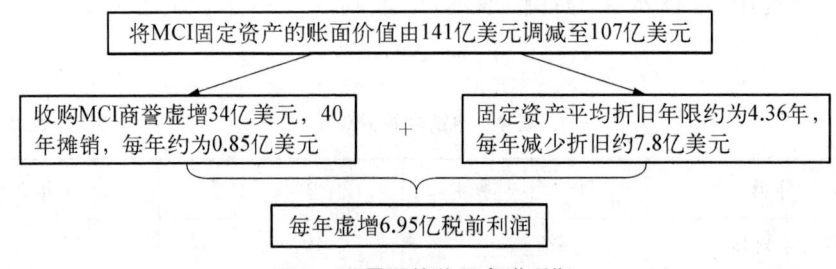

图 2　世界通信公司虚增利润

世界通信公司的高层直言不讳地表示,由于 142 号会计准则不再要求对商誉及其他没有明确使用期限的无形资产进行摊销,世界通信公司每年可减少 13 亿美元的摊销费用,如图 3 所示①。

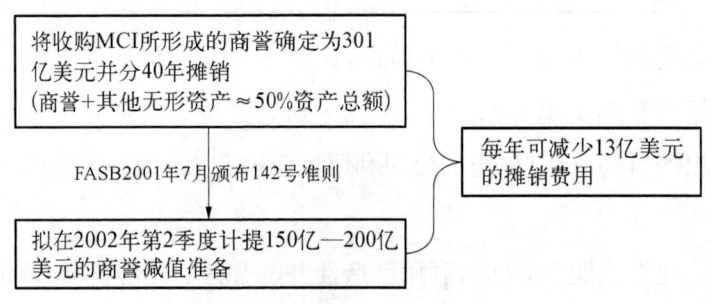

图 3　世界通信公司巨额冲销

(二) 安达信对世界通信公司的审计

1. 安达信与世界通信公司的渊源

安达信从 1989 年开始为世界通信公司提供审计服务,直到安然事件爆发后,世界通信公司才于 2002 年 5 月结束了与安达信长达 13 年的合作关系。据世界通信公司提供的"征集投票权声明"(Proxy Statement),我们可以看到安达信在 2001 年向世界通信公司收取的 1 680 万美元的费用中包括了 440 万美元的审计费用和 760 万美元的税务咨询费用以及其他各项费用 480 万美元②。

2. 安达信在世界通信公司事件中的表现

安达信事后向美国司法部门及 SEC 提供的工作底稿中明确地将世界通信公司评定为最高等级审计风险的客户,然而安达信却一直为世界通信公司出具无保留意见的审计报告。这表明即使安达信已经意识到了世界通信公司的财务问题却熟视无睹。

---

① 黄世忠.安达信对世界通信公司审计失败原因剖析[J].中国注册会计师,2003,(6).
② 黄世忠.安达信对世界通信公司审计失败原因剖析[J].中国注册会计师,2003,(6).

3. 安达信对世界通信公司的审计失败

安达信对世界通信公司的审计失败,主要有以下3个方面:

(1) 安达信在10多年中既为世界通信公司提供审计服务,也向其提供费用不菲的咨询服务。

(2) 在安达信提供的审计工作底稿中明确地指出了世界通信公司因其指定的过于激进的收入和盈利目标而将其标为最高等级风险客户,然而安达信明明已经意识到世界通信公司有粉饰报表和财务舞弊的动机,却依然没有保持着其应有的职业审慎和怀疑,实在是令人匪夷所思。

(3) 安达信编制审计计划前没有对世界通信公司的会计程序进行充分了解;安达信没有获取世界通信公司通过转回准备金以冲销线路成本的直接证据,而是过分依赖管理当局的声明;安达信没有获取世界通信公司将38.52亿美元的线路成本由经营费用转入"厂场、设备和财产"的直接证据,以至于未能发现世界通信公司的财务舞弊。

4. 安达信审计失败的后果

世界通信公司事件中审计人员所受到的处罚如表6所示。

表6 CPA受到的处罚

CPA	职 位	处 罚
Kenneth M. Avery	Engagement partner (September 1998), audit partner (September 2001)	2008年4月14日,暂停执业3年,后可申请恢复
Melvin Dick	Partner (1987—2002)	2008年4月14日,暂停执业3年,后可申请恢复

2005年4月,为了应对世界通信公司投资者的集体诉讼,安达信与美国纽约州共同退休基金唯一受托人和法院指定的首席原告,同时也是美国纽约州会计检察官Alan G. Hevesi达成如下赔偿协议:

安达信将支付6 500万美元的现金以及由第三方保管的账户的资金。Alan G. Hevesi表示针对安达信的诉讼不会停止,除非原告律师收到以上的款项;集体诉讼的原告将获得安达信1 700名合伙人在履行其他赔款后得到的任何资金的20%;如果安达信在任何其他诉讼赔款中,赔款超过6 500万美元,则本案的世界通信公司集体原告有权获得追加的份额。[①]

---

① 李寿喜.21世纪国内外上市公司重大舞弊案例研究——为什么一流的企业和人才会舞弊[M].北京:中国时代经济出版社,2014:104.

四、安达信的解体

(一) 安达信审计客户流失

2002年1月,安然宣布中断与安达信的关系,接着又有太阳信托银行等企业接连取消合同。2002年3月1日,安达信的大客户默克制药公司解除与安达信的合同,改聘普华永道为其审计单位,为此,安达信将损失420万美元的年审计费和210万美元的服务费。同年3月6日,安达信的另一家大客户美国联邦住房贷款抵押公司也宣布与安达信终止合作,改选普华永道公司,从而使安达信又失去110万美元的审计费和580万美元的咨询费收入。同年3月7日,美国第三大航空企业德尔塔航空公司亦宣布聘用德勤公司作为其外部审计机构,取代已有50多年合作关系的安达信公司。[1]

(二) 事务所解体

注册在瑞士的安达信环球(Andersen World Wide)集团是安达信全球范围内所有业务的母公司。行政总部设在芝加哥的安达信美国成员所通过一系列复杂的法律协议安排,和世界各地的安达信成员所建立了复杂的"合伙"关系,并通过这种精密安排,和世界各地的成员所共享资源、分配利润、承担风险。安达信的赔偿责任主要落在美国所和美国合伙人的身上,其他地区的业务虽有波及,但相比之下损失应该非常小。

2002年3月21日安达信(香港)和安达信(中国)宣布加盟普华永道,安达信被拆掉第一块砖。紧接着安达信(俄罗斯)宣布并入安永;安达信(新西兰)也宣布并入安永;安达信(加拿大)宣布与普华永道进行合并谈判;安达信(西班牙)也宣布脱离全球体系。安达信(新加坡)、安达信(菲律宾)、安达信(台湾)的业务并入安永;安达信(日本)和安达信(泰国)等并入毕马威。[2]

(执笔人:闵继庆,指导老师:李寿喜)

---

[1] 安达信,无信之死,http://www.xuebuyuan.com/1094414.html.
[2] 任明川.安达信的猝死及其教训[J].财务与会计,2003,(4).

青鸟华光公司财务舞弊案例

适用课程： 审计理论与实务

选用课程： 审计理论与实务

编写目的： 本案例旨在通过分析青鸟华光公司的财务舞弊行为，介绍一些关于财务舞弊的手段，引导大家了解识别财务舞弊的方法，帮助投资者避免误入公司制造的陷阱。

知 识 点： 财务舞弊的手段　识别财务舞弊

关 键 词： 财务舞弊　实际控制人　关联交易

案例摘要： 本案例分析了青鸟华光公司的财务舞弊行为：隐瞒关联方交易致虚增利润，通过关联方交易虚增收入，未按规定披露实际控制人。青鸟华光公司此次的财务舞弊行为主要目的是为了改善业绩、避免退市。如何对此类财务舞弊行为进行识别，避免陷入这些财务舞弊的陷阱，将影响投资人的投资行为和选择。

一、案例背景

2000年6月，华光科技转让28.7%的法人股给北大青鸟集团(北大青鸟集团是青鸟天桥、北大青鸟等上市公司的实际控制人)。此后，华光科技更名为潍坊北大青鸟华光科技股份有限公司(以下称为"青鸟华光")。

二、股权变化

2006年12月，北大青鸟集团将其所持的青鸟天桥和青鸟华光的股份受让给北京东方国兴建筑设计有限公司(以下称为"东方国兴")。

东方国兴 2007 年 11 月设立了一家新公司——北京东方国兴科技发展有限公司(以下称为"东方科技")。2008 年,东方国兴和青鸟天桥分别将自己持有的青鸟华光股份转让给东方科技。东方科技成为青鸟华光的第一大股东。

2009—2010 年,东方科技虽有所减持青鸟华光的股份,但仍然保持控股股东地位。

三、青鸟华光财务舞弊的手段

青鸟华光上市之初,历史辉煌,前景光明,但是在 2006 年 4 月 25 日—2013 年 3 月 7 日,公司被交易所特别处理,列为 ST 华光或 *ST 华光。为了扭亏,青鸟华光实施了以下的财务舞弊手段。

(一)通过关联方交易虚构股权转让

青鸟华光 2012 年在经营情况没有发生实质性好转的情况下产生较大的盈利,疑点重重。

2012 年 11 月,青鸟华光向盛世新天股权投资有限公司(以下称为"盛世新天")出售一家公司,因为此笔股权转让业务,*ST 华光当年实现盈利,避免了暂停上市风险警示处理[①]。在以上的股权转让中,北京华光的账面净资产为 −2 312.62 万元,评估值 −2 022.19 万元。该公司从 2009 年起就已停产,员工早已被遣散,但盛世新天花费近 2 000 万元购买该部分股权,因此,此次交易引起众多质疑。

质疑认为,*ST 华光的控股股东是北大青鸟,而盛世新天的高管梁三明和陈国峰均为北大青鸟员工,因此,盛世新天与北大青鸟存在关联关系。不过,青鸟华光不承认公司存在关联交易[②]。

另外,北京四海华澳贸易有限公司(以下称为"四海华澳")是沈阳盛华的投资方,沈阳盛华又投资了盛世新天的投资方,即,四海华澳同时是北大青鸟和盛世新天的投资方。这也显示盛世新天与北大青鸟存在关联关系。

很显然,青鸟华光利用了关联方交易达成了股权转让,目的就是通过自己和自己

---

① 汪文品.证监会开罚单,青鸟华光"旧账"遭曝光[N].上海证券报,2015-06-11.
② 赵雪.青鸟系左手倒右手,青鸟华光或隐瞒关联交易[N].经济导报,2013-09-02.

交易获得账面收益,从而增加报表的净利润,改变持续亏损的局面,避免被继续 ST。此后的一些证据也揭示了它们之间确实存在关联关系。

(二)通过关联方交易虚构营业收入

2009—2012 年,青鸟华光的营业成本逐年降低。但公司的营业收入也在同时下降,而且下降的速度更快,在 2012 年,公司的营业收入突然上升,增长率达到 54.14%。其营业总收入和营业总成本变化见图 1。

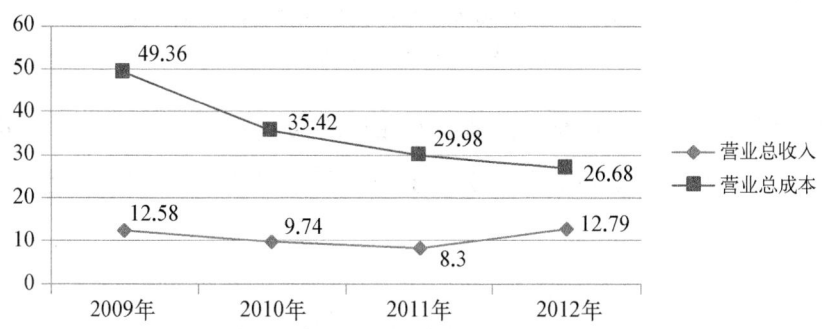

图 1　青鸟华光营业总收入和营业总成本变化情况(单位:百万元)
数据来源:青鸟华光 2009—2012 年年报

进一步比较 2012 年 4 个季度数据发现,2012 年的 3、4 季度,青鸟华光的收入与成本不配比的程度逐渐变大,第 4 季度的营业总收入明显增长,同时营业总成本明显下降。青鸟华光的业务无季节性影响。其收入的增加是从 2012 年的 3 季度开始的,见图 2 和图 3。

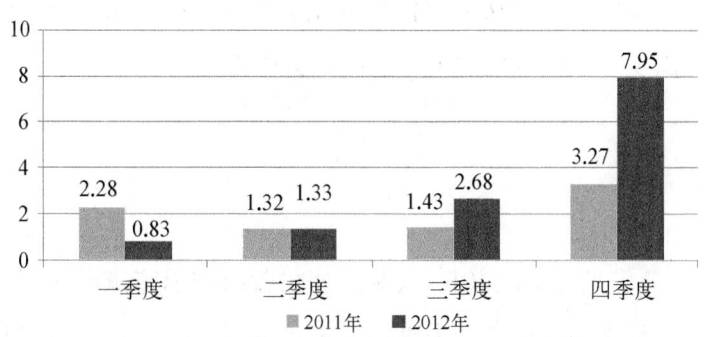

图 2　青鸟华光 2011 年和 2012 年营业收入比较(单位:百万元)
数据来源:青鸟华光 2012 年年报

青鸟华光 2012 年营业收主要来源于一家叫作华光通信的子公司的产品销售业务。

相关销售业务中,华光通信没有实际发出货物,而且先收款后付款,这些反常的

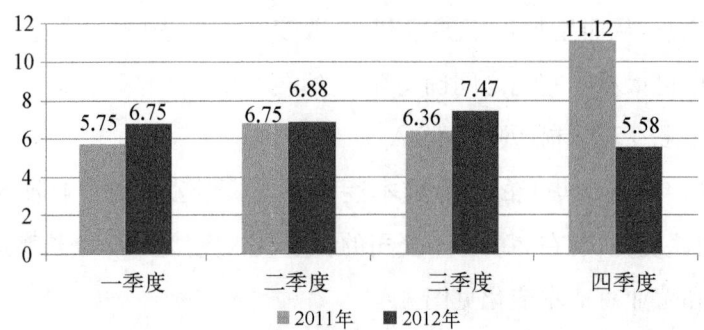

图3 青鸟华光2011年和2012年营业成本比较(单位：百万元)

数据来源：青鸟华光2012年年报

行为很可疑,构成虚构销售业务。青鸟华光通过虚构收入避免公司的财务状况进一步恶化,在2012年的第4季度把利润提升上去,避免了股票被继续实施退市风险警示处理[①]。

四、关联方交易与未按规定披露实际控制人的关系

2008—2012年间,北大青鸟有3名雇员投资东方科技,而东方科技一直是青鸟华光的第一大股东,而且有4人同时在青鸟华光和北大青鸟任高管。

可见北大青鸟和青鸟华光的关联关系之深,你中有我,我中有你。没有直接股权关系的北大青鸟通过委任董事、控制资金等方式参与青鸟华光的重大决策。而直接持股的大股东——东方科技却从未向青鸟华光推荐或派驻董事,不参与管理。所以,青鸟华光没有披露实际控制人的目的是想掩盖关联方交易。

五、评述

本案例中,青鸟华光为了改善业绩、避免公司股票被退市进行了财务舞弊。青鸟华光通过关联方交易虚构股权转让和虚构销售行为,同时,一直刻意隐瞒关联方的存在,从未在任何年度报告中披露过早已存在的关联各方。

对投资者来说,在财务舞弊被爆出后再调整投资策略已为时已晚,最重要的是在此之前关注其是否存在财务舞弊的动机,进而关注其是否存在舞弊。因此,如何能够

---

① 汪文品.证监会开罚单,青鸟华光"旧账"遭曝光[N].上海证券报,2015-06-11.

在早期识别一家企业的舞弊动机非常关键。

六、问题讨论

(1) 企业进行财务舞弊的可能的动机有哪些?

(2) 财务舞弊的手段有哪些?

(3) 关联方通常通过哪些业务影响企业的利润?

参考文献

[1] 北大青鸟集团官网[EB/OL]. http://www.brbdqn.com/about.php?cid=2.

[2] 青鸟华光官网[EB/OL]. http://www.hg.com.cn/company/sub2_qnhg.htm,青鸟华光2007—2012年年报.

[3] 汪文品.证监会开罚单,青鸟华光"旧账"遭曝光[N].上海证券报,2015-06-11.

[4] 赵雪.青鸟系左手倒右手,青鸟华光或隐瞒关联交易[N].经济导报,2013-09-02.

(执笔人:虞春丹,指导老师:陈溪)

企业并购

QIYE BINGGOU

天使还是魔鬼？别让对赌协议忽悠了自己

适用课程： 企业并购　金融市场与金融工具　风险管理

编写目的： 本案例旨在引导学生了解对赌协议的风险。通过本案例，一方面，学生可以了解对赌协议的基本概念及具体应用；另一方面，学生基于案例材料，应该认识到对赌协议的风险并探讨规避对赌风险的对策。

知 识 点： 对赌协议机制　对赌协议风险

关 键 词： 对赌协议　企业并购　风险控制

案例摘要： 碧桂园公司在2007年于香港成功上市，并与国际投行美林集团在2008年2月签订对赌协议。本案例通过描述碧桂园与美林国际签订对赌协议的始末，引导学生了解对赌协议的应用，并认识对赌协议可能带来的风险。

对赌协议主要用于企业并购，主要功能是防范风险。随着企业对对赌协议的运用与实践，不管是学术界还是理论界，都对对赌协议这个工具产生了疑惑。那么企业运用对赌协议会引起什么风险或者获得什么收益？企业在并购时使用对赌协议能否有效地实现风险管理？

一、协议双方介绍

(一) 碧桂园概况

1. 碧桂园简介

碧桂园成立于1992年，是综合性的房地产企业，总部地处广东市的顺德，主要经营范围包括房地产业、建筑业、装修以及酒店开发,主要开发一线城市的近郊地区或二、三线城市的城区。

碧桂园是由杨国强创建的,他以建筑起家,紧接着就由建筑商转型为房地产商,与此同时他还积极参与学校的建设,成立了广东碧桂园学校,引发社会关注,从而增强了碧桂园的知名度。从此楼盘+名校的模式也成为房地产行业的新模式。1994—1998年碧桂园先后建立车队、酒店、物业等项目。1999年碧桂园走出顺德,走向广东,此后完成广东碧桂园、碧桂园—凤凰城等项目。2004年碧桂园继续扩张,走向珠三角地区,完成一年建成多个碧桂园的目标。2005—2006年,碧桂园涉足度假村项目,如碧桂园假日半岛项目、碧桂园威尼斯城项目等。2007年,碧桂园公司终于成功在香港上市,它上市当天收盘价极高,市值一度高达1 189亿港元,成为地产行业的黑马,从此走入大众视线。2008年,碧桂园继续高速扩张,深入黑龙江、辽宁、内蒙古、重庆、安徽、湖北、江苏等区域,全年开盘23个。2008—2009年金融海啸来临,碧桂园遭受重创,企业提出"品质之年"的定位,为接下来的二次创业蓄力。2010年7月22日,莫斌担任公司总裁及执行董事,杨国强的"一言堂"时代已成过去。

碧桂园于2006年11月成立于开曼群岛,碧桂园在募集外资投资前后的股权构架如图1所示。

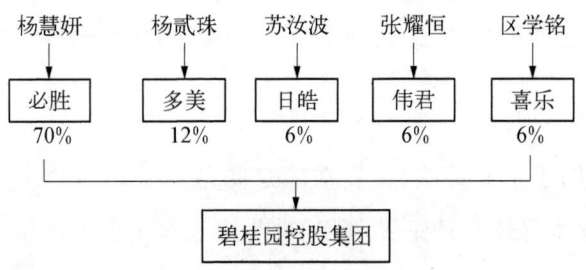

图1 碧桂园私募前股权结构

2. 碧桂园的财务状况

表1和表2列示了碧桂园2005—2008年上半年的财务状况①。

(二)美林集团概况

总部位于美国纽约的美林集团是著名的证券零售商、投资银行,主要业务包含投资银行的各个方面:债券、股票承销、二级市场经纪、融资咨询以及财务顾问等。

---

① 数据来源于碧桂园2005—2008年财务年报。

表1 碧桂园签订对赌协议前的经营、收益规模　　　　　　单位：亿元

财务情况＼报告期	2008-06-30	2007-12-31	2006-12-31	2005-12-31
销售收入	157.127 9	177.350 11	79.409 37	51.914 85
净利润	14.150 15	42.037 41	16.724 79	5.895 13
总资产	214.857 40	386.340 15	153.113 67	140.267 16

表2 碧桂园发行债券前后资本结构表　　　　　　单位：%

资本结构＼报告期	2008-06-30	2007-12-31	2006-12-31	2005-12-31
资产负债率	56.14	49.79	90.36	83.45
产权比率	127.97	99.15	937.80	504.12
净资产收益率	5.60	7.44	113.36	25.39

二、对赌协议签订背景

碧桂园于2007年4月上市,其后股价飞速上涨,各项财务指标都呈现利好态势,因此,公司管理层乐观估计公司未来的发展将会有所飞跃。公司董事长杨国强曾在一场演讲中表示了他对公司发展的乐观态度,他说:"碧桂园在上市以后的发展速度非常快,2008年我公司项目将达到1 000万平方米,2009年扩大至2 000万平方米。"

从表1和表2可以看出,碧桂园2005—2007年销售收入与净利润、净资产,都呈现高增长,尤其是2007年这一年的增长率陡增。从碧桂园2007年4月上市之初到2007年年底,其股价一直在增长,在2007年10月一度涨至14港元/股左右。因此管理层看好自己公司的长期绩效,认为公司股价被市场低估。

2005年之后,房地产行业迎来发展高潮期,碧桂园也趁着这股发展的热潮,积极扩张,寻找发展机会,其经营规模得到极大的发展。但是资金紧张的危机也悄悄来临。虽然碧桂园在刚上市时,融到过大笔的资金,但是资金量与其发展速度远远不匹配,其资金链面临很大的压力。由于当年房地产行业发展态势良好,因此碧桂园对未来的融资状况持乐观态度,继续积极扩张。但是资本市场的变化常常使企业措手不及,公司计划发行的15亿美元债券受2007年底金融危机的影响,融资不顺,资金链紧张,情况愈加危急,这致使碧桂园让出部分利益,向投资者承诺约10%的高收益率,而自顾不暇的投资者们仍未接受。至此,碧桂园的融资暂时搁浅。

2008年初,碧桂园在中银香港的一笔18.3亿港元的债务即将到期,资金周转出现问题,因此决定接受美林集团的投资,签署了对赌协议。

2008年2月15日,碧桂园正式发行可转债券并对外融资。其后以19.5亿港元为抵押品,与美林国际签署以现金结算的股份掉期协议,并且表示未来将回购。但如果公司不回购该批债券,公司的股份公众流通量将达到16.86%,而享受豁免权以后的政策要求为碧桂园的股份公众流通量低于15%(一般上市公司的股份公众流通量应高于25%)。若碧桂园公司在日后回购这批债券并将其换成股份,到时候就可以减少股份摊薄带来的损失。而碧桂园之所以签订这份对赌协议,便是希望将来公司能够锁定回购成本。

碧桂园与美林签这份股份掉期协议,一方面是吸引投资方,另一方面是为缓解资金链压力。当然,碧桂园也会考虑到协议将会带给公司的利益,即对冲股价上涨风险、锁定回购价格以及满足公众持股比例需要等。

三、对赌协议内容

2008年2月,碧桂园与美林国际签署对赌协议[①]。

对赌期限:对赌协议期限为2008—2013年。

融资方式:2008年2月15日,碧桂园向新加坡发行可转换债券,合计约38.99亿元人民币,转股价为9.05港元,票面利率为2.5%,实际利率为6.2%。并与美林集团签订一份用现金结算的公司股价掉期协议。

对赌内容:若合约到期日碧桂园股价大于6.82港元/股,则美林集团向碧桂园支付差价;若合约到期日碧桂园股价小于6.82港元/股,则美林集团向碧桂园收取差价。

四、对赌结果

2008年房地产行业也受到金融海啸影响,当年中国房地产成交量大幅度下降,国家统计局统计数据显示,2008年全国商品住宅销售面积比2007年下降了20.3%,销售额比2007年下降了20.1%,各季度成交金额的同比变化幅度依次为:5.2%、−4.9%、−33.9%和−26.0%。

---

① 数据来源于港交所2008年2月碧桂园公告。

2008年由于国家出台相关政策措施,防止房地产业过度发展,此时的房地产业面临较大危机,行业的整体股价都呈下降的势头。碧桂园股价不可避免地进一步下跌。碧桂园拥有大量的土地储备,但是它的土地储备大多是在三、四线城市。在2008年房地产行业大调整中,位于城市中心的地产项目并未受到大冲击,郊区的房地产项目遭受的影响却很大,可以说是重灾区。碧桂园的广州凤凰城项目首当其冲,出售价格最低是4 000元/平方米,远低于原本的6 000元/平方米。

碧桂园在签订了对赌协议之后不久出现了大亏损,面对不断下跌的股价,以及囤地风波、裁员丑闻,许多元老再也无法承受风险压力,纷纷减持了股份。

这接二连三的打击必定会降低投资机构对碧桂园公司的估值,虽然碧桂园在2007年4月上市之初,公司市值达到顶峰,股价达约14港元/股。但是接下来它的股价却一直下降。直至2008年港股熊市到来,到2008年10月碧桂园的股价甚至曾跌至1港元/股。2009—2011年一直在2—4港元/股的区间调整,具体如图2所示。

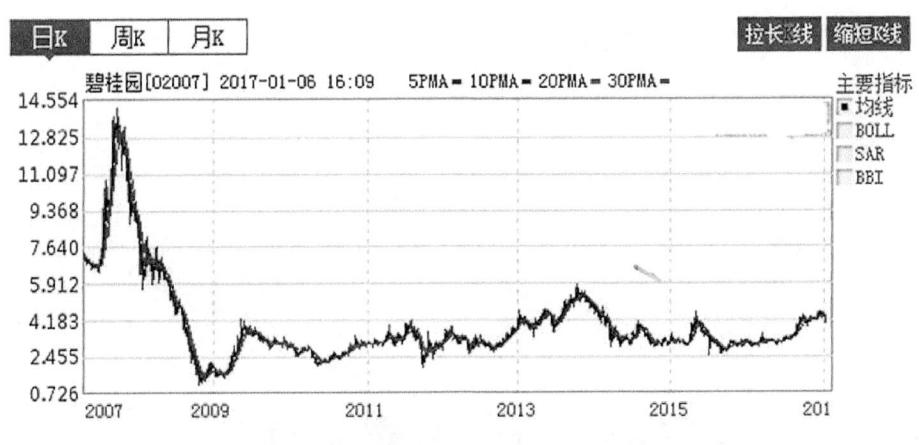

图2　碧桂园2007—2015年股价日K图

资料来源:东方财富网

最终碧桂园股价低于对赌协议约定的6.82港元/股,碧桂园与美林的对赌协议失败,碧桂园需要用现金支付现股价与6.82港元/股之间的差额。碧桂园忽视其盈利能力下降的可能,其融资前3年和之后半年的资本结构如表2所示,2007年其净资产收益率陡降,并在2008年持续走低,可见公司的盈利能力下降得很快。以2008年12月31日的收市价计算,碧桂园因为对赌失败需要支付美林12.415亿元人民币,拉低了当年碧桂园公司的净利润。2008年碧桂园净利润为13.78亿元人民币,而前一年,碧桂园的净利润高达42亿元人民币。

2011年1月,碧桂园因考虑到如约履行支付差额的责任将对公司造成极大的不利影响,与美林协商,并达成修订对赌协议的约定,协议中增加碧桂园有权提前终止协议的条款。但是由碧桂园股价走势来看,提前终止协议只是降低了损失,早前因金融危机和房地产调整的双重重压,已使公司遇到危机,碧桂园对赌失败造成的这笔现金流的流失以及失败的赔偿,不仅损失了一大笔现金,而且损伤了资金链,对公司而言无疑是雪上加霜。

对碧桂园而言,对赌协议到底是天使还是魔鬼?抑或何时展现天使的微笑,何时露出魔鬼的狰狞?

(执笔人:朱安娜,指导老师:徐宗宇)

蛇吞象：吞得下，吃得消吗？
——吉利并购沃尔沃的并购风险研究

适用课程： 企业并购　财务管理理论与实务

编写目的： 通过本案例的学习和讨论，帮助学生了解企业并购的动因以及并购的风险，引发学生的思考。

知 识 点： 跨国并购　并购风险

关 键 词： 跨国并购　并购风险

案例摘要： 在经济全球化的背景下，企业纷纷通过并购来整合扩大规模，提升竞争力，应对国际化风险。那么，如何选择并购对象，以什么样的方式并购会降低并购风险、提高并购成功率呢？通过选取相对比较成功的吉利并购沃尔沃这一案例，本案例先分析了并购双方企业的背景和运作的具体情况，之后详细介绍了此次并购所面临的宏观大环境和财务融资方案，希望学生可以通过本案例了解吉利并购沃尔沃的大致情况，分析其并购所面临的并购风险并根据材料和所学知识给出相应的意见与建议。

2010年8月2日，吉利控股集团正式完成对福特汽车公司旗下沃尔沃轿车公司的全部股权收购，至此，这场中国汽车行业最大规模的一次海外并购画上了一个圆满的句号。

一、公司简介

（一）吉利控股集团

浙江吉利控股集团有限公司于1986年在浙江省杭州市成立，是一家民营企业，自

1997年开始进入我国轿车领域。在成立后的30多年里,吉利控股集团有限公司不断成长,从各个方面不断提高企业的竞争力,尤其不断提高企业在研究开发方面的自主创新能力以及不断完善企业经营模式,让吉利有了较大程度的发展。截至目前,其资产总值已经超过140亿元,连续6年获选中国500强企业,连续10年跻身中国汽车行业十强,同时被评为首批国家"创新型企业"和首批"国家汽车整车出口基地企业",是"中国汽车工业50年发展速度最快、成长最好"的企业,跻身中国国内汽车制造企业"3+6"主流格局。

(二) 沃尔沃汽车公司

作为瑞典最大的工业企业集团的沃尔沃汽车公司于1924年在瑞典创立,历史悠久,不仅位列世界汽车行业前二十,同时高居欧洲北部汽车领域榜首。沃尔沃汽车的技术研发能力作为秘密武器是沃尔沃的核心竞争力,凭借其优秀的研发能力,沃尔沃汽车有着出色的安全性能,深受市场喜欢,早在1937年,沃尔沃汽车公司的年产量已达一万辆。截至目前,沃尔沃汽车已经出口到世界上100多个国家的地区。然而由于经营不善,1999年,沃尔沃集团将旗下的沃尔沃轿车业务出售给美国福特公司,2008年由于金融危机等多种因素影响,美国福特公司准备出售沃尔沃,2010年,吉利控股集团完成了对沃尔沃轿车业务的整体收购。

二、并购背景介绍

1999年,福特公司以65亿美元的高价收购了沃尔沃汽车,但是高价并没有换来高额的利润,反而是巨大的亏损。自2005年开始,沃尔沃一直在不断亏损,2006年更是创下了亏损纪录。在全球金融危机来临之时,福特终于决定放弃沃尔沃汽车,以加大度过金融危机的胜算。2008年,吉利控股集团根据洛希尔企业价值估值办法估算出的结果,提出申报并购沃尔沃的并购金额为15亿—20亿美元,并在最后用18亿美元成功收购了沃尔沃。

三、并购支付方式及融资方案

(一) 支付环境

吉利并购沃尔沃双方约定价格为18亿美元,虽然远不及当年福特的收购价格,但对于吉利来说,这依旧是一笔巨款。根据吉利公司出具的 2009 年年报,其总收入为 140.7 亿元人民币,利润为 11.8 亿元人民币。18 亿美元的支付价格无疑是一笔大数目。在之后的并购中,吉利的全资子公司吉利凯盛共支付了 7.61 亿美元的现金,其他部分通过银行融资、地方支付融资等方式获取。

(二) 融资环境

在吉利收购沃尔沃的过程中,能否及时取得收购所需的资金至关重要。除了吉利的全资子公司吉利凯盛支付 7.61 亿美元的现金外,其余部分的大多是债务融资。而根据 2008—2011 年吉利公司披露出的财务数据来看,其财务杠杆系数总体呈现出下降趋势,造成这一现象的主要原因是由于利息支出占息税前利润比例下降造成的。而这种下降主要是由于吉利得到当地政府的大力支持,免收利息或者只收取较少的利息。而从流动比率、资产负债率等来看,流动比率低于 1.5,资产负债率维持在 60% 以上的水平,这会影响吉利的短期负债率。

(三) 融资方案

在本次并购中,18 亿美元仅仅是并购本身所需的资金,并购后,吉利还需要大约 9 亿美元的运营资金用于支持并购后的经营整合,因而为了本次并购吉利至少要准备 27 亿美元。这对吉利来说,是一笔很大的资金。根据 2009 年吉利控股集团财报所提供的数据来看,整个集团当年的利润额为 11.8 亿元人民币,远远无法满足并购资金的需要,在这种情况下,吉利选择通过融资来完成本次并购。

吉利主要通过国内和境外两个途径获取融资。国内主要有 3 个方面:第一,依靠自己的自有资金。2009 年 9 月,吉利汽车出资 7.61 亿美元成立了吉利凯盛国际投资有限公司,专门用于此次并购的融资。第二,吉利积极向国内银行系统寻求支持,其中中国银行浙江分行和伦敦分行为吉利提供 5 年期近 10 亿美元的贷款。第三,为了获取更多的资金,吉利积极地与地方政府进行接触,将融资与在地方设厂结合起来。其中大庆国有资产管理公司为了换取吉利在当地设厂生产出资了 30 亿元人民币;国家开发银行成都分行与成都银行在成都市政府的指示下,分别为吉利提供 20 亿元和 10 亿元人民币的低息贷款;国有企业上海嘉尔沃股份有限公司也出资 10 亿元人民币支持吉利并购沃尔沃。从境外途径来讲,2009 年 9 月吉利通过向美国高盛出售可转换债券和认股权证,筹得资金 25.86 亿港元(约合 3.8 亿美元);美国福特公司也给吉利提供了 2 亿美元的卖方融资。在欧洲,吉利获得了瑞典、比利时等国家的担保低息贷款。

四、并购前后财务指标

吉利汽车公司在 2010 年成功并购了沃尔沃,其财务状况、经营成果等都发生了变化,为了进一步分析,本案例选取了吉利汽车 2008—2012 年 5 年的财务数据,表 1、表 2 为其资产负债和损益情况[①]。

表 1 2008—2012 年吉利汽车资产负债表   单位:百万元

报 告 期	2008	2009	2010	2011	2012
非流动资产	5 029.61	6 578.95	8 290.01	10 590.72	11 524.87
流动资产	5 099.60	12 212.28	15 684.33	17 006.04	19 854.95
流动负债	5 262.17	8 902.09	11 778.33	14 984.76	16 693.12
非流动负债	94.81	2 796.24	3 118.34	2 461.88	1 482.69
少数股东权益	583.37	720.48	1 055.80	567.92	317.37
净资产	4 772.23	7 092.38	9 077.68	10 150.12	13 204.02
股东权益	4 188.86	6 371.89	8 021.88	9 582.20	12 886.66
无形资产	655.75	1 069.05	1 448.59	2 221.75	2 814.50
应收账款	654.11	738.02	1 450.07	1 718.44	2 573.06
存货	485.62	640.13	986.60	1 357.51	1 822.29
现金及银行结余	887.50	4 495.52	4 393.07	3 030.39	4 188.86
应付账款	1 170.31	2 500.75	5 348.14	6 381.25	8 803.93
总资产	10 129.21	18 791.21	23 974.34	27 596.76	31 379.83
总负债	5 356.98	11 698.83	14 898.67	17 446.64	18 175.80

表 2 2008—2012 年吉利汽车利润表

报 告 期	2008	2009	2010	2011	2012
营业额(百万元)	4 279.85	14 061.01	20 099.39	20 964.93	24 627.91
除税前盈利(百万元)	915.95	1 549.55	1 900.32	2 183.21	2 529.08
税项(百万元)	−51.76	−231.30	−350.61	−467.36	−479.29
除税后盈利(百万元)	864.20	1 318.26	1 549.71	1 715.85	2 049.79

① 所有数据均来自吉利汽车对外公布的财务报告,由于 2008 年、2009 年两年财务报告的币种为港币,因而表 1、表 2 中的数据做了二次整理,2008 年、2009 年的数据为财务报告披露的港币乘以财年底的人民币兑港币汇率。

(续表)

报告期	2008	2009	2010	2011	2012
少数股东权益(百万元)	−12.97	136.21	181.27	172.41	9.82
股东应占盈利(百万元)	877.17	1 182.05	1 368.44	1 543.44	2 039.97
股息(百万元)	91.18	148.08	170.42	169.53	261.35
除税及股息后盈利(百万元)	785.99	1 033.97	1 198.02	1 373.91	1 778.62
基本每股盈利(元)	14.97	17.09	18.59	20.72	27.05
摊薄每股盈利(元)	14.27	16.69	17.15	19.20	26.34
每股股息(元)	1.41	2.02	2.21	2.27	3.16
销售成本(百万元)	−3 629.96	−11 521.76	−16 379.35	−17 144.82	−20 069.09
折旧(百万元)	−108.41	−278.10	−387.29	−502.54	−611.91
销售及分销费用(百万元)	−219.34	−764.12	−1 190.09	−1 359.34	−1 483.01
一般及行政费用(百万元)	−281.93	−523.82	−922.88	−962.98	−1 319.31
利息费用/融资成本(百万元)	−60.82	−107.16	−244.79	−211.36	−236.76
毛利(百万元)	649.89	2 539.25	3 720.04	3 820.11	4 558.82
经营盈利(百万元)	915.95	1 549.55	1 900.32	2 183.21	2 529.08
应占联营公司盈利(百万元)	225.85	−15.14	−7.30	−7.20	−1.71

五、问题讨论

(1) 请结合相关财务数据,分析吉利并购沃尔沃面临的融资风险。

(2) 根据所学知识和所给材料,如何评价吉利并购沃尔沃?

(执笔人:陈璐,指导老师:徐宗宇)

天融信"嫁给"南洋股份,成功上市

适用课程: 企业并购　财务管理理论与实务

编写目的: 本案例描述了广东南洋电缆集团股份有限公司100%收购天融信有限公司,其目的在于通过分析企业并购的过程中对企业价值评估方法的选择、并购支付方式的选择,例如现金和股权的比例如何以保证老股东的控制权地位、并购主体公司性质的更改如何避免满足收购比例限制、对赌协议的约定等,让学生了解并购过程中的影响因素,切身体会并购方式选择的巧妙。

知 识 点: 并购方式类型　企业价值评估方法

关 键 词: 并购融资方式　对赌协议

案例摘要: 天融信股份借力南洋股份,成功进入上市公司行列,南洋股份更是在传统制造业中找到了双主业发展的道路。一个是安全领域的专家,新三板的"白富美",一个是努力打拼的农村小伙后变一代富豪,实业界的"高富帅",两者结合。本案例介绍了两者在合并过程的融资方式和对赌协议,希望能对行业的合并整合起到一定的借鉴作用。同时,希望此案例能对继续研究融资方式提供一定的启发。

近来并购浪潮一波接着一波,横向并购扩大自己的业务范围,纵向并购完善公司产业链,多元化并购扩展公司业务范围,同质并购避免不必要的资源浪费,更有强强联合,企图垄断市场。介于各种原因,加上并购企业独特的架构,并购融资方式呈现着多样化的特点。广东南洋集团股份有限公司(以下称为"南洋股份")为了增加公司发展的创新点,发展双主业的经营模式,相中天融信这个新三板上市的"白富美",以天价59亿元收购天融信,刷新了新三板的最高成交价格,证监会更是史无前例地在4个月内拍案通过,令人大跌眼镜。南洋股份为何斥巨资投资一个和自己主业无关的企业?采取了什么样的并购融资方式?结局如何?让我们一一揭晓。

一、开基立业

和大多数传统行业的崛起一样,南洋股份最初也是由工厂通过不断改制、不断增资发展起来的。起初,它是汕头市公园区中兴五金塑料制品厂(即广东南洋电缆厂),2000年,由集体所有制变更为广东南洋电缆厂有限责任公司,主要产品涉及电线电缆等,后企业做大做强,向着规模化发展,先于2003年以汕头生产基地为依托组建广东南洋电缆集团有限公司,后以注册资本11 300万元进军股份有限公司。2008年,首次公开发行股票,注册资本15 100万元,2009—2011年期间,通过资公积金转增股本、非公开发行股份,最终注册资本变更为51 026万元,逐步形成由郑钟南领头,七大企业坐镇的企业集团结构,如图1所示。

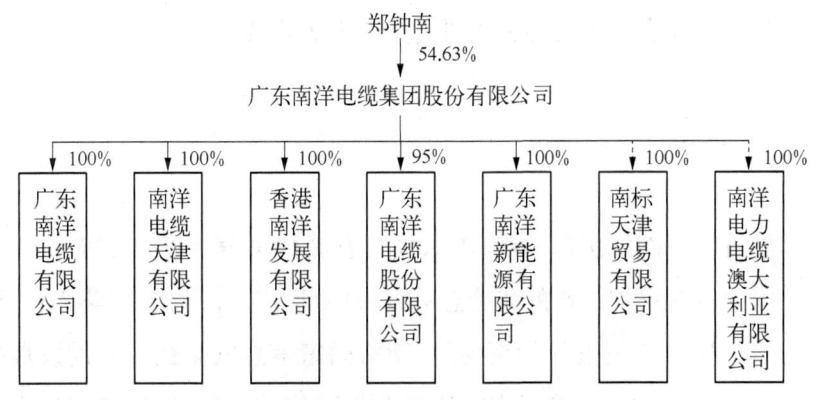

图1　广东南洋电缆集团股份有限公司组织结构

二、困境频现

南洋股份一是有着中国名牌产品"NAN南"牌和国家免检产品,在业内具有很高的地位,享誉全国;二是核心项目具有很高的进入门槛,具有立式交联生产技术的超高压技术和新能源、船用及变频节能特种电缆项目。这些都是让南洋股份独秀一枝的看家本事。

虽然拥有中国电工行业1/4产值的电线电缆结构性需求量大，在机械工业中仅次于汽车行业，但是随着国内线缆行业产能持续扩张，超高中电压电力电缆利润分层严重，中低压电力电缆利润不断被压缩，行业整体毛利率不断下降，而高压和超高压电缆由于具有较高的技术壁垒，被合资厂商或少数行业占领，特种电缆更是由于技术壁垒出现国内供给不足，从而依赖进口。因此，国内供需存在结构性矛盾，加之产品生产成本的95%是原材料成本，其中，单一材料铜杆占据原材料成本的70%以上，导致产品的利润受成本和铜杆影响较大。自2010年以来，南洋股份非公开募集资金用于新能源、船用及变频节能特种电缆项目，虽然于2012年达到预定可使用状态，但是项目目前并没有达到预计收益。

鉴于此，南洋股份秉承着"立足华南，辐射全国"的发展战略，持续推进"主业为主、适度多元化"的经营理念，努力开创适合公司发展的新起点，以国家产业政策为帆，以公司战略发展为桨，进行大刀阔斧的改革，但是事与愿违。在2014年底和2015年4月，南洋股份筹划重大事项无果。公司四处搜寻商机，宣称要进军生态环境保护领域，赶着当下热点话题的企业收购，忙得不亦乐乎，然而10月又宣告终止。因此对于公司发展来说，选择合适的目标公司进行并购尤为重要。

三、虚位以待

近年来，随着互联网的快速发展，国家大力发展国家信息安全系统，2012年发布的《关于信息安全等级保护工作的实施意见》、2015年初次审议的《中华人民共和国网络安全法》、2016年的"十三五规划纲要"不断对国家信息安全提出新的发展要求，不断加强基础信息网络建设，完善国家网络安全保障体系，保障国家信息安全。同时，国家加强网络信息准入门槛，例如明确提出禁止采购Win8系统、禁用赛门铁克数据防泄漏产品等，不断挤出国外信息安全隐患产品，为国产化占领份额提供政策支持。

天融信成立于2003年，由贺卫东集资50万元，带领16位发起人共同创立，一路走过来，天融信成就满满，名声早已在外。它为神舟八号、九号、十号飞船和天宫一号及长征七号等提供信息安保主线防护工作，为"第二届世界互联网大会乌镇峰会"、"2016年博鳌亚洲论坛"等提供网络安全保障工作。在《2015—2016年中国信息安全产品市场研究年度报告》中,天融信坐稳信息安全市场第一阵营,市场份额位列第三,它的实力与良好的企业形象逐渐被社会和国家所认同。① 2015年11月天融信挂牌新三板,在短短的3年期间,经历了3次增资、7次股权转让,公司3年估值涨幅35倍,以飞速的成长速度晋升为新三板的"白富美"。其组织结构如图2所示。

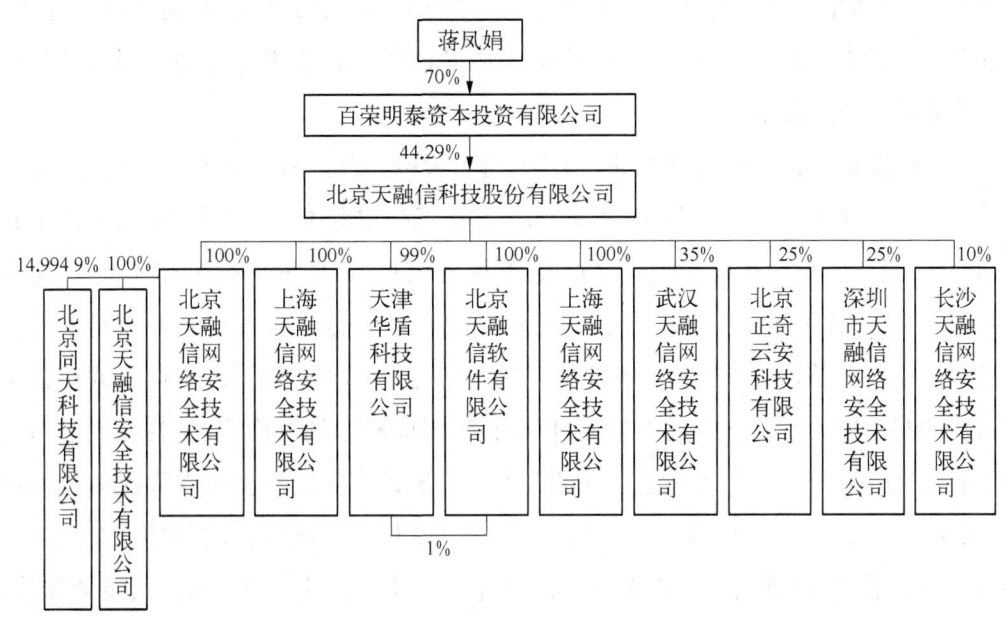

图2 北京天融信科技股份有限公司组织结构

但是天融信的利润增长很大程度依赖信息技术,如果新产品、新技术研发失败或市场推广达不到预期的效果,就会对企业业绩产生巨大影响,同理,涉及技术的泄密以及相关的人才流失,会对公司带来损失,而公司发展受国家政策影响较大,未来具有较大的不确定性。

四、待价而沽

在收购过程中免不了需要对被并购企业进行企业估值,而采取合理的估值方法是正确评估企业价值的前提。通过一系列比较,天融信选择了收益法。那么是怎样确定收益法的合理性的呢?

企业价值评估有三大基本方法:收益法、市场法和资产基础法。收益法是采用适

---

① 整理于天融信股份有限公司年报。

当的报酬率把未来的净收益折现到某个时点,并累加后估算对象的合理价格或价值。市场法是把目标公司和其可比上市公司进行比较,选择可预估的参数。资产基础法是以资产负债表为基础,合理评估资产和负债的价值。

鉴于天融信属于典型的轻资产企业,即企业的无形资产等占据公司的主要资产份额,因而很难量化企业的产品创新能力、人力资本成本、管理能力、科研研发能力、企业品牌及社会地位等无形资产,因为无法选择资产基础法进行评估。因而选择收益法和市场法进行评估。[①]

通过收益法和市场法的基本评估方法,得出天融信股份的价值评估。从表1中可以看出两个方法算出来的差异率为74.05%。市场法的计算基于所选择的可比上司公司,由于可比上市公司的不确定性较大,其财务信息、财务资料有限,而且市场可变因素过多,与之相关的差异很难做到真正的量化。而收益法是根据企业自身财务信息进行分析和评估,不仅考虑了各项资产对于企业的贡献,也考虑了企业的经营资质、公司的管理水平、企业的竞争力等内部因素,因而较市场法而言,选择收益法对天融信股份进行市值评估更为适宜。最近几年,天融信的估值一直在以飞速的速度增长,回顾之前的估值报告,2013年10月,天融信第五次股权转让时估值1.59亿元,2015年7月估值40亿元,2016年估值为59亿元。仅仅3年时间,天融信迅速膨胀,估值增加了几十倍。

表1 收益法和市场法的企业价值评估　　　　　　　　单位:万元

	账面价值	收益法	市场法
总资产	102 914.77	—	—
总负债	30 938.19	—	—
所有者权益	71 976.58	—	—
归属母公司的所有者权益	71 976.58	590 191.80	955 223.42
增值率(%)	—	719.98	1 327.13

五、"嫁给"南洋

南洋股份通过发行股份及支付现金的方式并购天融信100%的股份,以收益法确

---

① 《广东南洋电缆集团股份有限公司拟非公开发行股份和支付现金购买北京天融信科技股份有限公司100%股权评估报告》。

定的天融信的市场价值为 590 191.80 万元,双方协定合并价格为 570 000 万元。具体并购融资方式如图 3 所示。

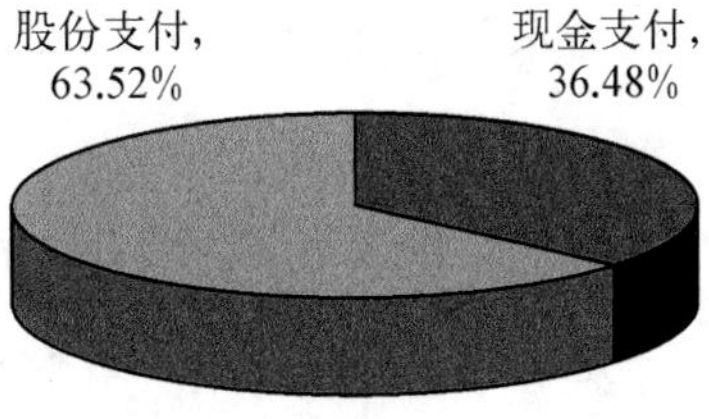

交易完成后,郑钟南是第一大股东,持股 26.1%;明泰资本持股 13.98%,位居第二大股东。

图 3　并购融资方式结构

(一) 并购融资方式

1. 保证地位

从交易金额来看,截至 2015 年末,南洋股份资产总额仅为 31.56 亿元,却以 57 亿元的价格吞并天融信,可谓"蛇吞象"式收购。因而在收购中的控制权成为收购的关键,为了保证南洋股份郑钟南的地位,采取现金加股权的模式进行并购。假设全部采取发行股份的方式进行收购,明泰资本将对合并后的股权产生最大的威胁。根据目前已有的价格计算得出,按照现有 13.9 亿元股份对价对应了 13.98% 的持股比例,明泰资本目前持有的 25.24 亿元如果成功纳入并购范围,意味着将持有上市公司 25.24% 的持股比例,这就超过了目前南洋股份实际控股人的比例,就会对收购公司的股份产生巨大的影响。因而巨大威胁的明泰资本也是在此次总对价中以最高的现金比例 45% 进行收购。给予现金满足收购要求,同时避免影响控制权。这样南洋股份的大股东在公司资产不足被并购企业作价的同时,完成了收购,避免了天融信借壳上市。各股东现金和股份占比如表 2 所示。

表 2　天融信各股东现金和股份占比　　　　　　　　　　单位:%

股　东　类　别	现金对价占比	股份对价占比
明泰资本	45	55
除明泰资本外的其他非员工股东	35	65
管理层股东、持股平台	20	80

2. 现金需求

截至 2016 年 4 月底,南洋股份账面上的货币现金无法支付对价,为了保证南洋股份的控制权地位,因而采取无须动用现金的股份形式来支付。于是以非公开发行股份配套募集资金的方式筹集,用于支付现金对价的全部分,能够降低上市公司的筹资风险和财务风险。

搭配现金,满足相关股东所要缴纳的个人和企业所得税需求,同时交易双方也有其他现金需求,更有利于推动合并完成。至于交易现金的比例安排是交易双方基于合理需求和市场行情共同协商的结果。

3. 股东性质

从被收购公司的股东性质来看,非员工股东具有较强的投资性质,而股份往往具有一定的锁定期,因此要给投资性的股东较高的现金比例。而公司员工股东往往要负责企业的日常运营和管理,决定着企业未来的业绩情况,为了加强管理层在公司利益上保持一致行动,所以要给股东较高的股份。

(二)对赌协议

天融信经营状况如表3所示。根据上市公司与补偿责任人签署的《业绩补偿协议》,承诺在并购后的3年内公司的盈利水平,基于天融信目前已有的市场份额和品牌优势、稳定的客户资源、广泛的销售渠道与胜券在握的销售团队,预计公司将会达到承诺的利润指标。假设公司因不确定因素没有达到预期的利润,各补偿主体先以本次收购的股份进行偿付,补偿不足则以现金补偿。

表3 天融信股份经营状况　　　　　　　　　　单位:万元

	2014年	2015年	2016年1—8月
营业收入	73 719.64	85 512.67	40 104.44
净利润	18 392.69	22 955.31	3 737.13
扣非净利润	16 717.03	20 934.56	2 424.73

同时,制定超额业绩奖励安排,业绩承诺期满后,承诺的净利润与《业绩补偿协议》约定的净利润部分的30%的差额作为奖金奖励给在任管理团队,恩威并施,积极督促天融信大力发展业绩,以不让59亿元打水漂。

(三)老店新开

天融信在2014年3月从有限公司变更为股份有限公司,一年不到的时间里,2015年1月又将企业变更为有限责任公司,这样频繁变更公司性质,其中有什么原因?根据《公司法》规定,"公司董事、监事、高级管理人员应当向公司申报所持有的本公司的股份及其变动情况,在任职期间每年转让的股份不得超过其所持有本公司股份总数的百分之二十五",因而天融信必须转成有限公司,才能符合并购要求。这样看来,天融信左右折腾,迎合并购要求,至于并购以后公司的发展是否能一帆风顺,还需拭目以待。

(执笔人:谢华王,指导老师:任永平)

内部控制理论与实务

NEIBU KONGZHI LILUN YU SHIWU

海航资本游戏:关联交易掏空子公司

适用课程: 内部控制理论与实务

编写目的: 本案例描述了海南航空集团关联交易掏空子公司的过程,目的在于使学生对上市公司掏空子公司的动因、如何掏空子公司以及企业为何能掏空子公司等问题具有感性的认识及深入的思考,从企业内部和外部监管环境两个角度分析问题,并提出解决方案。

知 识 点: 关联交易

关 键 词: 海航 掏空 关联交易

案例摘要: 本案例以海南航空集团(简称海航)为主角,描述了海航与一系列子公司的关联交易,并研究其如何掏空子公司。本案例从3种关联交易方式进行介绍,并对海航集团的财务状况以及盈利状况进行分析,力图解释掏空行为的原因。随后对海航的股东结构以及董事高管情况进行介绍,从公司内部寻找其为何能掏空子公司的原因,并在此基础上,结合监管环境,进一步分析上市公司的掏空行为以及应采取的相关措施。

2011年3月17日,海航置业成功收购九龙山,成为九龙山新主人。在收购九龙山以前,海航置业已经将ST筑信以及绿景地产纳入囊中。奇怪的是,这3家上市公司2008年披露的海航置业的财务报表却相差甚远,如表1所示。同一个公司为何会出现不同的财务报表?是因为海航置业并购过快,财报没能及时反映,还是海航置业另有幕后黑手?

表1 2008年3家公司披露的海航置业主要财务数据   单位：亿元

	资产总额	主营业务收入	净利润
九龙山	98.7	6	4.2
绿景地产	54	0.792 3	0.067 8
ST筑信	54	0.792 3	0.067 8

海航置业是海南航空集团（以下称为"海航集团"）的子公司。海航集团自成立以来一直不断并购，力图占据行业霸主地位。2000年8月长安航空重组，海航集团收购取得成功，这以后海航集团便踏上了疯狂并购之路。国内外多家航空公司陆续成为海航的囊中之物，如大新华航空、香港航空、法国蓝鹰航空等。从收购版图来看，海航的足迹不仅遍及中国，更是延至欧洲、美国、非洲等地。这里，我们不禁要问，在大量航空公司不景气的时代，海航集团大举并购的资金从何而来？这一次次的并购行为究竟是高瞻远瞩还是被逼无奈？

一、公司简介

（一）海南航空集团

2000年初，海航集团经批准正式成立。海航集团以航空运输业为主体，在保证航空运输业平稳发展的基础上，拓展航空食品、航空旅游服务、机场管理、物流管理、商贸零售、地产建设、酒店管理、金融服务等相关产业，打造多元化的大型航空集团[①]。

经过不断的并购，海航集团已经拥有海南航空股份有限公司、大新华航空、海航置业、海航旅业等几十家子公司，并逐步构建以海航集团为中心的庞大海航系结构，力争在未来10年内，在世界500强的前10位中有一席之地。董事局主席为陈峰，其大学毕业后便一直从事海南航空方面的工作，是海航集团的灵魂人物。

（二）海南航空股份有限公司

海南航空股份有限公司（以下称为"海南航空"）成立于1993年，与中国国际航空公司、南方航空公司以及东方航空公司并列为中国四大航空公司。相较于其他3家航空公司，海南航空起步较晚，但是作为中国发展最快最有活力的航空公司之一，其服务以顾客为宗旨，力图在顾客的旅行途中，提供细致且周到的服务。

海南航空拥有多架适用于客运和货运飞行的飞机，如波音787、波音767和空客

---

① 海南航空集团官网. http://www.hnagroup.com.

330系列等多层次飞机。根据统计,截至2015年9月,海南航空拥有在运营飞机158架,其中波音737-800型客机为主要机型。

(三) 渤海信托有限公司

1982年1月河北省国际信托投资公司获批成立。2004年重新登记,注册资金约为3.26亿元。2006年12月该公司进行重组,并被海航集团收购。2007年注册资本增加到7.26亿元,并改名为渤海信托有限公司。2015年7月31日,经中国银监会批准,公司正式改名为渤海国际信托股份有限公司,主要开展资金信托、不动产信托、股权投资信托、信托贷款等业务。

(四) 渤海租赁股份有限公司(股票代码:000415.SZ)

2007年底,渤海租赁股份有限公司(以下称为"渤海租赁")成立,投入资本为1亿元。2008年成为我国融资租赁业务试点企业之一[①]。2011年5月,*ST汇通获批重组,渤海租赁在随后的一个月内迅速借壳上市,成为当时中国首家以租赁为主营业务的上市公司。此外,渤海租赁还是全球提供集装箱租赁业务的龙头企业。

渤海租赁以融资租赁为主要业务,结合经营租赁,力图实现在中国以及海外的均衡稳定向上的发展。公司致力于综合利用境内外的资本市场,借助上市公司的资本运作,努力打造国内基础设施租赁第一品牌,最终可以成为国内首屈一指的基础设施租赁金融服务提供商,尤其在专业性和创新性方面达到突破。2015年5月14日,渤海租赁收购美兰机场计划持有的联讯证券5.82亿股,变成联讯证券新的大股东。渤海人寿2015年三季报披露,渤海租赁通过增资获得公司44.64%股份,成为渤海人寿第一大股东。从2015年的两次收购中,渤海租赁的野心可见一斑。

渤海租赁的董事长王浩曾经在海航集团担任过项目经理,也多次在海航集团旗下的子公司如海南航空担任财务总监等多个要职,与海航集团关系密切。

二、案例概况

(一) 掏空子公司——高评估溢价转让股权

1. "倒买倒卖"科航投资获高额差价

2003年6月4日,扬子江房地产、海航酒店以及国际公共关系协会共同出资1.5

[①] 渤海租赁股份有限公司官网.http://www.bohaileasing.com.

亿元建立科航投资,扬子江房地产为第一大股东。扬子江房地产以及海航酒店都是海航集团旗下子公司,因此科航投资是受海航集团控制的。科航投资的核心项目为北京科航大厦。

2007年12月,海航集团收购大新华航空(海南航空子公司)拥有的科航投资全部股权,成交价为3.78亿元。一年后,海南航空又重新置入科航投资,其中65%的股权来自扬子江地产,另外从海航酒店以高价将科航投资30%的股权买回。根据一份关于北京科航大厦项目的资金托管计划书的内容,科航大厦所处的地理位置十分优越,周边配套设施成熟,环境优美,并且属于市政区域,这种优势使得未来的发展不可估量,价值将会大幅上涨。基于科航大厦未来巨大的发展潜力,公司通过对科航投资资产清查后,披露其账面价值为4.38亿元,而评估价值高达18.2亿元。仅仅一年,科航投资已经从原本的不足4亿元,摇身一变,变成了账面价值评估值高达18亿多元的投资公司,增值率高达315%,海南航空与海航集团的这笔交易着实令人费解。

2. 7年燕京股权受让之路

2008年12月,关于海航集团收购北京燕京饭店的议案启动。议案指出,海南航空将以6.19亿元的价格收购燕京饭店,这其中有45%的股权为海航酒店占有,该集团在7年前收购燕京饭店股权的时候花费不足5 000万元,现在的收购价要比之前高出了近13倍,仅用通货膨胀、资产增值等说法似乎并不能解释这个超乎寻常的增值问题。

燕京饭店建立于2001年初,注册资本1.13亿元,出资方为首旅股份、海航酒店和大新华航空。其中首旅股份出资9 015万元,拥有80%的股份;海航酒店和大新华航空是海航集团旗下子公司,分别出资1 127万元,各拥有10%的股份。也就是说,在初始注册资本中,每1%的股份为112.7万元。

2001年底,首旅股份以约1.04亿元的价格将60%的股权分别平均地转让给海航酒店和大新华航空,即每1%股份的转让价为173.33万元。此次转让之后,海航酒店与大新华航空各持有燕京饭店40%的股份,而首旅股份就只剩下20%的股份。2002年,大新华航空又与海航酒店达成交易,将燕京饭店5%的股权以869万元的对价转让给海航酒店,即每1%股份的转让价为173.8万元,转让后海航酒店和大新华航空各自占有的股份分别为45%、35%。一年不到,燕京饭店的股份已经从每1%股份112.7万元涨到173.8万元。

这项增值迅速的交易很快就受到了市场的质疑,因此海航酒店与大新华航空之间的股份转让迟迟未能落实。一直到2009年10月27日,大新华航空决定终止交易,然而终止交易的原因,却没有在公告中披露。大新华航空是海南航空的控股股东,实质上两者均由海航集团控制,而这种集团内部子公司高溢价转股又终止的行为的目的是什么呢?仅仅是因为受到市场的质疑而未能转让成功吗?

(二)掏空子公司——形式交易占用资金

1. 渤海国际信托的两次受让

2007年底,经过股东大会的讨论和审议,海南航空关于受让海航国际酒店持有的近40%的渤海信托股权的议案通过,作价8.29亿元。当月,海南航空便将款项打入海航集团账户,可是由于海南航空在2008年公司经营的亏损以及低于30%的净资产占资产总额的比率不符合《非银行金融机构行政许可事项实施办法》,本应该划转的股权迟迟无法完成。

关于终止海南航空与海航国际酒店的股权交易的议案迟迟没有定论,直到2009年底,海南航空的董事会和股东大会才通过此议案,这意味着海航酒店占用受让价8.29亿元近2年时间。虽然海南航空对此事作出了诸如收取与银行贷款利息相同的利息以及相应补偿等办法以挽回损失,然而从2012年的渤海信托的第二次受让,我们不难发现,海南航空已然成为海航集团的"取款机"。

2012年底海南航空董事会和股东大会表决,同意受让渤海信托39.78%股权,作价27.6亿元。同样的渤海信托,几乎一样的股权数,受让金额却变成3倍多。2007年海航集团根据这项交易确认的投资收益比海航集团当年确认的净利润多出了1.4亿元,比最后归属母公司所有者净利润多了近2.5亿元;3年后,海航集团又一次以溢价3.3倍的价格转让渤海信托股权,可以确认的投资收益高达近17亿元,比当年的海航集团净利润多了近6亿元,比归属母公司所有者净利润足足多出了13亿元。

2. 其他子公司的置入与置出

2010年底,相同的手法,海航集团继续用在了海南航空上。2010年12月,海南航空集团以24.65亿元的价格收购了海航集团的3家主营房地产的子公司航鹏、国旭以及国善。从这3家公司的财务数据上看,2012年末航鹏所有者权益为4 469万元,而评估价却达到97 376万元,增长率为20.79倍。国旭所有者权益7 302万元,评估价格为其18.65倍,达143 456万元。而国善的评估增值率是这3家公司中最高的,竟高达22.15倍,它2012年末的所有者权益为3 572万元,评估价为82 699万元。有意思的是,不到一年时间里,就在2011年11月,海南航空又出价27.27亿元将这3家公司反售给海航集团,评估价格急剧下降。海航给出的关联交易的公告将这种置入又置出的行为解释为规避经营风险、提高控制投资风险能力的方式。

（三）海航系渤海租赁的商业迷局——双重关联交易的秘密

海航集团于 2011 年底以约 69 亿元收购 Seaco SRL。Seaco SRL 为全球第六大集装箱租赁企业，原属于著名的跨国公司 GE（通用电器）。然而海航集团收购 Seaco SRL 不到短短两年，便将其以 81 亿元转手给了渤海租赁。渤海租赁是海航集团旗下子公司，这次转手为海航集团带来了 12 亿元的收入。海航集团给出的官方解释是，这 12 亿元的增值是 Seaco SRL 在过去两年多未分配的净利润。

渤海租赁在庆幸把 Seaco SRL 收入囊中后营业收入将因此大增的同时，要考虑到 Seaco SRL 的巨额负债也将是渤海发展的沉重包袱。根据收购报告内容，到 2013 年 7 月底为止，Seaco SRL 用集装箱和公司股权作为抵押以及担保进行贷款，利用贷款和发债等方式融资了近 200 亿元。根据集装箱的账面价值计算，其抵押率已经达到 98%。另外 Seaco SRL 还背负着由于租赁而导致的长期借款，共计 112 亿元。仅 2013 年，Seaco SRL 一年内到期的非流动负债就达到 16 亿元，可见其资产负债率相当高。虽然公司针对这种负债情况发出公告，解释说高资产负债率是集装箱租赁行业的共有情况，并且给出同类企业的负债比例进行比较，但是，由于公司没有明确指出 Seaco SRL 的现金流情况，因此我们仍然有理由怀疑 Seaco SRL 是否有能力偿还这些负债，渤海租赁收购 Seaco SRL 究竟是有利可图还是被逼无奈？

由于 Seaco SRL 在未来几年的收益都将用于其自身发展以及支持香港租赁进行海外并购，因此用于分红的利润将所剩无几，股东不能得到更多的分红，即使这次收购有可能在未来能给公司带来利益，但投资者仍然持反对意见。另外，根据渤海租赁在此前的公告，公司财务状况已经出现财务危机，需要通过发行债券来缓解现金流连续两年减少的经济压力，可是这次收购 Seaco SRL 公司又要真金白银掏出大笔收购资金，对本来已经承受重压的资金链无疑是雪上加霜。尽管渤海租赁这种吃力不讨好的行为让人难以理解，但海航集团却是在赤裸裸地套取资金。

同样的主角、同样的戏码早已上演。2011 年，正是渤海租赁借壳上市的第一年，渤海租赁在海航集团的控制下购入了海航香港，海航香港同样为海航集团旗下子公司，并且负债程度很高。可以说渤海租赁上市后即承担起了帮海航集团承担债务这样一个工作。完成收购之后，海航集团很快便露出了狐狸尾巴，以增加资金为借口，将所持海航香港的股权向进出口银行进行抵押，获得约 10 亿元的贷款。很明显，在这次的收购中，海航集团又是大赢家，利用新资产获得融资，为下一次收购作足准备。

(四)海航集团财务状况及盈利状况分析

从表2可以看到,海航集团的资产总额从2007年的230.11亿元增长到2012年的2 124.42亿元,涨幅达8.23倍。而其净资产的涨幅却相对平缓得多,2007年归属于母公司股东的净资产为70.77亿元,到2012年为136.16亿元,仅上涨了0.9倍。如果没有那些估值溢价的资产,净资产很可能为负。另外,海航集团2009—2012年这4年的资产负债率都在75%以上,可见负债程度很高。

表2 海航集团资产负债表摘要

年份 项目	2007	2008	2009	2010	2011	2012
资产总额(亿元)	230.11	317.21	553.84	1 111.19	1 731.05	2 124.42
负债总额(亿元)	131.46	58.07	415.45	868.63	1 378.15	1 673.86
所有者权益(亿元)	98.65	102.80	138.38	242.55	352.90	450.56
归属于母公司股东的净资产(亿元)	70.77	63.86	72.09	99.09	99.61	136.16
资产负债率(%)	57.13	67.59	75.01	75.75	79.61	78.79

从表3中海航集团利润表主要项目来看,营业收入从2007年的27.10亿元上涨到468.57亿元,涨幅达16.3倍,相当明显。但归属于母公司的净利润2007年为5.27亿元,到2012年则下降到3.02亿元。而且,扣除非经营性损益后,净利润都将为负。如此的财务状况,想必多少能解释一点海航集团屡次关联交易,掏空子公司的行为动机了。

表3 海航集团利润表摘要 单位:亿元

年份 项目	2007	2008	2009	2010	2011	2012
营业收入	27.10	40.92	53.92	142.55	330.41	468.57
公允价值变动损益	0.03	1.55	29.33	12.31	8.31	−0.38
投资收益	15.06	10.22	5.19	27.62	22.05	14.90
营业利润	6.63	−0.51	−1.40	14.29	13.35	15.11
营业外收支净额	10.10	2.66	5.96	4.26	1.74	5.24
利润总额	7.58	2.15	4.56	18.55	16.09	20.05
净利润	6.63	1.18	3.29	12.01	9.38	11.11
归属于母公司净利润	5.27	0.97	2.10	5.90	2.95	3.02
扣除非经营损益后净利润	−4.86	−3.24	−33.19	−10.67	−7.10	−1.84

(五)海南航空幕后操纵人

根据海南航空2012年年报公布的股权结构(如图1所示),大新华航空持有海南航空股份占比最高(29.95%),是海南航空的第一大股东。而大新华航空有限公司是由海南省发展控股有限公司所控制,持有其24.97%的股份,海南省发展控股有限公司是海南省国有资产管理委员会的全资子公司,因此海南航空年报披露的实际控制人是海南省国有资产管理委员会。大新华航空有限公司的第二大股东是海航集团,海航集团持有其23.11%的股份,仅与第一大股东(24.97%)相差1.86%,因此从股权结构上来看无法确定是海南省国有资产管理委员会还是海航集团真正控制大新华航空有限公司,继而控制海南航空。

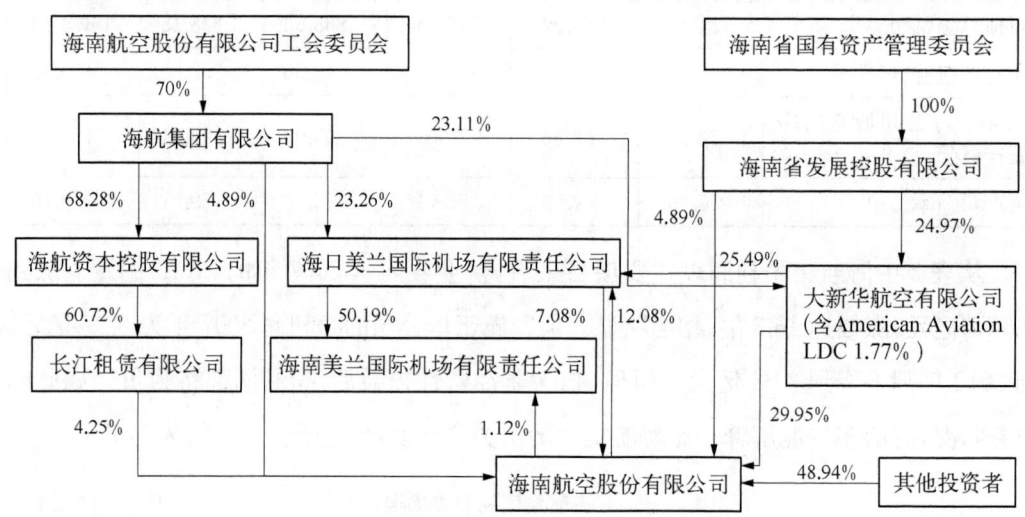

图1　海南航空公司股权结构示意图(2012年)

根据海南航空公布的2012年董事会及高管构成情况(如表4所示),海航集团有4名非独立董事,其中3名来自海航集团,1名董事来自海发控股,顾刚还另外担任海发控股副总裁和海南高速公路股份的董事,并且他并没有在海南航空领取薪酬。根据海南航空高管构成情况来看,高管共有5名,包括总裁1名,副总裁2名,财务总监1名,董事会秘书1名,结构合理,但是这5名高管全数出于海航集团,我们有理由怀疑海南航空的管理人员是由海航集团委派的。可以说,海航集团从资金到管理全方位控制了海南航空。因此,海南航空真正的控制人为海航集团,属于另类股东控制。

表 4　海南航空 2012 年董事会及高管构成情况

姓　名	海南航空担任职务	从　属
陈　明	董事长	海航集团
牟伟刚	副董事长	海航集团
刘　璐	董事	海航集团
顾　刚	董事	海发控股
刘　璐	总裁	海航集团
蒲　明	副总裁	海航集团
谢皓明	副总裁	海航集团
徐洲金	财务总监	海航集团
黄琪珺	董事会秘书	海航集团

(六) 尾声

海航集团通过将旗下的子公司进行关联交易换取资金、质押子公司股权等方式给自己缓解因为频繁收购带来的资金链紧张的巨大压力。海航集团熟练地运用着各种融资方式为自己找钱，并不断扩大自己的资本平台，意图成为行业霸主。

海航集团从 1993 年的 1 000 万元起步，凭借长袖善舞的资本运作撬动起中国第四大航空公司海南航空，以旗下上市子公司这样的"现金奶牛"作为资本运作平台，发展成总资产超过 6 000 亿元，拥有几十家子公司的大型企业。凭着高杠杆的财务扩张和资本兼并，海航的每一步都如同在刀尖上跳舞。

(执笔人：姜澄，指导老师：陈可喜)

蓝色光标并购"后遗症"原因何在？

适用课程： 内部控制理论与实务

编写目的： 本案例选取了蓝色光标并购 Huntsworth 和博杰广告这两个最为典型的案例进行分析，目的在于使学生对企业并购的动因、相关投资风险以及并购整合失败的关键因素等问题具有感性的认识及深入的思考，从企业战略角度和国际环境两个方面看待问题，并提出解决方案。

知 识 点： 并购整合

关 键 词： 并购　后遗症　外延式增长　商誉

案例摘要： 中国公关行业巨头蓝色光标 2010 年成功登陆创业板后，开启了它的并购狂奔模式。在蓝色光标的大举收购之初，公司的扩张带来了爆发式的业绩增长。然而随着时间的推移，疯狂并购的"后遗症"逐渐显现，比较典型的是 Huntsworth 带来的巨额亏损以及博杰广告带来的诉讼风险。从 2015 年至今，蓝色光标就一直深陷并购"后遗症"的泥潭。

在"一地葡萄，唯缺藤"的中国公关业，北京蓝色光标品牌管理顾问股份有限公司（以下称为"蓝色光标"）致力于成为将"葡萄"串起的那根"藤"，因此，在其登陆创业板之后，便开启了疯狂并购的模式。大举扩张的行为让蓝色光标从被人称为"不靠谱的皮包公司"跻身为中国"公关第一股"。在过去的几年间蓝色光标一直享受着疯狂并购带来的爆发式业绩增长。2015 年一季度报告中，蓝色光标前期收购的海外公司 Huntsworth 给其带来的巨额亏损让它首次尝到了收购的苦果，然而疯狂并购的"后遗症"远远不止于此。2015 年度，蓝色光标确认了巨额商誉及无形资产减值，原因是之前收购的多家标的年末利润未达标，由此导致其该年净利润下降了九成。2016 年，蓝色光标收购的博杰广告因业绩补偿协议纠纷将其告上法庭,这让蓝色光标至今都陷在并购"后遗症"的泥潭之中。

一、公司简介

(一) 蓝色光标

蓝色光标成立于1996年,注册资本5 000万元,法定代表人是赵文权,公司迄今为止已在全国23个城市设立了分支机构,主要从事公关咨询服务和广告推广业务。蓝色光标是公关行业首屈一指的著名企业,于2010年2月成功在创业板上市(股票代码:300058),是国内公关行业第一家成功上市的企业,被称为中国"公关第一股"。自成功上市以来,蓝色光标一直秉承着"自身发展"和"向外扩张"并重的发展模式。在自身发展方面,主要是强化现有品牌影响力,提升公司核心竞争力;在向外扩张方面,通过不断收购整合行业关键资源公司来提升业绩。蓝色光标经过这几年的扩张,服务对象从公关、广告领域发展到各行各业,服务范围已经从北上广等国内一线城市发展到全国乃至全球。

在国内,蓝色光标在上市后通过"内生"和"外延"增长并行的发展模式已然成为公关行业的龙头股;国际上,在公关界具有权威代表性的Holmes Report排名中,蓝色光标从2009年的第59名上升至2015年的第14名,可谓成绩斐然,由此可见其在全球公关界的影响力。

(二) 博杰广告

西藏山南东方博杰广告有限公司(以下称为"博杰广告")成立于1993年,注册资本17 820万元,原实际控制人是李芃。博杰广告的主要服务对象是影视传媒公司,通过院线电子海报的媒体挖掘和日常经营来为影视产业提供增值服务。博杰广告凭借良好的经营理念以及创始人李芃的知名度和人脉在国内广告业具有独特的优势,尤其是在媒介策划及市场研究方面具有较高的市场影响力,在被收购的前两年,博杰广告的营业收入(广告类)在同行业中位居第六。另外,该公司从2010年开始设立自有的院线电子海报宣传屏,范围遍布全国,截至被收购当年,其在国内70多个城市的近600个优质影院开设了电子海报屏幕,这近5 000个电子海报屏幕全都为其自有的媒体提供宣传服务,可以说,博杰广告是影视传媒广告领域的佼佼者。

(三) Huntsworth

Huntsworth于1972年成立于英国,在多个国家和地区设有分支机构,是一家享誉世界的公关行业上市公司,其业务重点涵盖制造、高新技术、金融、政府组织、医药、加工等各行各业。该公司 2013 年的营收总额为 1.73 亿英镑,约为蓝色光标 2013 年营收总额的 41%。Huntsworth 旗下有 4 家著名的子公司,其相关业务分别如图 1 所示。

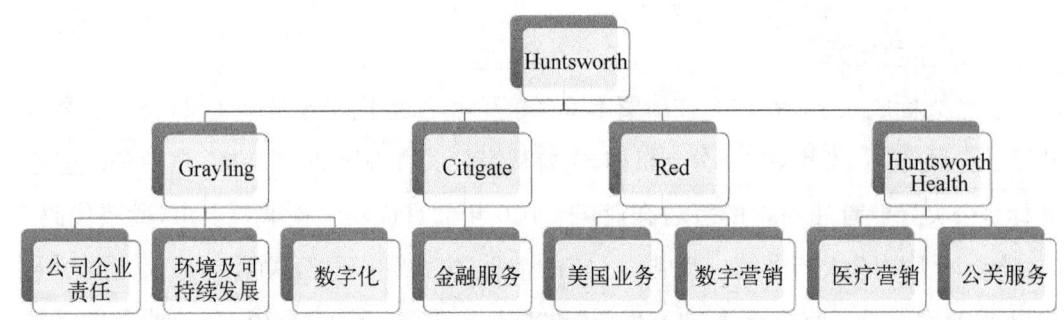

图 1　Huntsworth 旗下子公司结构

以上 4 家公司的业务遍及英美、欧洲、中东、非洲和亚太地区,业务范围也基本独立。Grayling 主攻企业社会责任相关事项的咨询,同时也为企业提供相关技术支持,帮助企业树立良好的社会形象。Citigate 的业务相对比较单一,它着眼于金融行业,业务重心主要是 IPO 和企业并购。Red 的业务范围集中在美国,它拥有一支竞争力很强的营销团队,主要负责品牌的包装与推广,在业内具有很高的知名度。Huntsworth Health 则更多地致力于将公关服务与医药销售相结合,服务范围遍布全球近 80 个国家,主要服务对象是医院、疗养院以及福利机构,其在营销宣传方面也位处行业的领先位置。

二、案例概况

(一) 蓝色光标并购博杰广告

1. "甜蜜联姻"是奶酪还是陷阱

蓝色光标借鉴了公关行业巨头 WPP① 的发展模式,热衷于并购具有关键资源的公关公司和广告公司,致力于打造一条完整的传播服务链条,包含了策划宣传、活动打造、媒体传播、公关包装等在内的各项业务,为顾客提供从策划包装到执行及评估

---

① WPP 中文名为全球广告传播集团,它用不到 30 年的时间,收购了上千个企业。

的全方位服务。与此同时,2012年底的博杰广告正在紧锣密鼓地筹备着公司在香港上市的事项,但考虑到港股市盈率较低,比起在香港上市,在内地重组上市更加有利。因此,在2013年,李芃的朋友向其引荐了时任蓝色光标董事长秘书的许志平,当时作为两大优质公关广告公司高管的两人一拍即合,先后进行了3次会面就基本敲定了并购的事项。

蓝色光标收购博杰广告共分两个阶段完成。第一阶段,2013年2月,蓝色光标与博杰广告签订《增资协议》,按照协议原股东东方博杰分别向博萌投资、博杰投资及自然人李芃等人转让其持有的博杰广告100%股权,上述股权转让完成之后,蓝色光标以1.782亿元的对价对博杰广告进行增资。该部分增资以现金方式进行,完成增资后,蓝色光标占其11%的股权。第二阶段,同年4月,两家公司再次签署并购协议,蓝色光标要将博杰广告整个纳入麾下,此次并购采用发行股份外加现金支付的方式进行。该份协议还包含了一个业绩对赌,要求博杰广告未来4年内扣除非经常性损益后的净利润达到一定数额,分别是2.07亿、2.38亿、2.73亿和2.87亿元。另外,协议书还承诺如果博杰广告未来4年累计获利大于9.3亿元,蓝色光标将提高两个阶段合计约1.6亿元的并购对价,也就意味着将提供约4亿元的奖励。截至2013年8月,两家公司终于如愿以偿"携手联姻",博杰广告被整个纳入蓝色光标的旗下,本次收购暂且画上了圆满的句号。

2. 股权补偿引诉讼

表1展示了2013—2015年两家公司的盈利情况及对赌协议的完成情况。从表1可以看出,在蓝色光标并购博杰广告的前两年,蓝色光标的业绩显著提升,在2013年和2014年,蓝色光标的净利润较前一年分别增长了86.02%和62.19%,在这两年里,博杰广告对蓝色光标的盈利作出了巨大贡献。我们可以看到,博杰广告在被并购的

表1 蓝色光标和博杰广告盈利情况表 单位:亿元

项目 年份	蓝色光标净利润	博杰广告净利润	对赌协议
2011	1.21	1.55	—
2012	2.36	1.94	—
2013	4.39	2.32	2.07
2014	7.12	2.83	2.38
2015	0.68	0.95	2.73

前两年也是业绩斐然，2013年净利润为2.32亿元，占蓝色光标的52.85%，2014年为2.83亿元，占蓝色光标的39.75%。从对赌协议的完成情况看，2013年，博杰广告较承诺超额完成了12.08%，2014年超额完成了18.91%。截至2014年年底，和蓝色光标之前收购的任何一家公司相比，博杰广告无疑是最成功的一家。

然而，这看似甜蜜的"牵手"背后实则暗藏隐患。从表1中的数据可以看到，2015年，博杰广告利润没有破亿，大幅下滑了66.43%，创下了近几年的最低额，远远低于对赌协议约定的目标数，受其净利润骤降的影响，蓝色光标2015年的净利润也创下了历史新低，由2014年的7.12亿元降至0.68亿元，同比下降90.45%。据此，蓝色光标董事会认为，对于上市公司业绩的大幅下滑，博杰广告难辞其咎，且其2015年度业绩不达标也确实触发了并购时的对赌协议。于是，蓝色光标在公布年报后立即召开董事会，会上通过了两份关于股份补偿的相关议案，认定博杰广告管理层未实现业绩承诺，拟回购注销博杰广告原自然人及法人股东合计30 995 476股股份，并提请股东大会授权董事会全权办理。然而得知这一消息后的李芃联合博萌投资的授权代表一纸诉状将蓝色光标及其实际控制人赵文权告上了法庭，要求蓝色光标撤销上述两份决议。纵观上述盈利情况和对赌协议，博杰广告业绩没有达标最终触发了股份补偿似乎并没有争议，然而李芃为何要状告曾经"甜蜜牵手"的合作伙伴呢？

原来李芃早在2014年便"被迫"离任，继而由蓝色光标的监事会主席毛宇辉接任李芃的位置担任法定代表人和总经理，掌管博杰广告的经营权。李芃认为进行股份补偿的前提是他能享有博杰广告公司的经营权，蓝色光标从他手中收回经营权之后，双方对赌协议约定的主体已经发生变更，并且，他认为博杰广告2015年业绩下滑的主要原因是新任管理层经营不善，这跟他本人没有任何关系，因此，他认为自己不应该对博杰广告的利润不达标触发的协议补偿负责。然而蓝色光标则认为，博杰广告是上市公司旗下的子公司，上市公司有权进行人事变动，也有权对其日常经营进行管理，并且上市公司是按照程序以相应的价格收回李芃等人的股份，这完全是合理的，因此无论是否在公司任职，李芃等人都应该遵守相关协议，服从董事会的决定。关于李芃离开博杰广告的原因，双方也是各执一词，蓝色光标表示，李芃在任时固执己见、专断独裁，不服从上级领导，妨碍公司经营，再加上其嗜赌造成的个人债务问题，已经影响到公司的正常运作，公司考虑到以上种种情况可能带来的不良影响才将其免职。然而李芃在接受某媒体特别采访时则称蓝色光标存在信息披露造假行为，赵文权曾逼迫自己签署空白协议,自己交出博杰广告的经营权是为了避免今后为蓝色光标"背黑锅"。

3. 隐匿的"抽屉协议"

2016年5月10日,《上海证券报》发布了题为"蓝色光标曝'抽屉协议'1.8亿业绩缺口谁买单?"的报道,这让蓝色光标和李芃双方紧张的关系再次升级。报道指出,2014年年底,蓝色光标的CEO赵文权为了说服李芃出让博杰广告的经营权,私下和他签订了一份"承诺函"。该"承诺函"作出了两条约定:一是如果博杰广告实际经营业绩未能达到奖励要求,赵文权本人承诺将差额补足并保证李芃等人得到所有股份及4亿元奖励;二是如果在李芃离任后,博杰广告因利润不达标而需要进行股份补偿,原股东李芃将被免责。也就是说,在李芃离开博杰广告之前,蓝色光标的实际控制人就承诺为其后续可能触发的股份补偿"兜底"以及4亿元奖励实现的必然性,这为后来的"互撕"大战埋下了伏笔。该报道一出,蓝色光标当天就发布了公告进行澄清,称经过核实,这份"承诺函"是公司实际控制人与李芃私下签署而非以公司名义签署,该承诺函中的内容实则是应李芃的要求出具的,作为他答应免职交接的条件而签订,因此,赵文权也是不得已而为之。同时,该承诺属于股东的个人行为,并非代表上市公司,所以并不能免除原股东的股份补偿责任。

虽然蓝色光标一再强调该诉讼不会对公司日常经营管理产生不良影响,但从2014年博杰广告经营层变更之后,面对经营利润的大幅下滑,蓝色光标不得不进行巨额的商誉及无形资产减值。其2015年报显示,公司当年商誉减值2.05亿元,其中53%来源于博杰广告;无形资产减值7.11亿元,其中84%来源于博杰广告,两笔高达9.16亿元的减值给蓝色光标带来了不可估量的损失。在此次巨额减值中,博杰广告无疑是罪魁祸首。由此可见,疯狂并购之路上整合隐忧及私下协议暗藏的法律风险是并购"后遗症"的根源之一。

(二)蓝色光标并购Huntsworth

1. 海外并购风光无限

并购博杰广告似乎并不能满足蓝色光标成为公关界"葡萄藤"的野心,因而在并购博杰广告的事宜尘埃落定之后,蓝色光标并未停下疯狂并购的步伐,它又将"友谊之手"伸向了国际。2013年4月25日凌晨,一则群消息引爆了整个企业家微信群,蓝色光标的董事长赵文权宣布:蓝色光标已于4月23日和英国上市公关集团Huntsworth签订了收购协议。短短的一句话,赵文权连续用了两个感叹号来传达他当时激动的心情。

在收购 Huntsworth 时,双方按照同类企业的市场价值,结合 Huntsworth 的获利能力及发展前景,最终敲定由香港蓝色光标,即蓝色光标旗下的一个子公司来完成收购。此次收购以认购新股的方式进行,最终以折合约 3.5 亿元人民币的对价完成了认购。收购结束后,蓝色光标将以 19.8% 的持股比例成为 Huntsworth 的第一大股东。同时,蓝色光标的实际控制人赵文权出任 Huntsworth 的董事及战略委员会成员。表 2 是蓝色光标收购 Huntsworth 后前五大股东的持股比例。

表 2　Huntsworth 前五大股东持股比例表

序号	股 东 名 称	持股比例(%)
1	蓝色光标	19.80
2	Aberforth partners	11
3	Full investment	7.60
4	Lake capital partners	7.10
5	Baillie gifford	3.60

蓝色光标发布这一收购公告后,主流媒体一致唱好,董事长赵文权也公开表示:蓝色光标是中国公关业的领军企业,也是亚洲最大的公关公司,客户分散在各个行业;Huntsworth 的业务涉及欧美、中东、非洲和亚太地区,并已经培养了忠实的客户群,形成了良好的商业模式,其在医药和金融行业的公关服务拥有丰富经验和独特优势,双方的此次结合将形成优势互补。蓝色光标通过投资 Huntsworth,才算迈出了走向国际的一大步并开始吸引海外客户,以便在未来更好地满足本国企业在全球化推动下进行海外扩张的公关服务以及包装宣传的需求。此时,所有人都认为蓝色光标离实现"10 年 10 倍"的伟大战略更近了一步。

2."现金牛"终成"黑天鹅"

时间推进到 2015 年,任谁也无法预料到,曾经备受瞩目的海外并购,竟然会给蓝色光标带来无法估量的损失,这家英国公关公司摇身一变成为蓝色光标并购路上的一只"黑天鹅"。2015 年 4 月 13 日,素有"创业板第一股之称"的蓝色光标首次出现亏损。从其 2015 年一季度的业绩报告可以看出,当期的营收总额为 13.6 亿元,虽然较去年同期增长了 22.6%,但净利润仍然亏损了 1 个多亿,与 2014 年同期相比降幅高达 183%。这次巨额亏损的原因是 Huntsworth 的商誉减值,其公布的

2014年年度财报显示,它在 2014 年对旗下的两家子公司 Citigate 和 Grayling 均进行了商誉减值,减值金额合计 7 150 万英镑,这两项减值直接导致 Huntsworth 2014 年年度损失了 5 617.2 万英镑。根据蓝色光标对 Huntsworth 的持股比例计算,上述亏损直接造成蓝色光标 2015 年第一季度损失了约 1.28 亿元,这使得向来业绩良好的蓝色光标也难逃赤字。图 2 展示了蓝色光标 2011—2015 年第一季度的营业收入和利润变化趋势。

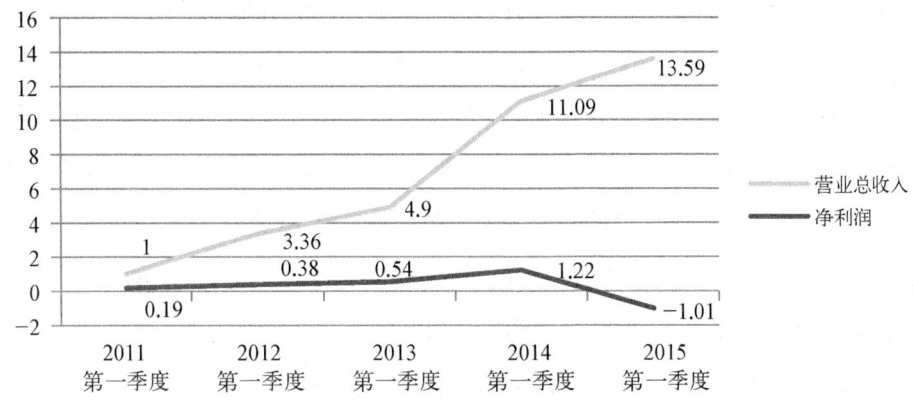

图 2　蓝色光标 2011—2015 第一季度营业收入及利润(单位:亿元)

从图 2 可以看出,虽然 2015 年第一季度蓝色光标营收总额较往年同期仍然保持着上涨的态势,但由于 Huntsworth 的商誉减值,其已然成为蓝色光标的"阿喀琉斯之踵"。在蓝色光标公布第一季度报告当天,其股价应声下跌了 5.97%,与此同时,受母公司股价的影响,位处英国的 Huntsworth 股价也不出意料地下跌了。国内各大媒体一片哗然,随后蓝色光标在会议纪要中对当期的业绩情况进行了解释:Citigate 2014 年的营收总额较上一年同期有略微下降,但这只是表象,深层原因是 Citigate 在本土以及海外的发展能力出现了一些障碍,且在短期内无法解决,这迫使 Huntsworth 2014 年对其计提了 650 万英镑的减值;同时,另一家子公司 Grayling 2014 年的营收总额也呈现下降趋势,另外,由于 2015 年 Grayling 还在进行管理层的更换与调整,后续经营状况存在不确定性,因此,Huntsworth 对 Grayling 计提了 6 500 万英镑的商誉减值。上述两家子公司同时进行了商誉减值,这导致蓝色光标一季度发生了亏损。

据此可以看出蓝色光标成为此次商誉减值的头号受害者,但其作为 Huntsworth 的控股股东,为什么会放任它作出如此大的动作呢?蓝色光标在 2013 年对 Huntsworth 进行并购时,董事长赵文权曾表示他与 Huntsworth 的 CEO Chad Linton

有着多年的交情,两家公司的合作关系也已经长达 8 年之久,这也是蓝色光标能实现此次海外并购的重要原因。然而遗憾的是,在实现并购的当年,Huntsworth 的管理层就出现了大换血的情况,包括时任 CEO 和董事长在内的很多高管都发生了变动,Chad Linton 的离任让蓝色光标在董事会中失去了话语权。另外,从 Huntsworth 的股权结构看,虽然蓝色光标位列 Huntsworth 股东排行榜的榜首,但除此之外的其他四大股东持股从 11% 到 3.6% 不等,这四大股东持股总数合计约为 29.3%,远远大于第一大股东蓝色光标,加上蓝色光标远在中国,因此,它很难取得 Huntsworth 的实际控制权。从董事会成员构成看,蓝色光标仅仅只是派遣其董事长一人作为公司代表出任 Huntsworth 的董事,在这种情况下,蓝色光标在参与 Huntsworth 的董事会决策时难免会势单力薄,而蓝色光标之外的其他四大股东却可以在背后联合起来,在某些决议上达成协商并保持一致意见,甚至可以在某些重大决策上联合起来否决蓝色光标的意见。另外,这些本土的股东都是投资基金,它们会不会在当地的投行圈中有一些潜在的业务和人脉圈也是值得思考的。

  Huntsworth 前董事长 Chad Linton 从进入公关界迄今已经将近 50 年,在业内具有很高的声望,算得上是英国公关界巨擘。当年正是因为 Chad Linton 入驻 Huntsworth 才让它成为广告业的一流公司。而今,在 Huntsworth 业绩下滑之际,Chad Linton 却选择全身而退,这不得不让人怀疑 Huntsworth 的未来。其实英国会计制度对商誉减值准备一直保持着非常谨慎的态度,在实务中,除非有明显的证据表明资产的账面价值可能遭受损失,或者不利的情况不可扭转,否则是不能计提减值准备的。因此,这两家子公司计提巨额减值,这让人不禁思索 Huntsworth 所处境况的恶劣程度以及这种境况回转的余地。

  海外并购往往有着更多不可控因素,政治、文化等因素都有可能成为并购中的"雷区"。一些弊端往往是在并购之后的整合过程中显现,因此判断一项并购是否成功,需要在后续年度观察各项指标。蓝色光标在并购 Huntsworth 之时投入了巨额资金,结果却只能身处遥远的中国对 Huntsworth 的日常经营、财务状况等进行观望,所谓的第一大股东只不过是虚名罢了。蓝色光标原本期望通过 Huntsworth 的全球商业网来实现公司走出国门、迈向国际的目标,然而并购两年后,远大抱负终成一纸空谈,巨额的亏损使此项收购的意义大大降低。

(三) 尾声

  在遭遇了 Huntsworth 这一并购"黑天鹅"后,虽然蓝色光标表示该事件不会妨碍其国际化的目标,也不会影响其在国际市场布局的信心和决心,但对于蓝色光标而言,国际化的道路任重而道远,如何构建一套完整的评估和管理机制来降低并购风险,如何更好地进行并购之后的整合是防止重蹈覆辙的关键。另外,博杰广告对蓝色光标的诉讼尚未开庭,公司依旧深陷泥潭,此次案件反映出的大股东个人行为以及公司信息透明化问题,也是蓝色光标目前亟待解决的。

(执笔人:何静叶,指导老师:陈可喜)

赣州稀土借壳重组何去何从?

适用课程: 内部控制理论与实务

编写目的: 本案例描述了赣州稀土矿业有限公司借壳上市重组失败的经过,目的在于使学生对资本市场重组、融资融券、内幕交易以及资本市场本身存在的风险等问题具有感性的认识及深入的思考,从投资者和企业两个角度分析问题,并提出解决方案。

知 识 点: 企业重组

关 键 词: 借壳上市 融资融券 内幕交易

案例摘要: 本案例以赣州稀土矿业有限公司为主体,分别描述了赣州稀土与昌九生化和威华股份的重组失败案例始末。通过两起重组失败案例的前后不同过程,分析了企业在资本市场想要借壳上市可能存在的融资融券、内幕交易等风险以及资本市场本身存在的风险对企业股价和投资者的影响。

2013年11月4日,爆仓、丢股、还钱、破产、恐慌,这是一个令昌九生化投资者"窒息的一天"。直到2015年1月末,与赣州稀土"联姻"失败后纷纷经历了冰火两重天的"股市过山车"似乎在告诉我们历史总是惊人的相似。此时不知昌九生化是何感想,但对威华股份投资者来说是一个"只闻新人哭,不听旧人笑"的黑色日子。黑天鹅事件让融资客、投资者一片哗然之余不禁要问:"昌九生化此前之举是否涉及做局?""威华股份大股东巧妙减持是否涉及内幕交易?""赣州稀土是会继续借壳上市还是重新排队?"这些股市之谜又何时会给那些融资融券而倾家荡产的投资者一个解释?

一、公司简介

(一) 赣州稀土矿业有限公司

2015年1月,为了达到对赣州市稀土资源总量控制和矿山统一管理,注册资本5亿元的赣州稀土矿业有限公司在赣州市章贡区红旗大道20号成立。赣州稀土变成了由8个稀土资源县和市政府出资,拥有全国2/3的稀土采矿权证的国有有限公司。

(二) 江西昌九生物化工股份有限公司

1999年1月15日,江西省最大的煤化工企业,生物医药、精细化工行业顶尖企业江西昌九生物化工股份有限公司(股票代码:600228)在赣州市成立。昌九集团是最大股东,占比66.67%。经过一系列股权变更,最终江西国控以85.40%的股权绝对控股昌九集团。2012年6月21日,江西国控与赣州工业集团投资有限公司达成协议,昌九集团拟转让给赣州工投。截至2013年4月18日赣州工投正式变更为昌九集团的控股股东。

(三) 广东威华股份有限公司

1997年10月广东威华股份有限公司(股票代码:002240)在广东省梅州市东升工业区正式成立。这是一家民营企业,其主营业务是纤维板制造及速生丰产林种植、经营等。

二、案例概况

(一) 赣州稀土"被"借壳,昌九生化"起死回生"

昌九生化"起死回生"的故事背景要从2011年说起。"北包钢,南赣稀",赣州稀土是稀土行业龙头企业。随着赣州市政府对稀土资源的重视和整改,赣州稀土拟借壳上市的传言便经久不息。2012年6月21日,ST昌九发布公告称,江西国控将其旗下昌九集团85.4%的股权转让给赣州工投。在得到国务院国资委的允许后,2012年9月24日昌九生化的正式控股股东变为赣州工投,与此同时昌九生化股票意外地大涨了起来。暴涨的原因是市场预测赣州工投为了解救ST昌九退市危机,必定会将稀土资源注入ST昌九,赣州稀土不管是盈利能力还是产品质量都被市场一片看好。

2012年12月28日之前,昌九生化的股市表现还不算疯狂,28日之后的一纸公告点燃了股市的星星之火并以燎原之势迅速发展:28日这一天,昌九生化就近日的股票大涨事件发布两则公告,认为赣州稀土未来发展的方向、途径、方式等还具有很大的不确定性,因稀土产业整合各方面时机还不成熟,条件不完备,因此现在还不考虑将赣州稀土借壳昌九生化。面对模棱两可的公告,市场的投资者选择将其解读为"一旦时机成熟,赣州稀土很有可能注入昌九生化",市场此后一直传言赣州稀土将借壳昌九生化。这一利好消息带来的是昌九生化股票半年内急速飙升,最高达到40.6元/股。昌九生化在2013年4月发布公告称直到7月左右,未来3个月内不会有重组等相关事项考虑,虽然此举是为了稳定震荡的股市,然而资本逐利,投资者选择自动忽视或者过度解读该公告内容。

2013年9月上旬上海发布文件称将会新增104只融资融券股票标的,其中就包括了昌九生化。入选后的昌九生化被市场追捧,大量融资客融资购买昌九生化的股票。加上之前市场流传的赣州稀土借壳昌九生化,导致昌九生化股票突然涨停,融资融券金额达到阶段新高,并且这种增长势头一直在持续,丝毫没有减弱的迹象,11月初已达新高。

(二)稀土梦终碎,求助?还是做局?

就在所有投资者都沉浸在稀土美梦中的时候,恰恰有人与昌九生化玩"闪婚",迅速买入卖出,在套现事了拂身去之时还助演一场"子告父"的"求助"戏码。

2013年5月6日,法院的一纸诉讼将江西国控和赣州工投送上各大媒体头条。昌九集团称其早在2013年年初的时候就曾向江西国控和赣江工投要求给付改制资金的问题,但是鉴于赣江工投和江西国控在款项、资金支付上存在较大分歧,双方谁也没有给付这笔资金,于是才有了这场"相爱相杀"的头条报道。最终法院判定昌九集团可以随意处置昌九生化3 000万股股票,但是前提是昌九集团必须将最终套现款中的3.52亿元用于项目改制。这场"相爱相杀"的闹剧至此结束。

拿到法院的判定书,经过商议后,昌九生化决定在2013年7月6号这天组织一场拍卖会。这一天昌九集团将当时价值31.25元/股的1 800万股股票以均价19.7元/股出售给自然人梁少群、梁耀光及非自然人东海投资,其中梁少群占股为1 200万股、梁耀光占股为400万股,东海投资拿到200万股,同时要求竞拍者不能改变昌九集团的控股权地位,所以其最终拥有的昌九生化股份数额累计不得超过已发股票数量的5%。昌九集团取得了3.546亿元的套现。而当时昌九生化股票一直徘徊在24.65—34.5元之间,就在外界羡慕梁少群、梁耀光以及东海投资的时候,3位买家却没有出现在昌九生化第三季度的财务报表中,而是选择在股权过户后立即抛售,留给其他投资者的是一片迷茫与疑惑,这是昌九真的无奈求助"子告父"还是在高价套现为做局?

做局怀疑之后是窒息。2013年11月4日是令昌九生化投资者"窒息的一天",这一日爆仓、丢股、还钱、破产接踵而至,昌九生化吧里股民哀号不断,"求助贴""抱怨贴""恐惧贴"一片狼藉,"我自己有150万,融资50万,现已爆仓""券商给我打电话,让我增添保证金""一开盘就跌停,融资来的,股票钱没了,还欠券商的钱"。连续一个星期昌九生化一直跌停,直到2013年11月13日收盘价为13.89元/股,与之前鼎盛时期的40元/股大相径庭,仅仅7个交易日蒸发市值30亿元。

面对股价如此惨况,昌九生化为挽救局面,不得不在2013年11月14日停盘自查。最终终结昌九生化闹剧的是连续十个"一"字无量跌停和威华股份连拉14个涨停,每股股价由4.77元冲至17.37元。恐慌的不仅仅是股票投资者,各大券商为控制损失也纷纷将昌九生化移出融资融券标的,至此昌九生化成为融资融券第一个"爆仓门"。

(三)赣州稀土"真"借壳,华威重走"昌九路"

2013年11月4日,威华股份引来了媒体关注,其发布一则公告称赣州稀土将注入威华股份。根据当时曝光的交易草案,威华股份拟以75.8664亿元收购,其中发行14.76亿股,5.14元/股。如果重组方案成功,原实际控制人李建华和其女儿李晓奇的股权将被稀释至12.14%,同时赣州稀土持股比例将提高到75.05%,占有绝对控制权。至于选择威华股份的原因,投资市场认为"相比较于民企,无论选择央企还是地方国企,赣州稀土都不太可能取得绝对的控制权"。

这个突如其来的消息将市场构造出来的昌九生化稀土梦彻底打碎,失望带来股价的一个暴跌一个暴涨。威华股份连续出现14个涨停,每股股价由原来较低的4.77元涨到了17.37元,投资者的投资热情一直在高涨。2014年6月,工信部专家会审认为赣州稀土不符合稀土行业相关准入准则,但是市场依然对此保持乐观,对威华股份的投资只增不减。2015年1月13日,威华股份再次发布了相关增发的公告,这一公告好似一针强心剂,市场投资者纷纷觉得好事将近,开盘不久威华股份即刻涨停,历史最高股价已达到28.12元/股,涨幅已超过500%。

2014年上半年,重组事项正如预料的那样进行,一马平川,没有什么阻碍。威华股份于2014年6月3日提交资产重组申请,稍后一个星期证监会下发《申请材料补正通知书》,同时威华股份为了重组成功,还作了其他多方面的努力,比如拟提供更多的资金支持。威华股份的投资者都在等待重组成功的那一天。

就在威华股份被市场看好,中小投资者沉浸在威华股份稀土梦的同时,无巧不成书,与昌九生化一样的"怪相"又发生了。面对如此"牛股",2015年1月5日威华股份第一大股东李建华却以低价20.87元/股甩卖700万股,套现约1个多亿,次日,李建华再次以更低的价格19.97元/股减持530万股,两天累计减持1 230万股,套现约2.5亿元,对此李建华的解释是:"个人财务安排"。而且李建华的一致行动人、他的女儿李晓奇在2014年已减持1 200万股,同时公司董事梁斌减持12万股、董秘刘艳梅减持4万股,另外也有几位高管相继减持。

令威华股份投资者跌破眼镜的事还是发生了,在2015年1月21日晚一只令人意想不到的"股市黑天鹅"诞生了。停牌一周的威华股份突发公告称与赣州稀土的重组计划没有通过证监会审批。这意味着赣州稀土借壳威华股份又失败了!出乎意料的是此次借壳失败的主要原因竟然是赣州稀土没有获得工信部稀土行业准入资格,还有一些小问题,比如上市公司关联方占用资金问题。

"还记得当年的昌九生化吗?""明天一定会跌停,昌九生化的历史要重演了!"21日晚间股市贴吧里到处是此类令人恐慌的话语,威华股份投资者们不敢想象明天开盘到底会发生什么。这一公告又给股市带来了大片的涟漪,2015年1月22日一复盘,威华股份即刻跌停,昌九生化却涨停了。

(四)精准预测还是内幕交易?

不管是昌九生化还是威华股份,在与赣州稀土的真假重组中均发生高价抛售、股东减持现象。这到底是巧合还是内幕?"威华股份的高管们持续减持是都对此次重组并不看好,精准预测重组失败,还是存在内幕交易利益输送?"投资者要求对此给个说法,甚至联名请求证监会介入调查。树欲静而风不止。即使威华股份一字跌停,市场传言又将昌九生化董事长姚伟彪和"浦江之星12号"拉入"泥潭"。股票市场顿时变得异常热闹。

在威华股份前十大股东中,有两家是投资机构,其中一家浦江之星12号引起了网民的怀疑。2013年3月浦江之星12号精准入股威华股份,以252万股位居威华股份第四大股东,同年6月末,在威华股份的季报中浦江之星12号以500万股盘踞第三的位置。浦江之星12号之前毫不犹豫地急速吃进248万股,然而在2014年第一季度的报表中,浦江之星12号只持股139万股,仅仅排名第六了。同时随着信息的不断披露,令人震惊的是,最近几年凡是被传与赣州稀土借壳相关的公司,浦江之星12号均会在该公司股票大涨之前1—2月精准介入然后迅速退出。赣能股份、昌九生化、西南药业、诚志股份、太极实业、桐君阁、ST沪科等均与赣州稀土传出重组"绯闻",浦江之星12号几乎入股了以上所有的公司,并在"盆满钵满,事发之前"迅速退出。更令人震惊的是,姚伟龙——上海佳亨投资发展有限公司负责浦江之星12号的操盘手竟与昌九生化董事长姚伟彪名字仅一字之差。这不得不让市场对他们议论纷纷。"他们到底有什么关系?"市场关于此次交易是内幕交易的传言经久不息。"公司自查结果显示,在谣言四起之前,本公司董事长对姚伟彪一无所知,从没听说过",这是昌九生化在自查结束后对市场投资者的交代,然而投资者认为这个回答显然不能让人信服。昌九生化董事长也曾说:"我就只是普普通通的昌九生化董事长",但是有记者查阅资料发现,在担任昌九生化实际控制人时期,姚伟彪也同时接受了赣州市政府的聘书,担任赣州稀土副董事长。

三、赣州稀土究竟"情"归何处?

赣州稀土与昌九生化、威华股份重组失败后,市场又传出赣州稀土将与新钢股份重组的消息。从市场传出赣州稀土要借壳上市开始,涉足其中的上市公司有20余家,从昌九生化被市场"绑架"的稀土梦,到爆出我国第一例融资融券"爆仓门",再到威华股份重组失败遭遇股市黑天鹅,不管是昌九生化利用市场做局还是浦江之星12号精准投资,不管是威华股份大股东的个人财务安排还是减持涉及内幕交易,这些都需要等待时间给投资者答复。而最终赣州稀土究竟"情"归何处,与谁"联姻"呢?是会等待观望、继续借壳还是重新排队上市?

四、相关附件

表1　昌九生化发展史

时　　　间	发　展　历　程
1999年1月15日	江西昌九化工股份有限公司成立
1999年1月19日	公司股票在上海证券交易所挂牌上市
2000年5月23日	投资设立江西昌九农科化工有限公司
2002年7月10日	公司更名,简称"昌九生化"
2002年7月19日	投资设立江西昌九金桥化工有限公司
2004年8月13日	投资设立江西昌九康平气体有限公司
2006年10月27日	投资设立江西昌九昌昱化工有限公司
2006年6月6日	公司完成股权分置改革

表 2　昌九生化稀土梦破灭史

时　　间	"稀土梦"的发展过程
2012 年 6 月	赣州工投拥有昌九集团 85.4％股权
2012 年 12 月	赣州国资委回复昌九大涨传闻
2013 年 4 月	昌九实际控制人变为赣州工投
2013 年 5 月 6 日	昌九集团起诉江西国控和赣州工投
2013 年 6 月	法院裁定拍卖股票
2013 年 11 月 4 日	赣州稀土将借壳威华股份
2013 年 11 月 14 日	昌九生化 7 个跌停，宣布暂时停牌

表 3　威华股份稀土梦破灭史

时　　间	"稀土梦"的发展过程
2013 年 11 月 4 日	威华股份拟收购赣州稀土
2014 年 5 月	国资委同意收购意见
2014 年 6 月 3 日	威华股份向证监会提交资产重组申请文件
2014 年 6 月 10 日	证监会下发《申请材料补正通知书》
2014 年 6 月	提交稀土矿山行业准入材料被驳回
2015 年 1 月 3 日	威华股份调整资金用途议案
2015 年 1 月 21 日	重组失败

表 4　威华股份 2013 年半年报前十大股东名单

持股 5％以上股东情况			
股　东　名　称	性　　质	比例(％)	持股数量(股)
李建华	境内自然人	36.01	176 693 600
刘宪	境内自然人	12.66	62 102 273
中海信托—浦江之星 12 号(简称)	其　他	1.02	5 000 000
迟晓屹	境内自然人	0.58	2 847 210
许磊	境内自然人	0.45	2 211 100
华深国投—民森 H 号(简称)	其　他	0.39	1 906 661
李艳	境内自然人	0.31	1 499 900
肖碧虹	境内自然人	0.27	1 306 867
张培华	境内自然人	0.27	1 301 508
迟晓光	境内自然人	0.26	1 298 528

表5 威华股份2014年第一季度前十大股东名单

前十名股东持股情况			
股 东 名 称	性 质	比例(%)	持股数量(股)
李建华	境内自然人	36.01	176 693 600
李晓奇	境内自然人	12.66	62 102 273
张振京	境内自然人	0.37	1 818 379
林显刚	境内自然人	0.33	1 638 241
李艳	境内自然人	0.31	1 499 900
中海信托—浦江之星12号(简称)	其 他	0.28	1 390 000
赖小莹	境内自然人	0.28	1 379 538
迟晓屹	境内自然人	0.27	1 339 888
刘跃华	境内自然人	0.27	1 320 000
潘振泉	境内自然人	0.26	1 289 960

(执笔人:赵思怡,指导老师:陈可喜)

"中江系"资金崩盘背后的拷问

适用课程： 内部控制理论与实务

编写目的： 本案例描述了浙江中江控股有限公司发生的资金崩盘，目的在于使学生对企业的资金崩盘、非法借贷的动因以及银行的内部监管等问题具有感性的认识及深入的思考，从企业本身以及银行的角度分析问题，并提出解决方案。

知 识 点： 内部控制

关 键 词： "中江系" 房地产 借贷 资金链

案例摘要： 本案例展示了2012年"中江系"发生的重大资金崩盘案件的发生始末。其中内容包含了浙江中江控股集团的实际操纵人俞中江的早期投资、进入房地产业之后的危机、企业高息借贷以及资金链断裂后旗下子公司、担保银行如何受到牵连的全过程。在此基础上，进一步分析企业内部以及银行应采取的措施。

2015年1月13日，涉案金额高达90亿元的"中江系"案，由浙江省人民检察院公布进入二审阶段，该案件涉及从多家银行骗取资金以及非法吸收公众存款。事情追溯到2012年1月，浙江中江控股有限公司创始人俞中江因无法偿还高利贷，牵连了多家银行以及近百家公司，至2011年年底，公司尚未归还的金额为37.8亿余元，主动向政府汇报企业目前的情况以寻求帮助，事情惊动了杭州整个资金圈；时隔3个月，"中江系"旗下的杭州金星房地产开发有限公司（以下称为"金星房产"）也申请了破产保护，成为2012年杭州第一家申请破产的房地产企业。资金链断裂的背后究竟隐藏着什么样的秘密？

一、公司简介

浙江中江控股有限公司成立于 2002 年，是一家综合多项业务、涉及多个领域的多样化集团，其业务范围包括投资、科技、制造、旅游和服务。其直接或间接控股了多家企业，俗称"中江系"。旗下控股的公司包括杭州金星房地产开发有限公司、杭州麦林环保船用漆有限公司、浙江建德市望江宾馆有限公司等。

浙江中江控股有限公司创始人俞中江是浙江建德的风云人物。他早年是一名出租车司机，于 1998 年创建中江汽车出租服务社，后进入香料行业，并于 2000 年成立了杭州友邦香料香精有限公司，主营业务为生产高科技香料和油脂化学品，该公司之后在新加坡借壳上市成功，盈利能力非常好。在香料香精公司办得风生水起的时候，不满现状的俞中江在浙江成立中江控股有限公司。从此，关于"中江系"的故事开始了。

二、案例概况

（一）早期失败的投资

2003 年即中江控股有限公司成立的次年，不安现状的俞中江将目光投向了民用航空业。其投资建立了一座小型机场——千岛湖通用机场。该机场建在浙江省建德市寿昌镇，面积为 500 亩，机场拥有两个停机坪和一条长度 800 米的跑道。中江控股拥有该机场 70% 的股权，同时建德市政府也拥有小部分的股权。该项目经过了两次投资，第一次投入 4 000 多万元，第二次投入 2 000 万元。但不幸的是，该机场建成后就从未实现过盈利，俞中江最初想要开通航线以及空中货运的愿望也未能成为现实，机场的负责人称机场里除停了几架滑翔机之外，没有其他东西了。那块地也几乎空置了下来，没有了使用价值。加上早期的土地购买和投资，俞中江在这个项目中超过一亿元的资金打了水漂。这次失利成为俞中江投资路上摔的第一个跟头，但这个跟头并没有让他放弃自己的投资梦，而是将目光转向了其他行业。

（二）噩梦的开始——误入房地产行业

2008 年，俞中江将目光投向了发展迅速的房地产行业，想要在房地产业捞上一笔。当年 6 月，中江控股集团接手了金星房产以及其开发的位于杭州余杭区的楼盘西城时代家园。据工商资料显示,金星房产的股权变动十分频繁,媒体曾称其是为了"炒卖地皮"。对于俞中江来说,十分不巧的是,中江控股集团接手金星房产之后就遇到了房地产调控,房价大幅跌落。此外,2009—2011年还遇到了货币紧缩。西城时代家园在项目二期时就因资金链的问题延期一年交房。项目三期交房时,金星房产又以市政要求的配套措施不完善和施工技术不达标为由再次延期交房。

在住宅楼房的投资上,俞中江可谓是大下血本,西城时代家园并未满足俞中江的"野心"。在投资西城时代家园的同时,俞中江又看上了另外一处楼盘,名为拉里维娜·水上人间花园,该楼盘位于建德市严州大道新安江畔,属于高端住宅楼。根据国土部门的资料,该楼盘占地55.93亩,售价10 520万元。2012年记者在对售楼处的工作人员进行采访时,得到楼盘已售罄的消息,但记者同时也得到其他消息:金华法院冻结了数十套拉里维娜的房子,并且会公开拍卖用来偿还债务。

(三)拖垮资金链的最后一根稻草——温德姆豪庭大酒店

温德姆豪庭大酒店地处杭州市市中心,位于杭州环城西路,与浙江省政府隔街相望。2001年,一家名为"大地科技"的北京企业以每平方米5 500元的高价拍下了这块地,这个价格当时被称为"地王"价。随后一幢造型新奇的"蝴蝶楼"问世了,之所以被如此称呼,是因为这座楼的外观像一只张开翅膀的蝴蝶。2003年,在项目还未完工,大地科技就将土地转手给一家上市公司富龙热电(后更名为"兴业矿业")。2004年,其又被转卖给温州新城建设股份有限公司,该公司承接后陆续完成了项目的建造。2009年,温州新城建设股份有限公司报价7亿元又将该项目卖给浙江中江控股集团,当年9月,温德姆豪庭大酒店开始营业。据悉,接手温德姆豪庭大酒店时,俞中江手中的资金已经开始出现紧张。此次投资对于当时的他来说,代价十分大。

表面看来,该酒店并没有亏损的理由。首先,它地处杭州凤起路西端,地理位置十分优越,毗邻西湖十景中的"断桥残雪"和"宝石流霞"。其次,其装修的豪华程度几乎相当于五星级酒店。但是2012年1月15日晚,记者在该酒店发现,根据其楼外的灯光情况来看,入住的人数并不多。酒店内部的工作人员告知记者,温德姆的入住率一直都不高。当地的一名酒店业专业人士称该酒店未能盈利的主要原因在于老板不了解酒店业的管理便盲目地投身于这个行业。他还指出酒店的运营管理其实相当复杂,经营不好就等于白扔钱。他认为俞中江最大的失误就是酒店内既有宾馆、公寓又有KTV,主业不明确,初来的客人有时连酒店正门在哪里都不知道,像这样搞得"三不像",做砸了也不足为怪。最终7亿元的投资不仅没能得到及时回报,反而使俞中江资金匮乏的处境雪上加霜。

(四)"五个盖子盖十口锅"

"他是个四两拨千斤的腾挪高手,常常'五个盖子盖十口锅'。"曾有知情人士在报社记者做专访的时候给出这样的表述。俞中江的主业一直处于盈利状态,但是进入房地产领域之后,他持续地大额投资,摊子铺得越来越大。虽然主业盈利很多,但是并不能满足俞中江的资金需求,最后使资金越来越紧张。

最初,俞中江以公司的项目向银行等金融机构进行抵押贷款。融资渠道虽然正规,但其融资的手段却触犯了法律。据悉,2009—2011年,由于俞中江盲目投资再加上各项目亏损,其手上的资金十分紧张。为了能尽快筹集到大量的资金,俞中江便开始了违法之路。他联手集团的副总经理徐赛兰,并以其控制的"中江系"多家相关公司的名义向银行提供虚假材料,包括不真实的财务报表和审计报告,其甚至虚构资金用途以及项目合同等。俞中江前后共骗取银行的金额达45.5亿余元,涉及银行包括中国建设银行、中国工商银行以及中国银行等。俞中江还曾私自刻了建行建德支行的公章。除此之外,俞中江贷款的操作手法也受到了质疑。其不仅重复使用同一房产从银行骗贷,还曾用一张真实的土地凭证进行贷款,事后发现该凭证对应的土地实际并不存在,这张土地凭证是俞中江的行贿所得。2012年1月他为了获取土地凭证以骗取银行资金,贿赂原建德市地籍管理所所长吴文的金额达90万余元。正是在吴文的帮助下,俞中江顺利办理了土地抵押。后吴文因受贿、滥用职权被判14年有期徒刑。

随后除了货币政策的调整,房地产市场也开始不断紧缩,"中江系"的资金状况变得更加紧张。此时银行的贷款已经不足以弥补紧绷的资金链,为了借新还旧以及维持项目的继续运转,俞中江开始转向民间借贷。其联手徐赛兰,以集团运营、投资资金不足为由,使用高息作为诱饵进行非法集资,其支付的月息最高时达到9分。其借款的范围涉及建德、温州以及北京等地,包括80余家单位和个人。最终非法筹集资金的总额为43.9亿余元。其民间借贷的债权人范围十分广泛,不仅有官员、老板甚至还包括普通工薪阶层。据说,"中江系"旗下的内部员工为了多赚取利息,很大一部分人与亲朋好友联合拿出积蓄,有的甚至从银行贷款来为公司集资,殊不知,也许下一秒自己的全部心血就会被卷入"深渊"。利滚利的高利贷就像一个无底洞,疯狂地吸着俞中江全部资产,高息借来的钱根本就无法填满这个无底洞,只会使资金越来越紧张。最终"中江系"的资金出现了巨大亏空。

(五)牵连不断——房地产子公司率先破产

2012年1月,俞中江终于抵不过偿债压力,向政府寻求帮助。3个月后即2012年4月12日中江控股集团旗下的金星房产突然向杭州市余杭区人民法院申请了破产。金星房产开发的西城时代家园三期的交房时间原本应该是2011年12月31日,申请破产时距离承诺交房的时间已过去103天了。法院宣布受理金星房产的公告引起了广大业主的慌乱,早在两年前已经交付房款的800户业主只能眺望着一片片空荡荡的房子,每隔几天就会有一些业主到金星房产的办公楼询问工程进度,试图讨要一个说法。除此之外,建筑队也被金星房产拖欠了上千万元工程款,不断地上门要钱。

西城时代家园的建设可谓一波三折。早在2002年6月,西城时代家园就完成了土地转让。接下来就是长达10年的开发,10年中金星房产不停地出现资金短缺的问题,多次因为无法支付工程款造成建筑方停工以及延期交房。2009年,西城时代家园二期的正式交房时间是在承诺交房日期的半年后,公司给出的理由是由于全球金融危机波及面太广,房地产市场遭受了严重冲击,加上公司前股东在开发程序上出现了一些失误,因此影响了工程的进度。然而业主未曾想到的是,两年后三期的项目再次因为资金短缺的问题延迟交房。三期项目原定在2011年12月31日交房,但在2011年10月,金星房产给业主发送一份通知书,声称无法按时交房,公司这次给出的解释是市政要求的配套措施不完善和施工技术不达标,未能达到交房的条件。据悉,金星房产在2011年年底时,公司账上已经一分钱都没有了,并且当时承建商已经停止施工。然而此时西城时代家园三期已完工大半,只剩下水电和绿化等配套设施未完工,如果不是资金链断裂,再过两三个月便可交付。

金星房产破产前的估值约为2亿元。由于西城时代家园所处的地理位置优越,加上周边的配套设施成熟,其销售情况还算不错。2006年时,房屋售价为每平方米4 393元,而到2011年时,每平方米上涨了6 125元,涨幅两倍多。根据余杭区房管局公布的信息,金星房产开发的西城时代家园销售回款总额约8.78亿元。有房地产专家称,金星房产的破产在很大程度上受到中江控股集团的影响,金星房产的财务也被中江控股集团控制。媒体调查发现,金星房产倒下的时间虽然正好处于几次房地产的调控之间,但其最终破产还在于公司内部财务混乱以及房屋预售款的监管存在疏漏。

预售款的监管为何出现漏洞?2010年11月杭州市下发了《杭州市商品房预售资金监管实施细则》。细则规定开发商售房的预售款要全部放入银行的资金监管账户,而不能直接收取。开发商使用资金时要经过监管单位以及银行等多方同意。但余杭区房产信息网显示,上述细则实施后,西城时代家园共售房317套,每平方米的平均售价为9 900—11 000多元。当地媒体根据成交均价以及售房面积计算涉及的商品房预售款约3.4亿多元,但是西城时代家园列入监督管理的楼房共有9栋,被监管资金约为1.8亿元,与媒体测算的相差1.6亿元。余杭区建设局房管处主任尤初阳向记者表示,中江控股集团对该项目的前期销售款经营管理不善,其还认为"中江控股摊子铺得太大"。就这样,金星房产由于受到"中江系"资金链问题的牵连而成为2012年浙江省首家申请破产的房地产企业。

(六)蹊跷放贷——银行是否有错

"中江系"资金崩盘之后,银行业的紧张程度可想而知。就好比有人溺水,救人者比溺水者更危险,因为稍有不慎,不仅没能救人,连自己的性命也可能搭进去。由中江控股集团引起的信贷风暴,波及浙江省的多家银行。

至2010年年末,中江控股集团在浙江建行的贷款余额为10亿元。2011年,银行业已察觉到"中江系"日渐恶化的情况。2011年6月,交通银行撤回了对"中江系"的最后一笔金额约一亿元的贷款。而建行却在这时选择接盘,仍为"中江系"提供了超过上年一倍以上的贷款。更为离奇的是,2011年9月,建行为"中江系"发放一款信托理财产品,该产品的价值高达3亿元。对此,建行未向其收取任何利息,并在当年12月明确利息不用偿还。截至2011年底,"中江系"的相关公司在建行的贷款余额达到22亿元,还不包括存兑汇票、保函和国内保理业务在内,其中建行建德支行约9亿—10亿元,秋涛支行约10亿元,宝石支行约2.5亿元以及一个营业部的5 000万元的委托贷款。其中宝石支行的责任还包括一则违规保函:浙江中新力合担保公司在并不熟悉"中江系"运营的状况下,为其开出一笔总额为1亿元的委托贷款,而宝石支行为该笔委托贷款出具了保函。该笔款项的未清偿金额约为5 000万元。2012年年中未过,建设银行就被爆出与"中江系"的资金链断裂案有关联。该事件对于建行来说,是其有史以来的最大一起信贷事故。受牵连的不仅建行一家,还包括中行和工行。并且还牵涉到至少两家上海的银行,花旗银行是其中之一,贷款额高达数千万元。"中江系"的债务中银行贷款为45.5亿余元,其中建行的贷款最多,约为30亿元,中行次之,约为10亿元,工行约为1.5亿元。

从银行的角度来看,中江控股并不是一家很大的企业,能够贷出这么多款项是难以想象的。但是建行的3家支行都为其提供了贷款,这样看来,案件并不仅仅是个人违规那么简单。对于银行来说,并不愿意看到内部的员工违法违规。银行在贷款时必须要遵循审贷分离,不仅要经过支行的客户经理申报,还要经过支行的风险主管同意。继而才能上报给分行,后由5个审批人进行独立审批,全部同意后申请贷款的公司才能拿到款项。

"中江系"的案件被曝光后,浙江建设银行也进行了一些改革,只有总行才能审批重大贷款。两位浙江银行界的人士说,在这起案件中,很有可能银行内部的人员扮演了资金掮客身份。建行在对"中江系"的问题心知肚明的情况下,不仅没有退出,反而追加资金。更加令人诧异的是,"中江系"有一家担保公司名为浙江中盛担保有限公司,在多个贷款网站上都可以看到其打出的"公司成立后得到建设银行的大力支持"的宣传,并且这家公司的注册地点与建行建德支行的办公楼的地点相同。最终,刚任职建行浙江分行行长没多长时间的崔滨洲就因该破产案件被上级调离,因为他在应该知道"中江系"资金链出现问题的情况下,继续为其发放了贷款。随后建行建德支行行长张建标、宝石支行行长赵三军都被解职。

三、尾声

"中江系"的破产案始于2012年1月,余震不断扩散至房地产、银行以及民间借贷等多个领域。俞中江投资房地产的不断失败,使得公司紧绷的资金链难以负荷,最终被撕裂并将公司带上了穷途末路。下城区人民法院在一审中判处被告人俞中江20年有期徒刑以及250万元罚金,判处被告人徐赛兰14年有期徒刑以及200万元罚金。

在这起资金链崩盘案的背后,是被无条件撤下的银行高管、大批讨债无门的业主以及更多曾愿意把钱交给俞中江的平民百姓。"中江系"案件已经不再是俞中江个人的大富翁游戏,它更像是一场由不负责任的庄家开设的黑色赌局。在这场赌局中,不仅使得各路人深受其害,甚至庄家自己也葬身其中。

(执笔人:朱晨帆,指导老师:陈可喜)

风险管理与内部控制案例分析
——以中原高速为例

适用课程：内部控制理论与实务　管理会计理论与实务

编写目的：本案例旨在引导学生加强对内部风险控制的关注。希望对关于中原高速风险管理与内部控制发展的相关情况的分析和讨论，能够帮助学生了解风险管理和内部控制的关系与实践的应用，同时希望能够使学生对于内部控制与风险管理对企业的重要意义有新的更全面认识，并激发学生们的相关思考。

知 识 点：风险管理　内部控制

关 键 词：风险管理　内部控制

案例摘要：中原高速作为河南省唯一一家上市的高速公路公司，其在经营发展中有着独特的资源、政策等方面的优势，但同时也面临着风险与挑战。中原高速因此进行了相关的风险管理和内部控制工作。本案例将重点介绍其风险管理的现状、流程和风险应对策略，并分析其内部控制存在的不足和发展。通过上述介绍，引发有关如何更好地构建风险管理和内部控制的讨论。

一、中原高速公司简介

（一）中原高速的业务回顾

中原高速是由河南省政府批准设立的以高速公路为核心经营资产的国有企业，具体来说是由河南省高速公路实业开发公司、河南高速公路发展有限责任公司等5家法人单位共同发起设立的股份有限公司。

中原高速收购新建的高速公路超过 500 千米,可以说是高速公路行业中的代表性企业,自其上市以来就受到了市场投资者的关注。

在主营业务外,中原高速一直在探索适合公司实际情况的多元化经营方式,实施了一系列多元化经营与自主发展的措施。目前其经营范围已拓展到股权投资、房地产开发等相关行业。该公司旗下的子公司例如英地置业、秉原投资均因本身良好的发展而成为河南省内的知名企业,并开始具备一定的全国影响力。

(二)中原高速的企业定位

公司的发展定位:以"主业突出、多元反哺"的多业态经营为发展战略,实现全面发展。

公司的核心竞争力:利用交通基础设施特许经营的议价优势,配合本省作为地区以及全国重要交通枢纽的地理优势,再加上相关专业技术人才聚积的人力资源优势,形成公司的核心竞争力。

(三)中原高速所处的行业背景

在国家政策以及总体规划下,我国正在加快推进国家高速公路建设,尤其是待贯通路段建设,以保障全国及区域高速公路网的基本建成。在市场方面,由于我国城镇化的发展惠及上亿人,在此同时也使现代运输业有了庞大的市场空间,并使路桥行业有了极大的发展。在政策改革方面,高速公路行业属于政策敏感性行业,相关部门发布新政策或修订原有政策,都会对整个行业带来波动。

(四)中原高速多元化经营简介

根据高速公路行业的基本特点、企业内外部环境以及中原高速本身的发展战略的需要,中原高速依据多元化经营的规划,对交通基础设施项目设立相关项目公司,负责项目的投资、经营管理和维护。对于包括房地产在内的其他行业,则设立子公司,并由子公司发展经营。

(五)中原高速面临的风险

关于企业发展的内外部的风险,具体到中原高速来说,路网的扩张以及公路收费政策的变化,对公司的管理和运营带来了极大的挑战。另一方面,高速公路作为典型的资金密集型行业,其发展的好坏与其和金融机构的合作效果直接挂钩。虽然随着金融行业的发展和开放,融资渠道比以前更为开放,但公司本身的财务结构以及较高的资产负债率,依然使中原高速想要达到降低融资成本的目标困难重重。同时,中原高速经营相对缺乏价格弹性的核心资产,导致其对目标消费者的需求的关注较少,使企业的发展受到信息不对称的影响。

二、中原高速风险管理的现状

（一）收集风险管理初始信息

中原高速收集风险管理相关的内部、外部初始信息，其所分析的风险类型，主要包括战略风险类、安全风险类、市场风险类、财务风险类、运营风险类、法律风险类等。

（二）风险评估

中原高速通过对风险管理初始信息的加工，同时结合本企业自身状况得出本企业的风险分类基本框架。

战略风险：中原高速实行多元化经营策略，除主营业务外，还大力发展房地产行业与金融行业，期望其成为公司新的业绩增长点。虽然英地置业已成为河南省房地产行业知名企业，但其交房收入的增长依然不达预期，而且由于国家对房地产的调控政策的影响，以及金融业的不确定性，导致其并没有成为企业的发展新亮点。

安全风险：高速公路建设本身作为重大工程项目，安全管理一直是其重点也是难点。例如恶劣天气、重要节假日期间的道路保通任务等均存在安全挑战。

市场风险：现代交通业本身存在着激烈的竞争，这其中就包括了交通方式的替代，高速公路行业面临着来自这方面的市场被挤占的威胁。

财务风险：由于高速公路作为大型基建项目所需资金庞大，所以企业的融资能力往往是决定项目成败的关键因素之一。过去的中原高速可以享受由政府拨款为主的政策优惠，但随着我国市场化改革的深入，政府正在不断从高速公路融资活动中退出，而市场化融资所占的比重越来越被重视。随着融资方式转向多元化，中原高速本应利用各种融资方式寻求项目成本最低化，但中原高速2016年半年报中披露的资产负债率高达75.69%，其他偿债能力指标也普遍偏高，这显示企业存在着较高的债务风险。在这样的资本结构下，中原高速很难获得能够完全支持其业务正常发展的大规模且成本较低的融资，除此之外包括资产风险、预算风险等财务风险均需企业进行应对。

运营风险：中原高速本身要适应高速公路行业的经济周期，而且作为上市的国有高速公路企业，要既能承担投资者的短期业绩要求，又能承担国有资产保值增值的长期责任以及组织结构改革市场化，这些都使其在运营过程中存在着挑战。此外其内部控制以及内部监督的有效性也一直都是公众关注的焦点。

法律风险：中原高速在其经营过程中很可能面临着一些法律挑战，例如，中原高速在施工建设中可能与相关建设单位存在工程纠纷，与中标单位存在合同纠纷等。

中原高速的风险评估管理体系将风险评价标准分为两个维度，一为发生可能性，一为影响程度。

（三）风险管理策略

内部控制与风险管理概括地来讲即为：相辅相成。两者联系体现在：① 风险管理承继了内部控制的内容；② 内部控制也离不开风险管理。

中原高速的风险管理的策略可以被归纳为两方面。一方面，该公司积极扩大了外延式发展步伐，继续坚持多元化发展的战略，同时，狠抓质量效益和精细化管理"两个重点"；另一方面，该公司加强内部控制的建设，不断完善公司法人治理结构，力图实现规范操作、科学管理。

三、中原高速内部控制建设中的不足与完善

（一）中原高速内部控制体系存在的问题

根据《关于对河南中原高速公路股份有限公司实施责令改正措施的决定》（豫证监发〔2012〕330 号）公开文件来看，中原高速的内部控制问题曾被中国证监会明文责令改正。其具体问题为：

（1）内部控制体系建设工作进展缓慢。

公司未能实现 2012 年年初制定的《内部控制规范实施工作方案》的目标，内部控制规范体系建设工作未能开展。且截至中国证监会河南监管局对公司的检查日为止，公司尚未选聘中介咨询机构，未开展风险梳理工作，需抓紧时间推进该项工作。

（2）内部控制个别环节存在缺陷。

控股子公司英地置业 2011 年 2 月偿还中国工商银行股份有限公司河南省分行营业部欠款 1 亿元，未履行董事会决策程序[①]。

以上情况从某个层面反映出中原高速作为上市公司，其经济行为依然受到了大股东河南交通投资有限公司甚至河南省交通厅的干预，这是中原高速作为国有企业

---

① 中原高速.关于收到中国证监会河南监管局责令改正决定书的公告[EB/OL].http：//www.cninfo.com.cn/cninfo-new/disclosure/sse/bulletin_detail/true/617212327?announceTime=2012-10-27%2006：33,2012.

在企业发展中存在的问题。

(二) 中原高速内部控制的完善

如何更好地保护公司本身与全体股东的利润,减少被不当干预的可能性以及提高公司运营的合规性,中原高速作出了如下的有关风险管理和内部控制建设的探索和实践。

1. 落实内部控制职责

根据中原高速自身情况分析,原有企业中"一把手说了算"以及政企不分的情况依然存在,所以构建健全规范的企业法人治理结构是当务之急。针对于此,中原高速对其股东大会、董事会、监事会、管理层是否依法履行职责进行了相应的评估,并对相关流程进行了合规性的梳理,设置了相关风险管理与内部控制的专员和委员会,以方便维护长效机制的正常运转。

与此同时,新修订的相关公司章程例如《信息披露事务管理制度》等,在一定程度上弥补了原有企业中交流沟通环节内部控制制度的缺失,尤其是信息系统事故处理相关程序以及应急预案,确保信息及时传递至决策者。

该公司还在组织中设立了监控总中心等业务考核部门,确保形成企业信息流传递过程中目标、执行、考核、反馈的基本优化闭环,以此提高信息系统数据的安全和有效传递。

中原高速也正在一步步完善内部控制的制度,制定了包括《内部审计工作制度》《内部监察管理办法》等在内的相关规定条文,加强内部监督的力度以及加大内部监督的范围,逐步形成对相应的关键控制点定期和不定期检查的常态化机制。

由于公司所处的外部经营环境和内在管理需求不断地发生变化,公司也会调整已制定的内部控制缺陷的认定标准。

2. 建立企业内外部风险管理的防线

相关职能部门作为一线部门,直接采用通过自查与检查的方式作为第一道防线的工作机制。风险管理部门作为对口的部门理应承担着风险管理的第二道防线职责,中原高速风险管理部在工作中通过参考《中央企业全面风险管理指引》的内容,以此出具相关风险管理内部报告并汇总其他部门的内部报告,以帮助企业减少风险损失或判断风险机会。

同样,这道防线少不了内部审计的参与与支持。内部评价缺陷单是对企业内部控制和风险管理起到重要作用的企业内部文件,其主要由审计部门汇总并下发至各个内部控制责任单位。在此之后,内部审计部门将对后续事项进行全程的监督包括执行整改跟踪检查等。当发现有相关部门整改不及时,应立即向相关领导上报,如果出现严重情况影响到了公司内部控制有效性结论,公司就会对相关内部控制责任人进行责任追究。中原高速内部审计部门还负责给出相关的内部控制评价报告等一系列追踪内部控制运行的文件,并以适当的形式向董事会等汇报。另一道不可忽视的防线是外部审计和公开监督,针对风险管理或内部控制基础流程与风险应对策略,借助于外部审计能获得较为客观公正的风险管理或内部控制的评价结果。

3. 对关联交易加强管理

中原高速作为上市公司,有义务保护公司与全体股东的合法权益。因此,对公司关联交易的有效控制和日常管理的有效进行就极为重要,中原高速董事会将该重要职责划归下设的审计委员会统一管理。

4. 加强企业预算管理

中原高速还将内部控制与企业全面预算工作结合起来。严防公司预算分解时项目调整未经审批,预算下达时间不及时以及部分单位的预算项目与实际费用列支单位不一致的情况。同时积极与省控预算沟通,保证预算的一致性。针对部分专项工程的实施时间与项目预算下达时间不一致导致费用列支跨期的情况进行汇总和反馈。

四、问题讨论

(1) 结合中原高速风险管理建设的具体情况,你认为风险管理基本流程的起点是从哪步措施开始?

(2) 结合中原高速的具体情况,你认为中原高速的风险分类基本框架合理吗?

(3) 结合中原高速的具体情况,你认为出现内部控制缺陷的原因是什么?

(4) 结合中原高速的具体情况,你认为内部控制还需如何进行改进?

(执笔人:李智,指导老师:许金叶)

超日太阳的"陨落"与"重升"

适用课程： 内部控制理论与实务

编写目的： 本案例描述了上海超日太阳能科技股份有限公司从在经营的困局中造成债券违约，到被摘牌退市，再到重组成功，再次上市的经过，目的是让学生能感性地认识到公司的运营风险、对外融资的风险以及破产重整等问题，能对这些问题展开深入的思考，并能结合公司所处的行业本身，从其本身的运营状况和重组成功这两个角度分析问题，提出解决方案。

知 识 点： 风险管理

关 键 词： 超日太阳 运营 风险管理

案例摘要： 本案例的主角为超日太阳，全称为上海超日太阳能科技股份有限公司，文中描述了其是如何在2013年由于连续亏损造成债券违约，如何在2014年公司重整成功并在第二年更名为"协鑫集成"后重返A股市场，甚至创下了摘帽概念股中的"新神话"。

2016年11月，《投资快报》的记者在南京市中级人民法院采访到了许峰律师，从其处获悉，经过大约18个月的不断努力，法院最终作出了部分判决——"协鑫集成"向第一批超日太阳的投资者分别赔付上千元至40万元不等的金额。

这次案件的成功是一个"里程碑"，因为它针对的是国内首次债务违约案件——"11超日债"进行的。在审理和判决的过程中，主管商事审批的法院副院长亲自主持庭审活动，作出了裁判，这足见此次案件在社会上的影响力。

其实早在2015年6月29日，这些原超日太阳的股票或债券的持有者便开始了正式的自主维权。2015年8月12日,"ST超日"成功重组为"协鑫集成"并重新挂牌上市,"协鑫集成"也因此成为投资者的索赔主体。然而超日太阳又是如何从一家辉煌上市的明星企业"陨落"的呢?这颗光伏[①]行业中的"太阳"又是如何换上了新衣,重新升起的呢?它的落下与上升会不会仅仅是个开端,对于中国乃至世界的债券市场又会带来怎样的启示呢?

一、公司简介

(一) 超日太阳

超日太阳,全称为上海超日太阳能科技股份有限公司。2003年6月,公司成立于上海市奉贤区,当时的名称为上海超日太阳能科技发展有限公司。这家民营企业注册资本为1.976亿元,公司的产业围绕太阳能资源开展,也汇聚了许多相关的高级人才研究、开发和利用太阳能。到了2011年,公司的员工规模达到了1500人。

超日太阳围绕太阳能资源开展业务,主要包括产出各类太阳能组件、安设各种太阳能设备及系统等。其拥有的全资子公司和注资的公司主要是围绕着太阳能、光伏材料、硅业以及国际贸易等方面。

借助于公司国际先进的设备以及对于产品和服务质量的严格控制,公司在国内已经成为行业领导者。从2004年成为上海市高新技术公司开始,超日太阳就连续两年凭借硅太阳能电池组件分别获得了市级和国家级的证书,还顺利通过了各项国内外的认证资质。不仅如此,在国际太阳能应用的主流市场上它也占据了一席之地,在德国、西班牙等欧美国家很受欢迎。超日太阳的太阳能产品也达到了超过95%的出口比例。在2009年,由第三方专业组织申请,在德国市场上,综合指标评比显示,超日太阳的产品在非德产太阳能产品中位居世界第二。

公司自成立以来,实现了跨越式的发展。2006—2009年,公司主营业务收入和净利润都在不断跃升。截至2009年,公司的累计销量比去年增长了101.31%,累计净利润较去年增长97.79%,达到了1.87亿元。2010年11月,超日太阳在公司发展大好的情况下顺利在深圳证券交易所上市,其股票挂牌在中小企业板。

2014年4月3日,超日太阳被申请重整。5月30日,"11超日债"被终止上市,这

---

① 光伏,全称为太阳能光伏发电系统,是一种新型发电系统,利用光照对于半导体材料制成的太阳能电板产生直流电,将太阳能转化为电能。

个发行仅两年的债券提前走到了尽头。2014年10月24日,由江苏协鑫为首提交的《重整计划》通过了第二次债权人大会的表决。

第二年的初春3月,超日太阳正式换上了"新衣",协鑫集成科技股份有限公司自此代替它登上了历史舞台。

(二)江苏协鑫能源有限公司

江苏协鑫能源有限公司于2011年10月在苏州高新区登记成立,注册资本为200 000万元人民币,主要从事电力、矿业、工商业的投资项目,以及储能、动力电池等产品的销售。

值得注意的是,此公司是协鑫集团的下属分支,是其在中国大陆的投资平台。协鑫集团致力于开发和建设新能源①,目前已经是全球领先的开发建设运营商。集团成立于1991年,总部设在香港,经营业务主要集中于新能源、清洁能源②以及相关行业。经由自身二十几年的致力发展,它已经成长为中国最大的非国有电力控股企业。连续7年,其都位列中国新能源行业第一,并且依靠着遍布世界各地的分支机构成为全球最大的光伏材料制造商,同时也是全球太阳能理事会的主席单位。当前,该集团的三大产业分别为环保电力、光伏能源和天然气,并且已经成功构建了以它们为主的产业链体系,该集团的下一步就是积极打造金融产业完成产融结合。

二、案例概况

(一)超日太阳的"陨落"

1. 外患——光伏行业的现状堪忧

其实早在2009年,光伏产业的前景就已经远远不如以前,因为光伏产业的暴利,大量投资者进入光伏产业进行投资,这使得光伏产业中的许多产品都存在产能过剩的现象。这可以明显看出光伏产业已经开始衰退了,但在2010年之后国家允许100多家中小型企业进入行业,进一步加深了已经恶化了的局势。

进入2012年,光伏组件的产能过剩情况在全世界范围内开始扩大。据统计,全球需求量约为25吉瓦,而仅中国的产能就已经达到了其1.6倍,约为40吉瓦。同年,多

---

① 新能源,是指正在进行研究或是研究成功刚投入使用的传统能源以外的能源,如太阳能、风能、水能等。
② 清洁能源,也称绿色能源,是指不排放污染物的能源,它可以直接用于人类的生活和社会的生产,主要包括核能和"可再生能源"。

晶硅的行业形势也在进一步恶化,光伏组件的价格由先前的 3.8 美元/瓦下跌至 0.6 美元/瓦,生产负增长,因此停产的企业数量达到近 90%。

而且中国光伏产业本身就具有很多不足,许多公司的技术基础和创新能力都不够坚实。以上这些都造成了它们对外部条件的依存度很高,导致光伏产业在全球的竞争性并不是很强,受到了来自全球和中国内部非常大的冲击。此外,光伏产业制造能力的增长速度更是远远领先于市场的增长。出于行业形势的变化,包括英国、法国、西班牙、德国在内的各国政府都纷纷进行了力度较大的补贴修正。以上种种都造成了国内光伏行业的"寒冬",现金链断裂的风险时刻笼罩在这些公司身边。

除了行业本身的不景气外,超日太阳还面临着来自其他国家对于光伏产业的出口阻碍,尤其是欧美国家对于中国出口的光伏产品开始了反倾销和反补贴的"双反"调查。2011 年,中国输出美国的太阳能电池案件便已经开始了。在第二年,美国商务部对这一案件有了初步裁定:对中国输出美国的太阳能电池征收"双反"税。其中,反补贴税为 2.9%—4.73%,但反倾销税却高达 31.14%—249.96%。

就在这一初步裁定公布仅仅 60 天以后,欧盟也收到了一家德国公司的申诉请求,这一请求针对中国所有出口到欧洲的光伏企业。2012 年 9 月 6 日,反倾销调查正式启动,涉案金额超过 200 亿美元,这起案件将使我国许多企业面临亏损甚至是破产的困境。

由于在欧美市场受到了阻碍,我国的光伏企业便把目光锁定在了非洲、中东以及东南亚的新兴市场中,虽然发展速度在不断加快,但奈何市场的规模受到限制,进展缓慢。

2. 内忧——超日太阳的资金断裂

2009 年光伏企业产能过剩和之后光伏行业的越发不景气,使得超日太阳不得不重新思考公司的发展之路,开拓公司组件的销售之路。

2011 年超日太阳开始探索直销模式,即寻求海外合作伙伴共同打造光伏电站。而在模式中其要求合作伙伴装配和采购建设电站需要的组件,这些组件的销售与装配费用则要等到电站能通过贷款获得资金或进行股权转让后才能收回。从 2011 年年初开始,超日太阳就正式开展了这种模式,它前后一共投资建设了约 44 家海外电站,天华阳光控股有限公司是其主要合作的境外公司。在 2011 年的直销模式中,超日太阳的营业收入达到 33.33 亿元,其中,与海外合作伙伴及其关联公司、兴建电站(含计划中)的交易收入确认为 21.29 亿元,占营收的 63.88%。

然而接下来的超日太阳却在 2011 年 10 月开始的短短 7 个月间 4 次修改了报表。首先是在 2011 年 10 月,超日太阳在第三季度的报表中预计归属上市公司股东的净利润将在本年度比上年同期上涨 50%—70%。按照公司前年的净利润推算,2011 年公司的净利润将超过 3.3 亿元。这对于投资者来说无疑是一个大好消息。第二次修正是在第二年年初,公司预计该年度的净利润范围为 7 715.27 万—14 328.36 万元。相较于之前的报告,这次的预计是一个"大跳水",对比上一年的数据可以发现净利润同期下降了 35%—65%。仅仅一个月后,公司第三次重新修改 2011 年的净利润,这次的数据已经精确到了 8 271 万元左右。投资者自此已经信心大减。在 4 月,超日太阳第四次也就是最后一次修正了 2011 年的业绩,投资者虽然已经作好了心理准备,但净利润变成负值的打击还是十分重大的。2011 年真实的净利润为−5 548 万元,相较于 2010 年同期的业绩下降了 126.55%。这 4 次修改报表的行为表明了超日太阳的资金发生了非常大的问题,导致其原来预计能够达到的大额利润摇身一变反而成了亏损。

2011 年的业绩大变严重影响了公司 2012 年的资金链。再加上国内银行贷款的到期收回,超日太阳的资金链已经基本断了。公司在前 3 季度的净利润为 622 万元,总营收为 20.98 亿元,相较于 2011 年同期,分别下降 97.39% 和 23%。

到了 2012 年的 11 月末,公司的应收账款达到了 38 亿元,已经到期的银行贷款也无力全额偿还。迫于无奈,超日太阳只能与银行协商,将无法按期偿还的 3.8 亿元贷款续贷。12 月底,公司的资产负债率甚至达到了 84.21%,相较于 2011 年的 56.41% 增长了约 1.5 倍。公司账目上除去为西藏项目专款专用的 2 480 万元外,正常运营资金已仅剩不到 1 000 万元。

(二)超日太阳的"重新升起"

1. 自救无门——对外融资"无度"

在 2010 年 11 月,超日太阳成功上市,登陆中小板。这次的 IPO 为其募集到了 23.76 亿元的资金。当时,其称这笔资金主要用于扩大生产太阳能组件和电池片。超日太阳在之后还进行了债券融资,用以偿还银行的 4 亿元贷款,而剩余的 6 亿元则用于补充公司的流动资金。从当年的公司年报中可以看出倪开禄父女持有了 43.89% 的股份,是公司的实际控制人。此时,他们这些股权的市值已经超出了 30 亿元,然而其中的 1.56 亿股已经被质押融资了。

第二年,超日太阳便开始凭借"海外电站"的建设来发行债券,这是它的第二轮融资计划。在这次的投资计划中，公司将扩大海外电站的建设，预计将耗费 30 亿元的资金来建设总计达 150 兆瓦的电站。同年 4 月，记者采访了超日太阳董事长倪开禄，他提到投资建设电站的动力就是要将公司拉出光伏产业的经营困局。这种消化公司库存组件的方法可以使公司寻找到新的利润增长点。但事实上，"海外电站"只是消化库存的一种方式，而且在建设过程中会耗费较多的沉淀资金，应收账款的回收期也较长。

在欧洲光伏电站项目的投资成本很多都在 3 欧元/瓦左右。一个 10 MW 的电站，就要好几千万欧元，而这对于拉动光伏组件的销售，影响很有限。如果想通过光伏电站的建设来消耗公司自身的组件销售就必须投入大量的项目，这势必会增加公司对资金的需求。建设海外光伏电站所需的资金主要是来源于银行的借款，所占比例大约为八成，剩下的则依靠于公司的自有资金。但现实总是残酷的，在欧洲的债券危机之下，不少当地银行都开始更加严格地审查贷款。光伏项目首当其冲，其贷款过程从原来的"电站建设期间发放贷款"变成"电站建设后发放贷款"的模式，这样一来公司的资金压力又被加重了。于是在 2012 年 3 月，超日太阳又发行 10 亿元公司债券，债券简称"11 超日债"，这笔长期债款主要是用来补充公司的短期流动性，这样的做法也遭到了外界的质疑。

果不其然，建设"海外电站"的风险不久就变成了公司的危机。前文提到的欧洲债券危机以及经济的衰退还导致了当地银行对电站建设减少了货币的流通数量，贷款的比例和发放贷款的速度都在不断地被压缩。超日太阳不得不投入更多的自有资金来建设电站，自有资金与贷款甚至达到了相同的比例，相较于此前的 2∶8，可以说是十分严酷的。这些增长的比例具体表现在电站建设所需的组件、材料和电站设计、建设等的费用。再加上初始投资完成后，超日太阳还需要后期供应电站所需的组件，而应收账款在短期内也不能收回，应收账款的回收期变成了包袱，重重地压在公司资金链上，这次的融资自救也失败了。

而之前的"11 超日债"在上市发行仅仅 2 个月后，长期信用评级便被鹏元资信调整为负。2012 年 12 月 27 日，"11 超日债"的信用评级从 AA 下降为 AA−，这导致"11 超日债"开始大幅下跌，再加上 2012 年底爆出的超日太阳董事长倪开禄潜逃国外的消息造成了投资者的一片恐慌，"11 超日债"开始停牌。

2013 年 2 月初，突然复牌的"11 超日债"面临了跳水式的跌落，在这之后其开始一蹶不振，市场价格维持在 60 元上下，到期收益率甚至高达 40%。2014 年 3 月 4

日,超日太阳引入重组方以偿还债券利息的方案受到否决,公司的资金链彻底断裂,不得不发布公告宣称在"11超日债"的第二期付息日仅能支付当期债券应付利息的4.5%。

至此,"11超日债"其实已经公布了债券违约的事实,这是国内首例违约的债券。超日太阳的对外融资也没能将自己从连续亏损的经营中救出。

2. 求援成功——重组复牌上市

2014年4月3日,超日太阳被申请重整。作为超日太阳的供货商也是债权人之一的上海毅华金属材料有限公司,终于因为"难以忍受"超日太阳对于债务的不断拖欠而展开了行动。随后,江苏协鑫借助于所持有的超日太阳21%的股份,成为公司的控股股东。2014年10月24日,由江苏协鑫为首提交的《重整计划》通过了第二次债权人大会的表决。根据文件所示,超日太阳职工所持的债券、之前欠下的税款以及普通债权中20万元以下的部分将被全额清偿,超过20万元的普通债权将按照20%受偿。而划分优先受偿债权与普通债权的依据则为是否有担保物。同时,"11超日债"也将全额受偿本金与利息。长城资产提供了最高7.88亿元和近乎全部的对付责任,上海久阳投资管理也承担了一定的保证责任,可以说这一方案保护了中小债权者的利益,也让国内首例违约的债券得到了解决。

此外,江苏协鑫还承诺:重整后的超日太阳将在2014年实现盈利,并且在之后两年达到的净利润将分别不低于6亿元和8亿元。此外,它还承诺若是公司的净利润达不到以上所说的目标的,将为超日太阳以现金方式进行补偿。

2015年8月12日,超日太阳穿上了"协鑫集成"的新衣重返A股。它将集中于生产光伏组件以及系统集成光伏电站,开展新能源的综合服务并提供解决方案。协鑫集成立志成为此领域中的全球领跑者。

在复牌首日,"协鑫集成"虽然面临了两次临时停牌并造成参与交易时间仅5分钟,却创下了986.07%的巨大涨幅,每股股价从1.91元上涨至13.25元。在接下来的3个交易日中,它连续涨停的表现堪称近年大牛股,不负媒体所说的"妖股"之称。之后,它也将与集团旗下的另外两家公司"保利协鑫"和"协鑫新能源"形成产业链的互补。

2016年4月,协鑫集成综合披露了2015年报。在这一年度公司的净利润达到了6.35亿元,达到了之前江苏协鑫对于重整后的公司的承诺。

截至2016年10月14日,重组后的超日太阳即协鑫集成的市值已经突破了300

亿元,成为 A 股光伏行业中的唯一一家市值突破 300 亿元的上市公司。

至此,可以说超日太阳这家"陨落"的光伏公司已经"重新升起"。

(三)尾声

"11超日债"最终得到了长城资产和上海久阳的共同担保,超日太阳的重组方也已经兑付了这国内公募债违约的首单,投资者的索赔也渐入佳境。事情看似已过去了,但是如何让公司降低运营风险,如何建立和完善市场化风险管理体系仍是一个重要的话题。这次事件的圆满结束不能成为类似事件发生的理由,市场要不断提升建设水平,以期能健康、可持续发展。

三、相关附件

表 1　2012 年超日太阳主营业务情况

主营业务名称	占营业成本比重(%)
多晶太阳能组件	53.3
单晶太阳能组件	43.2
供电	2.3
电池片等	1.2

表 2　2011—2013 年超日太阳资产负债表　　　　　　单位:元

报告期 项目	2011 年	2012 年	2013 年
资产:货币资金	6.76 亿	2.09 亿	5 564 万
应收账款	22.4 亿	21.4 亿	9 278 万
其他应收款	1.63 亿	1.78 亿	2 870 万
存货	8.09 亿	3.04 亿	3 994 万
流动资产合计	43.8 亿	30.8 亿	3.85 亿
长期股权投资	—	—	2 242 万
累计折旧	6 024 万	1.84 亿	1.80 亿
固定资产	11.3 亿	31.8 亿	15.0 亿
无形资产	2.77 亿	3.12 亿	1.10 亿
资产总计	72.1 亿	78.3 亿	24.5 亿

(续表)

报告期项目	2011年	2012年	2013年
负债：应付账款	13.6亿	18.4亿	15.5亿
预收账款	1.21亿	571万	3 973万
存货跌价准备	2 086万	1.30亿	2 062万
流动负债合计	39.0亿	42.8亿	45.0亿
长期负债合计	2.85亿	23.5亿	24.7亿
负债合计	41.8亿	66.3亿	69.7亿
权益：实收资本（或股本）	5.27亿	8.44亿	8.44亿
资本公积金	20.0亿	16.8亿	16.8亿
盈余公积金	7 550万	7 550万	7 550万
股东权益合计	30.3亿	12.0亿	−45.2亿

表3 2011—2013年超日太阳利润表　　　　　　　　　　　单位：元

报告期项目	2011年	2012年	2013年
营业收入	23.9亿	16.4亿	5.84亿
营业成本	19.8亿	21.3亿	5.39亿
销售费用	5 657万	5 142万	6 357万
财务费用	1.89亿	2.18亿	2.75亿
管理费用	1.57亿	2.95亿	3.00亿
资产减值损失	1.03亿	6.99亿	41.2亿
投资收益	−885万	−634万	592万
营业利润	−1.07亿	−17.7亿	−47.1亿
利润总额	−7 303万	−17.1亿	−49.3亿
所得税	3 900万	3 091万	434万
归属母公司所有者净利润	−1.10亿	−16.7亿	−46.1亿

表4 2011年超日太阳上市募资流向　　　　　　　　　　　单位：元

流　向	金　额
中介费用	0.86亿
光伏电池组项目	10.1亿
多晶硅项目	5.9亿

(续表)

流　向	金　额
提前偿还银行贷款	4亿
补充流动资金	2亿
研发中心	0.8亿
流动资金	0.1亿

(执笔人：陈妍红，指导老师：陈可喜)

后 记

《会计专业硕士(MPAcc)教学案例集(Ⅱ)》是在 2014 年出版的《会计专业硕士(MPAcc)教学案例集(Ⅰ)》基础上,对我系 MPAcc 教学案例开发成果的又一次检阅。

本书出版工作得到了上海大学管理学院领导的高度重视和大力支持。上海大学管理学院对案例集出版给予了宝贵资助,许学国院长对案例集的出版工作提出了建设性意见,会计系主任徐宗宇教授从案例集策划、案例遴选到正式出版都进行了全程指导。

本书出版工作前后历时近半年,得益于会计系全体教师的支持和 2015 级 MPAcc 全体学生的努力。本书是从 2015 级 MPAcc 学生开发的 100 多篇案例中经指导老师推荐、案例集编委会筛选审核,最终结集出版,所有入围的教学案例都几经修订,精益求精,以飨读者,可以说本书是会计系师生集体智慧的结晶。

同时也感谢会计系的方宗老师和上海大学出版社农雪玲女士的辛勤付出。方宗老师为案例集的出版做了大量的统筹工作,农雪玲女士在案例集的出版过程中为我们提供了各种帮助。

"路漫漫其修远兮,吾将上下而求索",教学案例的开发是一项艰巨的工作。研教结合,教学相长,相信通过会计系全体老师和学生的努力,未来将有更多更优秀的案例呈现给读者,促进 MPAcc 教育的发展。

上海大学管理学院 MPAcc 编写委员会
2017 年 1 月 15 日于上海大学宝山校区